全国高校就业创业特色教材课题研究成果

教育部学生服务与素质发展中心组织编写

大学生职业生涯规划
理论与实务

DAXUESHENG ZHIYE SHENGYA GUIHUA LILUN YU SHIWU

主　编　王会敏　孙　平　林雪岩

副主编　王　健　刘　洋　任思行
　　　　张志勇　张卓群　张　朔
　　　　徐子东　顾　丹　耿继原

西安交通大学出版社
XI'AN JIAOTONG UNIVERSITY PRESS

国家一级出版社
全国百佳图书出版单位

图书在版编目（CIP）数据

大学生职业生涯规划理论与实务 / 王会敏，孙平，林雪岩主编
.— 西安:西安交通大学出版社，2023.3
ISBN 978-7-5693-3047-2

Ⅰ.①大… Ⅱ.①王… ②孙… ③林… Ⅲ.①大学生
—职业选择 Ⅳ.①G647.38

中国国家版本馆 CIP 数据核字（2023）第 007435 号

书　　名	大学生职业生涯规划理论与实务
主　　编	王会敏　孙　平　林雪岩
项目策划	刘　晨
策划编辑	王斌会
责任编辑	苏　剑
责任校对	魏　萍
封面设计	任加盟
出版发行	西安交通大学出版社
	（西安市兴庆南路 1 号　邮政编码 710048）
网　　址	http://www.xjtupress.com
电　　话	（029）82668357　82667874（市场营销中心）
	（029）82668315（总编办）
传　　真	（029）82668280
印　　刷	陕西奇彩印务有限责任公司
开　　本	787mm×1092 mm　1/16　印张　12.5　字数　314 千字
版次印次	2023 年 3 月第 1 版　2023 年 3 月第 1 次印刷
书　　号	ISBN 978-7-5693-3047-2
定　　价	49.00 元

如发现印装质量有问题，请与本社市场营销中心联系。
订购热线：（029）82665248　　（029）82667874
投稿热线：（029）82668525

前　言

在多年教学实践中我们深深感到，学生对自己前途的考量很早就形成在潜意识里，对自我生涯规划需求强烈。他们时常通过身边的事、身边的人、身边的感触尝试合理规划大学学习和毕业后的职业取向，但往往力不从心。因此，拥有一本实用性好、实践性强、实例丰富的生涯规划指导书是莘莘学子迫切期待的。

大学是新一轮更激烈竞争的开始，谁规划得好谁就占了先机。大学一年级学校对学生主要进行学涯规划与设计、适应性指导及修身养性教育，使学生了解自己所学专业和职业间的关系，引导他们转换角色，尽快适应大学生活，牢固树立专业思想，养成自觉学习、独立生活的良好习惯；大学二年级重点进行职业价值观教育，道德、人格、思想、品质比专业知识更为重要，学生应该学会根据自身个性特点确定职业发展方向，设计职业发展规划，进一步优化知识结构，提高职业素质能力，诠释职业价值观的深刻内涵；大学三年级需要注重对社会礼仪、岗位技能等方面的培养，践行自我生涯规划并相机抉择；大学四年级重点在于了解就业政策，应用求职技巧寻求理想岗位并做好择业心理调适，实现从"学习者"到"职业人"的身份转变。

生涯规划是"助人自助"的实践过程。本书从识读大学、生涯唤醒、自我澄清、环境认知、生涯决策、生涯规划、生涯发展、职场适应、创业等九个方面对理论与实务进行系统阐述，通过构建生涯理论与实践知识体系，围绕"培养什么人、怎样培养人、为谁培养人"这一根本问题统筹撰写。

荀子曰："故不登高山，不知天之高也；不临深溪，不知地之厚也"。既要仰望星空，又要脚踏实地。选择一种职业，就是选择一种生活方式，把本职工作看作价值感、成就感的体验。宋朝朱熹说："专心致志，以事其业。"用一种严肃的态度对待自己的生涯规划，精益求精。

全书由孙平统稿并最终定稿。各章具体分工如下：第一章由刘洋、顾丹编写；第二、四、五章由王会敏、孙平、林雪岩编写；第三章由王健、张朔编写；第六章由徐子东编写；第七章由张卓群编写；第八章由耿继原、任思行编写；第九章由张志勇编写。

本书在编写过程中参考了大量文献资料，在此向相关作者表示诚挚的感谢。由于编者水平有限，书中如有错漏之处，敬请专家、学者和读者不吝指正。

编者

2022 年 6 月

目　录

第一章　识读大学 ································ 1

    第一节　大学的理念与精神 ···················· 1

    第二节　大学的功能与使命 ···················· 7

    第三节　大学的文化与制度 ···················· 14

第二章　职业生涯唤醒理论与实务 ················ 18

    第一节　社会进步与人的自我发展 ·············· 18

    第二节　认知生涯 ·························· 23

    第三节　大学生的自我认识 ···················· 28

第三章　职业生涯自我澄清理论与实务 ············ 34

    第一节　职业生涯发展的一般规律 ·············· 34

    第二节　职业生涯愿景的自我澄清 ·············· 39

    第三节　职业兴趣、性格、价值观的澄清 ········ 45

    第四节　职业素养自我测评 ···················· 56

第四章　职业生涯环境认知理论与实务 ············ 66

    第一节　职业世界探索与分析 ·················· 66

    第二节　职业环境认知与分析 ·················· 75

    第三节　职业意识与职业适应 ·················· 81

第五章　生涯决策理论与实务 ···················· 87

    第一节　生涯决策概述 ························ 87

    第二节　生涯决策的方法 ······················ 92

    第三节　生涯决策技能提升 ···················· 102

第六章　职业生涯规划理论与实务……………………………………… **108**

第一节　职业生涯规划的制定………………………………………… 108

第二节　职业生涯规划书的撰写……………………………………… 113

第三节　职业生涯规划的执行………………………………………… 116

第四节　职业生涯规划的评估………………………………………… 119

第七章　职业生涯发展理论与实务……………………………………… **123**

第一节　提升职业生涯发展能力……………………………………… 123

第二节　用创业思维构建发展模式…………………………………… 130

第三节　职业生涯发展的自我管理…………………………………… 135

第八章　生涯职场适应理论与实务……………………………………… **146**

第一节　组织文化认知与融入………………………………………… 146

第二节　职场发展障碍与突破………………………………………… 153

第三节　职场礼仪修为与应用………………………………………… 157

第九章　创业理论与实务………………………………………………… **166**

第一节　创业精神与创业者素质……………………………………… 166

第二节　创业准备及过程……………………………………………… 172

第三节　创业问题及对策……………………………………………… 181

参考文献…………………………………………………………………… **193**

第一章

识读大学

思维导图

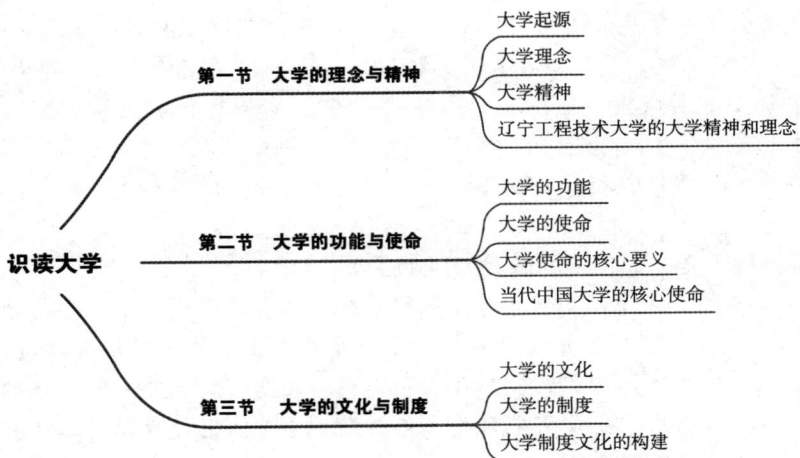

```
                                              大学起源
                         第一节  大学的理念与精神   大学理念
                                              大学精神
                                              辽宁工程技术大学的大学精神和理念

                                              大学的功能
识读大学              第二节  大学的功能与使命    大学的使命
                                              大学使命的核心要义
                                              当代中国大学的核心使命

                                              大学的文化
                         第三节  大学的文化与制度   大学的制度
                                              大学制度文化的构建
```

▶ 第一节　大学的理念与精神

学习目标

（1）简单了解大学起源。

（2）了解大学的理念与精神的内涵、形成及发展。

（3）掌握辽宁工程技术大学"太阳石"精神。

案例分析

辽宁工程技术大学"太阳石"精神成因

辽宁工程技术大学在长期办学历程中，形成了"朴实无华、坚韧顽强、无私奉献"的

"太阳石"精神。对"太阳石"精神进行再认识和理性思考，厘清"太阳石"精神的成因，解读"太阳石"精神的内涵，明晰"太阳石"精神的内在要求，对于在新时期传承和发扬"太阳石"精神，彰显学校办学特色，提升人才培养质量具有重要而现实的意义。

"太阳石"是人们对煤炭的称颂，称颂它的朴实无华，没有宝石绚丽的光彩；称颂它的坚韧顽强，承受着大地的高温高压；称颂它的无私奉献，燃烧自己，奉献着光和热。辽宁工程技术大学建校以来，一直植根于煤炭行业和民风淳朴的辽西地区，秉承煤炭人的献身、敬业与特别能战斗的精神，融合辽西地区朴实、坚韧、刻苦、顽强的社会文化底蕴，历经 60 余年的积淀，铸就了辽宁工大人特有的"太阳石"精神。

"太阳石"精神不仅精练准确地概括了学校浓重而独具特色的校园文化，更成为全校教职工治学力行的精神源泉和学生成才立业的宝贵财富。进一步分析解读"太阳石"精神的成因，对于加快建设国际知名、特色鲜明的研究教学型大学进程，以及推动文化育人、精神育人工作都具有重要意义。

坚持面向煤炭行业办学是"太阳石"精神形成的内在基础。

1958 年，阜新煤矿学院、抚顺煤矿学院、辽宁煤矿师范学院和鸡西矿业学院分别成立。20 世纪 60 年代初期院校调整，四校合并，校址选在辽宁省阜新市，定名为阜新煤矿学院，成为东北地区唯一一所煤炭高等院校。1978 年学校更名为阜新矿业学院。1996 年，更名为辽宁工程技术大学。在 60 余年的办学历程中，学校一直坚守立足煤炭行业的办学特色，学校的人才培养、科学研究和社会服务均立足于煤炭行业，学科和专业均是围绕煤炭行业的基本需求设置。

师生的群体特点是"太阳石"精神形成的主体条件。

建校之初，一大批爱国知识分子响应党的号召，怀着建设东北解放区、为新中国煤炭事业培养技术人才的爱国之情来到了阜新，在一片荒野上创建阜新煤矿学院。20 世纪 60 年代初，为贯彻党中央提出的"调整、巩固、充实、提高"的八字方针，抚顺煤矿学院、辽宁煤矿师范学院和鸡西矿业学院先后并入阜新煤矿学院。全校教职员工怀着对发展祖国煤炭教育事业的热情，团结协作，并肩奋斗，克服生活的艰苦和办学的困难，教书育人，治学治校。爱国奉献是老一代辽宁工大人最鲜明的群体性特点。在教学与科研实践中，广大教师经常深入百里矿山，与煤矿工人一起从事危险而艰苦的生产劳动。艰苦的生活环境、危险的生产实践和煤矿工人坚韧顽强、不怕牺牲、特别能战斗的精神，不断影响和塑造着教育工作者的人生观、价值观，逐步形成了辽宁工大老一辈教育工作者们"朴实无华、坚韧顽强、无私奉献"的"太阳石"精神，这批教育工作者也成为学校未来发展、成长、壮大的中流砥柱。

大学承载着国家、民族、社会及青年人的期待和梦想，所以大学生活要从识读大学开始。

一、大学起源

（一）中世纪的大学

一般认为，现代大学起源于欧洲中世纪。公元 5 世纪，随着西罗马帝国的灭亡，古希腊、古罗马灿烂的古典文化迅速衰落，古罗马时代的城市几乎完全没落，古代的各种文化教育机构也几乎荡然无存，罗马基督教会成为古代文化的承担者和传播者，他们发展了传统的七艺教育（语法学、修辞学、逻辑学、算术、几何、音乐、天文学），开创了早期的高等教育机构。这一时期出现的高等教育机构形成了自己独有的特征，如组成了系（faculty）

和学院（college），开设了规定的课程，实施正式的考试，聘请稳定的教学人员，给学员颁发被认可的毕业文凭或学位等。

（二）中国近现代大学的缘起

中国近现代大学缘起于洋务运动兴起后的西学东渐。1895年，官办商人盛宣怀通过直隶总督王文韶，禀奏光绪皇帝设立新式学堂。光绪皇帝御笔钦准，成立天津北洋西学学堂。学堂以"科教救国，实业兴邦"为宗旨，进行专业设置、课程安排和学制规划，以培养高级人才为办学目标，后来更名为北洋大学，是中国近代史上的第一所官办大学，也是天津大学的前身。

二、大学理念

英国著名教育家纽曼是第一个专门论述"大学理念"的人，他在《大学的理念》中提出，大学是探索普遍学问的场所，大学是传授普遍知识的场所。从本质上讲，大学是教学的场所，是"智慧之府，世界之光，信仰的使者，新生文明之母"；美国著名教育家弗莱克斯纳也曾说，大学本质上是做学问的场所，它致力于知识的保存、系统化知识的增加和对大学生的培养；德国哲学家雅斯贝尔斯认为，大学是研究和传授科学的殿堂，是教育新人成长的世界，是个体之间富有生命的交往，是学术勃发的世界；中国现代大学教育制度的创立者蔡元培认为，大学是"囊括大典，网罗众家"之学府，大学是传授和研究高深学问的机关，大学是社会的服务站。

三、大学精神

大学精神是在科学理念的指引下，经过所在大学众人的共同努力，长期积淀形成的稳定且共同的精神品质、理想追求、价值取向、行为理念和文化氛围，是大学最富典型意义的价值取向和精神特征。大学精神是大学区别于其他社会机构所特有的、相对稳定的、健康的群体心理定势和精神状态，是大学在长期发展中积淀的最富有大学特质和时代特色的精神特征，是大学群体的面貌、水平、特色及凝聚力、感召力和生命力的体现，是大学优良文化传统的结晶，是大学历久常新的动力和源泉。

四、辽宁工程技术大学的大学精神和理念

大学精神和大学理念对大学的发展有着非常重要的作用。大学精神是大学在长期的发展过程中所形成的约束大学行为的独特气质，大学精神的独特气质是外在的"形"，而大学理念是内在的"魂"。

（一）辽宁工程技术大学的大学精神——"太阳石"精神

辽宁工程技术大学的大学精神就是"朴实无华、坚韧顽强、无私奉献"的"太阳石"精神。

1. "太阳石"精神的内涵

半个多世纪以来，学校始终以"太阳石"精神为脊梁，弘扬勤勉敬业、无私奉献的师德，忠教爱生、严谨治学的教风，顽强刻苦、拼搏向上的学风，团结勤奋、求实创新的校风，将"太阳石"精神与现代意识、科学技术交融，形成了浓重而独具特色的校园文化。

2. "太阳石"精神的特征

人们通常把煤炭比作"乌金"，形象地把它礼赞为"太阳石"。"太阳石"在燃烧自

己的同时为人间奉献出光和热。"太阳石"精神的具象是煤炭，煤炭又称"乌金"，美称"太阳石"。"太阳石"精神可以概括为三个主要特征。

一是厚积薄发的储能特征。煤炭形成于 3.6 亿至 2.9 亿年前的石炭纪，它是远古时代植被的遗骸。这些植被被埋入很深的地层中，受到高温、高压的作用，历经一系列物理化学变化，转变为泥炭，最后形成煤炭。每个煤矿床的质量取决于煤炭形成过程的温度、压力和时间，这被称为煤炭的"有机成熟"。因煤炭千万年甚至上亿年的沉淀换来一世的光和热，所以才赢得了"太阳石"的美誉。储能特性和大学育人具有高度的拟合性，大学扮演着知识的传递与创新、技能的传承与发展、思想的交汇与融合等多重作用，用知识、技能和思想的火种点燃学生成长成才的渴望，转化成学生推动社会发展的智慧和力量，从而在经济社会发展中建功立业。

二是抗压抗热的坚韧品质。坚韧是煤炭的自然属性，采煤过程中需要克服的自然条件困难也磨炼出了煤炭人坚韧顽强的品质。这种品质正适用于辽宁工大和工大学子，在学校发展、教学研究、科研攻关、学生求学求职等过程中，应对竞争、排除干扰、战胜困难，无不需要学校和师生具有煤炭抗压抗热的坚韧品质。

三是注重实质的价值实现。煤炭没有华丽的外表，却有着重要的实用价值。注重实质而非形式是煤炭最重要的价值特征，也是"太阳石"精神中所倡导的重要价值取向，这种价值取向也可以理解为不虚荣、不浮躁，具有专一的目标，善于把握主要矛盾。辽宁工程技术大学在 60 余年的办学历程中，坚守煤炭专业特色，弘扬严谨治学的教风和顽强刻苦的学风，就是注重实质而非形式的价值体现。

3. "太阳石"精神的发展

辽宁工程技术大学依煤城而建，依煤炭学科的发展不断壮大，一代代的辽宁工大人传承着任劳任怨、坚韧顽强的优良传统，逐渐沉淀出了一份朴素的思想和独有的人文精神。"太阳石"精神一经提出，立刻在校内引起了共鸣，看到高度凝练的"太阳石"精神，有一种"心有戚戚焉"的感慨。60 余载风风雨雨，学校几代教育工作者默默无闻、自强不息，克服重重困难，为学校的成长贡献了最宝贵的青春年华，写就了学校在偏僻的辽西地区发展煤炭行业的不凡史诗。

弘扬"太阳石"精神，培育煤炭工业领域精英。建校之初，辽宁工程技术大学隶属于燃料工业部；1978 年实行煤炭工业部和辽宁省双重领导，以煤炭工业部为主的管理体制；1998 年划归辽宁省，实行中央与地方共建，以地方管理为主。几十年来，学校始终坚持立足煤炭，服务煤炭，为煤炭工业培养人才。根据煤炭行业的特点，学校在人才培养中始终坚持以德养才、厚重人品的理念，不仅培养学生从事工程技术研究与管理的能力，而且培养学生吃苦耐劳、无私奉献的精神品质，使学生甘于从事艰苦而危险的煤炭事业。

学校随着煤炭科技的进步和煤炭工业的发展，不断完善人才培养体系，将教育学生热爱煤炭行业、献身煤炭行业作为人才培养中的重要内容，贯穿于大学四年的教育中。在实践教学中，组织学生参加煤矿生产实习，鼓励学生参加工程项目、科研课题、社会实践和社会调查，锻炼学生吃苦耐劳、坚韧顽强的意志，同时广大教师的爱岗敬业、无私奉献的品格也深深感染着学生，使"太阳石"精神在一代又一代学子中发扬光大，并激励着他们成长成才。广大毕业生以脚踏实地、吃苦耐劳、勇于实践、团结协作、甘于奉献的作风，赢得了社会的普遍赞誉。"朴实无华、坚韧顽强、无私奉献"的"太阳石"精神已成为辽宁工大学子宝贵的精神财富和特有的精神风貌。

传承"太阳石"精神，培养社会主义建设者和接班人。20世纪90年代后期，辽宁工程技术大学仍然立足于地矿行业，保持地矿特色，坚持以德养才、厚重人品的育人理念，在新一代教育工作者和学子中传承"太阳石"精神。

坚持以思想教育为主线，传承"太阳石"精神。学校把新生入学教育作为思想教育的第一课，广泛宣传团结勤奋、求实创新的校风和诚朴求是、博学笃行的校训，邀请老教授举办讲座，使广大学生了解学校悠久的发展历史和光荣的办学传统，为他们勇于扎根偏僻地区、从事艰苦行业奠定坚实的思想基础。在大学四年里，学校紧紧围绕爱国主义教育、理想信念教育、集体主义教育的思想教育主线，把培养学生爱国、敬业、拼搏、奉献的思想品质作为重中之重，将"太阳石"精神贯穿于第一、第二课堂及人才培养始终，使学生受"太阳石"精神的熏陶，传承艰苦奋斗、顽强拼搏和无私奉献的精神。

坚持以教师为主体，传承"太阳石"精神。教师是传承"太阳石"精神的主体。学校始终把师德师风建设作为一项重要工作常抓不懈，建立了以思想教育为先导、以政策制度为保证、以主题教育和系列活动为载体的师德师风建设工作格局，以"太阳石"精神引导教师爱岗敬业、勤奋工作、无私奉献，形成了忠教爱生、严谨治学的教风。一大批教师扎根于这片热土，为学校建设发展奉献了青春年华。

坚持以社会实践为手段，传承"太阳石"精神。学校把社会实践和工程实践作为培养学生具有"太阳石"精神的重要途径，将社会实践纳入教学计划，经常组织学生社会实践服务团，深入城市、农村，深入企业、矿山，参加社会实践，开展社会调研与社会服务。通过社会实践，学生不仅了解了社会、提升了实践能力，而且具有了吃苦耐劳、顽强拼搏的意志和无私奉献的品格。学校的社会实践活动丰富多彩，成效显著，学校先后被中宣部、教育部、团中央评为大学生社会实践活动先进单位、全国大学生志愿服务西部示范高校，获全国百支大中专学生志愿者暑期"三下乡"社会实践活动"优秀服务团队"称号。校团委被共青团中央授予"全国五四红旗团委"称号，被辽宁省团委授予"志愿服务辽西北工作先进单位"称号。

60余年来，学校为国家输送了15万余名各类人才。广大毕业生以良好的思想道德素养、扎实的基础专业知识，奋斗在各领域工作岗位上，无论是在危险的矿山井下，还是在艰苦的实验基地，他们一干就是几年、几十年，不仅传承了朴实无华、坚韧顽强、无私奉献的"太阳石"精神，而且也实现了自己的人生价值。经调查，用人单位对学校毕业生的评价很高，优良率为97.59%。在对学校各方面工作的专项问卷调查中，毕业生对教师的敬业精神评价最高，优良率为95.44%。这些数字强有力地印证了"太阳石"精神已经成为学校改革发展和全校师生员工成长成才的不竭动力和源泉。

（二）辽宁工程技术大学的大学理念——以学生成长为中心

遵循以人为本的理念，辽宁工程技术大学形成了"让每一名学生都成为最好的自己"的文化理念。

1. "让每一名学生都成为最好的自己"的文化理念的理论根据

一是现代管理理论的鲜明表征。现代管理理论繁多，但特别重要的有以人为本、人的激励核心能力等。这些理论的共同点就是强调人的重要性；强调由重视物转而重视人；强调要从主观意识上自觉地去激发、调动人的潜力；强调事业发展中人的核心地位和由人带来的一系列不可替代、不可模拟的因素和价值；强调人力资源是第一资源，人人都有价值。

"让每一名学生都成为最好的自己"恰恰就简单、精练地体现出这些现代管理思想的精髓。

二是马克思主义学说"人"的发展理论的张扬。马克思主义学说的基本出发点和理论归宿都聚焦在人的发展以及人的解放上。在当代的各个领域中，人的全面发展的思想符合每个人的成长个性，为每个人的发展创造了广阔的空间，有利于人的主体性和创造性的发挥和张扬。因此"让每一名学生都成为最好的自己"的理念本质上是与人的全面发展的思想相一致的。

三是学校办学经验的总结与升华。辽宁工程技术大学之所以能克服重重困难，在艰苦地区办艰苦专业，还能保持学校快速发展，其中重要的经验就是：始终重视人的因素，团结能团结的所有人。尊重理解人的感情、需要、个性及一些弱点，最大限度地调动每一个人的积极性。"让每一名学生都成为最好的自己"恰好就是这一经验的最好总结、升华与诠释。

2. "让每一名学生都成为最好的自己"的文化理念的实践价值

先进文化理念不仅具有很强的理论意义，同时具有对一个组织或集体进行管理创新、管理改革的实践操作价值。落实"让每一名学生都成为最好的自己"的文化理念，我们应该树立起应有的信念，并努力做好如下几点。

一是学校中每位教职员工和学生都是学校的主人。有主人翁意识就会有自我意识，就会有追求和贡献，就会有追求成功的愿望和动力。这种主人翁的意识和感觉，不需要客观上的改变，而只要主观认识上的调整，所以它不需要成本和代价。这一调整的意义十分重大，会促进一个单位的气氛和个人的情绪朝着良好的方面转化，会形成和谐轻松的人文环境。

二是人人都成功的前提是人人有追求、人人都努力。这是由四个因素所组成的链环：追求成功的心理动机和愿望—动机所导致的努力工作的行为—这一工作行为带来的工作成绩—工作成绩得到周围人的认可和得到组织及领导的认同。在这个行为链中，追求的动机是起点，这一起点可以是奖赏或吸引促生的，也可以是个人修养造就的，还可以是领导或某些人或某件事启迪的。

三是人人成功的关键是个人的努力会受到组织的认可。当一个人有了上进心和追求时，有了发展的愿望时，他就会有某种积极的态度、积极的表现或其他暗示性的意愿（尽管还不是积极的行为），这时组织必须给予承认和积极的鼓励，因为这是积极工作行为的起点，有着至关重要的意义。对个人来讲树立正确的价值取向非常重要，可以"只问耕耘，不问收获"，应积极地走下去，坚持必有收获。

四是人人都成功是每个人积极工作的结果。积极工作并获得成功是任何人都可以在任何方面、任何时候、以任何方式体现出来的。教师、学生、工人等都是可以成功的，只要你努力了，只要你行动了，只要你今天比昨天强了，只要你贡献了，你就是优秀的，就是成功的。成功可以表现为教书育人、科学研究、求实创新，也可以表现为努力学习，热情服务他人。

总之，要通过一系列的宣传、教育、引导、激励、约束等手段，保证"让每一个学生都成为最好的自己"的理念能够深入展开和有效实施。只要长期坚持下去，就会形成一种风尚、一种习惯，就会形成人人都进取、人人都发展、人人都成功的和谐的大学理念。

审视

大学精神不仅标志着大学存在的理由，更是大学生成长与成才的沃土和人生的宝贵资源。人的成才之路是漫长的，但对有机会接受大学教育的人来说，大学精神无疑具有决定性的意义。先进的大学精神作为校园文化价值系统的精华，是一种巨大的激励因素和动力之源。当这种价值观念和行为规范被内化为大学生的精神气质之后，就会激励他们产生探求知识、追求真理的强烈欲望与渴求。通往真理的道路从来就不是一帆风顺的，在面临重大转折或挑战时，心灵被一种精神熏陶浸润过的人即使是在生活的重压下，也能够保持进取的毅力和信心，不为世俗的狭隘偏见所限制，不为短期利益所诱惑，始终把目光聚焦在自己的奋斗目标上，孜孜以求，无所畏惧。

大学生既要学会做人，又要学会做学问，大学精神则是做人、做学问两方面标准的核心内容和综合体现。作为一种精神养料，它并不仅仅存在于人的大学时期，即使离开了大学这一具体环境，其渗透力和影响力也会保留在其职业生活、家庭生活及社会活动、社会交往之中。被大学精神滋养和浸润过的头脑和心灵会伴随学生的一生。

问题 探索·

辽宁工程技术大学在长期办学历程中，形成了"朴实无华、坚韧顽强、无私奉献"的"太阳石"精神。对"太阳石"精神进行再认识和理性思考，厘清"太阳石"精神的成因，解读"太阳石"精神的内涵，明晰"太阳石"精神的内在要求，对于在新时期传承和发扬"太阳石"精神，彰显辽宁工大办学特色，提升人才培养质量具有重要而现实的意义。

拓展 思考·

当今世界处于百年未有之大变局，中华民族正处于"两个一百年"奋斗目标的历史交汇期，当代青年人正处在大有可为的新时代。时代需要奋斗者，时代同时也属于奋斗者。青年学生如何坚定理想信念，在新时代彰显新作为，努力做到不负党和人民的期盼？请认真思考并做好规划。

▶ 第二节 大学的功能与使命

学习 目标·

（1）了解大学的功能。
（2）了解大学使命的内涵及核心要义。

案例 分析·

辽宁工程技术大学在不同历史时期的使命

中国近代高等教育一经诞生就与国家经济政治需要紧密相结合。国家需要、人民需要就是学校办学的总体方向，为国育人、为党育才是学校的历史使命。辽宁工程技术大学无论是合校前还是合校后，在不同的时期都践行着立德树人教育的初心和使命。

一、近代中国煤炭高等教育的兴起—— 一经诞生就承担着为国为民的初心使命

1894 年中日甲午战争爆发后，许多有识之士进一步认识到培养掌握近代科学技术专门人才的重要性。1895 年中国近代较早、并设有采矿专业的大学——天津中西学堂成立。辛亥革命推翻清王朝的封建统治后，近代教育事业相应发展，逐步建立起一批高等学校，其中许多学校设有地质、矿冶科系。根据 1936 年全国矿业地质展览会印发的《全国矿业要览》统计：12 所设有矿业地质科系的学校为现代矿业高等教育的发展奠定了基础，当时在校学生总数不超过 700 人，却对我国近现代矿业的发展具有显著的支持和推动作用。1949 年中华人民共和国成立，百废待兴，1953 年党中央和国务院开始执行发展国民经济的第一个五年计划。不久，党中央又提出过渡时期的总路线和总任务，预想用 10 到 15 年的时间完成社会主义改造。新中国煤炭工业的恢复与发展就是在这一思想指导下开展起来的，同时也创建了与之相适应的煤炭高等教育。

辽宁工程技术大学的前身在这一时期建校。1947 年 5 月，东北矿区工人干部学校在鸡西成立，1949 年 1 月 1 日阜新矿立中等技术专科学校在辽北八中校址上成立，1949 年 3 月 1 日抚顺矿山工业专门学校成立，1953 年 5 月在本溪田师傅矿成立中国煤矿工人东北速成中学。到 1958 年，四所煤矿学校共培养中等专业技术人才近万人。

二、煤炭高等教育基本框架的建立——阜新煤矿学院成为东北地区唯一的煤炭高校

1961 国家开始进入全面调整时期，煤炭工业部在教育战线贯彻执行"八字方针"，协同教育部、各省（市）党委对煤炭高等学校进行调整，到 1964 年全国只保留了 7 所煤炭高等学校，其中工科 6 所，即北京矿业学院、阜新煤矿学院、山西矿业学院、西安矿业学院、焦作矿业学院、山东煤矿学院；医科 1 所，即唐山煤矿医学院。7 所煤炭高校的在校学生共约 10 700 人。此次调整构建了一个较为合理的基本框架，基本上适应了煤炭工业生产建设的需要，为煤炭高等教育事业的发展奠定了良好的基础。

1961 年 9 月 8 日阜新煤矿学院、抚顺煤矿学院、辽宁煤矿师范学院三校合并，开始正式搬迁，同年 9 月 27 日搬迁结束。辽宁煤矿师范学院的 155 名教工和 437 名学生，抚顺煤矿学院的 127 名教工和 598 名学生以及两校的教学仪器、设备和家具等，分两批先后搬到阜新煤矿学院，至此初步完成了三校合并的艰巨任务。1964 年暑期，鸡西矿业学院的地采、地质、机电、机制和选煤 5 个专业的 356 名学生开始搬迁，先后有 102 名教工（其中 68 名教师，27 名干部，7 名工人）迁至阜新，同年 8 月 31 日到阜新煤矿学院授课。

第二次合校后，学校成为当时东北地区唯一的一所煤炭高等学校。学生数量增加近 2.5 倍，教职工数量增长了 1.5 倍，学生宿舍和职工宿舍变得非常紧张。面对巨大困难和问题，党、团员起模范带头作用，全校师生团结一心、艰苦奋斗、共克时艰。

三、全国重点煤炭高校的确立——阜新矿业学院成为全国重点大学

党的十一届三中全会作为我国政治、经济发展过程中的一个重要转折点，也为煤炭高等教育界健康发展和振兴提供了十分重要的转机。1977 年 8 月 8 日，邓小平同志在科学和教育工作座谈会上作了《关于科学和教育工作的几点意见》的讲话，标志着我国统一考试招生制度正式恢复。我校同中国矿业学院、西安矿业学院、山东矿业学院、焦作矿业学院、山西矿业学院、淮南煤炭学院、唐山煤矿医学院等 8 所煤炭高等学校共招新生 3024 人。1978 年 2 月 17 日，国务院转发《教育部关于恢复和办好全国重点高等学校的报告的通知》，文件确定 88 所高校为全国重点高等学校，四川矿业学院恢复为全国重点高等学校，我校被新增为全国重点高等学校。

四、教育大众化阶段行业院校的生存和发展——辽宁省"双一流"建设高校的确立

20世纪90年代,高等教育领域紧随经济体制转轨,进行了一系列的教育管理体制改革。以"共建""合作""合并""划转"八字方针为指导,行业院校开始了以划转、撤并为主的体制转轨过程。从1993年到2004年,原中央部委管理的571所行业院校中有509所进行了不同程度的调整,其中70所划转教育部,400多所则划归地方管理。行业院校基本完成了特殊时期的历史使命。

我校在这一时期高举地矿特色旗帜,走特色发展之路,建成了一批特色鲜明、实力较强的学科。1993年12月14日,经国务院学位委员会第十二次会议批准,第五批审核,学校被批准为博士学位授予单位,采矿工程学科为博士学位授予学科。我校成为煤炭系统高校中第二个获得博士学位授予权的学校,巩固并确立了学校在煤炭高校中的地位。1999年2月12日,人事部与全国博士后管委会批准我校设立矿业工程博士后科研流动站。我校这时已经划归辽宁省属,博士后科研流动站的设立,使我校在省属院校中赢得了领先的地位。

一、大学的功能

一般认为,大学功能的沿革主要有三个划分标志:一是18世纪60年代,以英国工业革命开始为标志的第一次工业革命;二是19世纪80年代,由化学、力学、电磁学等发展引起的科学革命;三是20世纪40年代的第三次工业革命。

相应地,大学功能的发展也分为三个阶段。

1760年以前,大学的功能主要是人才培养,通过知识传承得以实现。在这个阶段,由于现代意义上的物理学、化学等学科还没有独立出来,数学和天文学等相对独立的学科也还处在雏形。因此,大学中的知识传承主要是人文知识的传承,特别是宗教文化知识的传承。第一次工业革命以后,现代意义上的物理学、化学等学科开始独立,并逐渐自成体系,作为独立门类的科学开始进入大学。

1880年以后,德国洪堡大学进行的科学研究开创了大学功能的新境界。至此,大学功能不仅只是知识传承,还加入了科学研究的元素。在工业、技术等发展的很长一段时期内,在洪堡大学科学研究的基础上,逐渐形成的"洪堡精神"得到了极大地发挥,这使得科学研究在大学功能中所占的比重日益显著。同时,科学研究又推动了电学与电磁学的发明,解决了电的储藏与输送问题,使电学成为新的动力能源,极大地推动了第二次科学革命。由此,科学研究的力量就彰显出来,"洪堡精神"也开始在世界各国的大学广泛传播。美国的科学研究是从社会发展的问题中找课题,这就产生出科学研究的新方向,也产生出科学研究的社会服务功能。

1920年到1940年,大学的社会服务功能得以极大发挥,这一时期,大学功能不仅有科学研究,也在科学研究的基础上发展出社会服务。至第二次世界大战结束,大学功能已经由人才培养拓展到知识传承、科学研究和社会服务,在这四个功能中,又以人才培养为核心,知识传承、科学研究、社会服务为人才培养提供支撑,同时,这四者合一,形成了第二次世界大战后大学功能的新起点。20世纪60年代以后,文化引领的作用就被引入到大学功能中。

二、大学的使命

大学的使命是一定历史时期国家和社会需求的集中反映,也是大学对外部社会变化的必然选择，是社会进步与大学"内在逻辑"发展相统一的产物。它是随着社会经济和科技的发展，是社会对高等教育需求的变化与大学不断满足这种需求变化而逐步发生、发展和变化的，是在不同历史时期被社会赋予的使命。

（一）大学建立之初最基本的使命——教学

具有现代意义的大学起源于欧洲中世纪，大学是当时社会政治、经济和文化发展的产物。虽然中世纪的大学出现时，一些学者以研讨社会问题为初始目的，但很快就被统治君主或教皇所控制而最终成为他们的附庸。大学的使命也仅限于为政治、宗教等意识形态领域培养工具性人才，如管理城市的官吏、法官以及教师、医生等。大学开设的课程主要有神学、哲学、文学和法律等，并由大学规定或教皇固定下来，不能变更。授课时以论诵为主，教师讲、学生记。诵记教学还特别强调背诵和考试，考试不能超过经文所规定的内容，这种硬性背记式教学极大地抑制了学术的发展。因此，这种大学模式是在严格的封闭状态下运行的，与社会生活实践严重脱离。这种在特定历史条件下成立的大学形成了以教学为主，且办学思想保守的基本特性。纽曼更认为，大学不是为了科学研究而设，教学育人是大学唯一的使命，科研完全可以让其他一些机构来承担而不是在大学里实现。因此，从中世纪晚期到文艺复兴，再到法国大革命，很长一段时间里，无论大学的组织形式、办学风格与教学内容及方式如何变更，其使命始终是单一的，就是教学育人，除此之外不再具备其他使命。

（二）大学持续发展中逐渐延伸的使命——科学研究

14世纪至15世纪，教条之风日盛，大学教学日渐禁锢思想，鼓动社会保守主义，对社会发展视而不见。整个中世纪大学几乎没有科学研究，与社会发展的联系也不多。到18世纪，大学的主要使命仍是单一的培养统治阶级工具性人才，虽然也出现了少量的学者、教授从事过某些研究工作，甚至还出现了但丁、哥白尼、伽利略等著名的科学家、学者，但作为大学的科学研究还相当不普遍、不经常，也从未作为大学的计划内容，只属于纯粹的个人活动之外的现象，大学被视为高居社会之上的"象牙之塔"。19世纪以前的德国大学中，经院主义占统治地位，神学被视为"科学的皇后"，因此大学对年轻一代缺乏吸引力。1806年德国在普法战争中被打败，以洪堡等人为代表的新人文主义者主张"必须振兴文化以弥补物质方面的损失"，而振兴文化的途径就是把科学作为培养人才的方式引入大学。19世纪初，威廉·洪堡创办了柏林大学，他全面实践一种新的大学观，倡导"学术自由"和"研究与教学相统一"原则。他指出："大学教师的主要任务并不是'教'，大学生的主要任务也不是'学'，大学生需要独立地去从事'研究'，至于大学教授的工作，则在于诱导学生'研究'的兴趣，再进一步去指导、帮助学生去做'研究'工作。"他还认为大学应当具备科研与教学并重的双重使命。正是柏林大学对传统大学模式的突破，以及其获得的巨大成就和鲜明的个性特色，使其成为德国其他大学竞相模仿的榜样，推动了德国大学的现代化。而后德国迅速兴起的实科教育和工科大学填补了柏林大学与生产实践之间的空白，使纯理论的科学研究发展到应用性研究。也就是这个时候形成了大学的第二个使命——科学研究。

（三）大学使命的回归——服务社会

1862年实用主义在美国盛行，美国总统林肯签署了《莫雷尔土地赠予法》，赋予美国高等教育一项新的使命——服务。由此成立的赠地学院一改美国传统学院的办学思想，更多地关心农业，关心实用知识和技术推广。而践行这一方案并且使之发扬光大的是担任威斯康星大学校长的查尔斯·范·海斯，他在1904年的就职演说中系统地阐述了关于大学服务于社会的目标和理念。他提出："教学、科研和服务都是大学的主要使命。更重要的是，作为一所州立大学，它必须考虑到州的实际需要。"由此形成了著名的"威斯康星思想"。按照这一思想，学校把大学教育与社区普及性教育结合起来，为此专门设立了大学推广部，并在各地建立地区推广教育中心。他认为大学并不应该有任何边界，应当具有开放性，要走出"象牙塔"面对社会。大学应考虑到社会的需要，在社会的经济互动中使区域经济发展，为社会提供服务，发挥其社会价值。他认为教学、科研和服务都是大学应具备的使命，即以大学的知识资源为依托、以知识应用为途径、以直接服务为方向、以其他两项使命为基础。1914年美国国会又通过了《史密斯－来沃法》，拨款支持高等学校在人民中传播有关农业和家庭的实用信息，并鼓励对这些信息加以应用。此后，美国高等学校的服务又逐渐延伸到其他方面，从制造业到服务业，涵盖了社会生活的各行各业。

（四）大学使命的扩展——文化传承与创新

关于大学使命，我国著名高等教育学家潘懋元在其主编的《新编高等教育学》中指出："高等学校是知识密集，多种学科的学者和专家集中的地方，又有较完备的图书资料、仪器设备，以及较多较快的科学信息。这些特点与条件决定了它可能必须具备如下三种社会使命：培养专门人才，发展科学，开展社会服务。"他还认为"培养高级专门人才是高等学校的基本使命""发展科学是高等学校重要的使命""为社会服务也是高等学校的使命之一"。潘先生对这三个使命的重要性也作了明晰的阐述，他认为："高等学校三个社会使命的历史发展顺序，也是他们的重要性顺序；培养人才的社会使命是基本的；发展科学的社会使命是重要的，否则现代高等学校质量与水平就不可能提高；直接为社会服务在高等学校的发展也是必要的，否则高等学校就会脱离社会实际。办学必须以培养高级人才为中心，处理好三者关系。"中国的大学使命是人才培养、科学研究和服务社会三大使命的践行。现代大学精神的缺失，有必要审视大学理念，重塑大学精神，扩展大学使命。我国已经把"文化传承和创新"作为大学发展的一项使命，文化传承和创新的使命将成为提高我国大学教育质量的创新源泉。

三、大学使命的核心要义

现代大学使命历久弥新，焕发着生机与活力，大学只有肩负合乎大学本性的使命，成为学术和真理的殿堂，成为弘扬理性和服务社会的典范，才能获得不竭的发展动力，才能彰显内在的精神特质，才能成为一流的大学。

（一）成为学术的殿堂

学术生活是以知识探究，追求真理为目的；以思想自由，兼容并包为情怀；以求同存异，张扬个性为宗旨；以理论探究，智慧生活为职业。学术生活是大学的生活状态，是大学的根本生活方式，统领着大学其他的生活方式，是大学幸福之所在。学术生活是大学要回归的本真生活状态，是大学的价值与意义的呈现。学术生活要成为大学的根本生活方式，每一个大学成员要坚守自我的学术生活，以学术生活为职业，追问学术生活的本质，探寻学术生活的真谛。只有这样，才能凸显大学的真正使命，摆脱繁杂的影响，回归大学的本质。

大学本身就是一个意涵丰富的教育共同体。学术组织、行政机构、班集体等是大学中最基本的教育共同体形式。它们不是偶然地随意结合，而是具有道德性、教育性、精神性的教育实体，是一个道德的、友爱的、和谐的教育共同体，这是大学内在特性的显现。教育共同体能够体现大学的使命，引导大学成员确立共同的目标、树立共同的愿景，互相尊重、互相理解、互相认可，进而塑造大学成员间平等交往、自由言说，以及理智行动的方式。学术研究者与学生构成了学术共同体的主体，为了共同的学术目标而携手前行。因此，大学要积极转换思维，通过克服本位主义、鼓励学术协作、倡导学术融合，着力构建具有共同信念、共同价值、共同规范的学术共同体，以重塑学术共同体的精神，实现大学学术的生活化与常态化。

（二）做追求真理的典范

真理是永恒知识、系统观念与普世价值的象征。大学是真理的家园，大学与真理具有天然的联系。真理不是遥不可及、不可触碰的，真理是大学的原点而非终点，大学应与真理共存亡。大学应以追求真理为目的、以发现真理为志向、以探明真理为旨归。大学追寻真理的过程，就是对真理负责的过程，为真理而斗争，且审慎地追求真理。真理不只是抽象的，而且也是具体的；不是高不可及的，而是可以感知的；不只是精神贵族的特权，也是平凡人的盛宴。真理需要传播，需要落地生根，这样的真理才是实在的，才是为人所乐于向往的。大学作为真理的守护者，理应肩负传播真理的重任，让真理之光普照大地，进而转变人们的思维、塑造人们的心智、净化人们的灵魂。

大学是探究真理的场所，所有的研究都为真理服务。捍卫真理是大学义不容辞的责任，是大学的神圣使命，是大学一项永恒的事业。大学需要有足够的勇气，以无畏的心理、虔诚的态度及坚定的信念，去守护真理，这是大学内在的要求，也是大学应有的作为。

（三）弘扬理性精神

理性是一种宽广的视野、睿智的眼光、坚定的信仰，是大学内在精神世界的展现。理性是一种沉静、包容、睿智而不乏张力的思维品质，是大学智慧的凝结，是大学气度的体现与精神的象征。大学离不开理性的滋养，需要理性的呵护。通过理性的思维，大学能够认识自我的本质、明晰自我的身份、找回真正的自我。理性思维能够改变大学内在的精神品质，唤醒大学原初的自我，而大学的价值与意义正是源于这本真的自我。

大学要理性地去思考一切，要与人类的事业相一致，要与人类的理想一样高远。大学要执其两端而用中，不过度享用目前的一切，以长远的眼光审视未来。大学之思应当是自律下的一种理性显现，而不是一种感性的直觉；大学之思是一种信仰的表达，而绝非冲动之举；大学之思要关注事物的本原，而非表层。大学之思要基于现实但不被现实所羁绊，以理性的眼光关乎现实，审视未来，开启大学的精神之眼，逐步推动大学走向理性化。

（四）大学要服务社会

大学以服务社会为志向。大学不是封闭的"象牙塔"，大学要冲破围墙的限制，要与社会、与大众有机融合。大学要将自身的影响散播到社会的每一个角落。大学要将自身的智力资源与优势运用于解决公共问题，也就是大学要服务社会。大学作为智囊团和资源库理应面向社会、关注社会、服务社会。大学必须开展创造性的工作，着力于发展知识、革新技术、塑造人文。大学必须面向大众，面向地方经济，实现教学、科研和服务社会的协同化，只有这样才能产生大学与社会的双向互动效应，精准地服务社会，彰显大学服务社会的职能。

四、当代中国大学的核心使命

19世纪下半叶中国兴起的现代大学从一开始就肩负起教育救国的使命。1949年中华人民共和国成立后，我国大学的使命便与国家的社会主义建设息息相关。改革开放以来，按照面向现代化、面向世界、面向未来的要求，大学为国家现代化建设培养了数以千万计的高素质人才。在2018年9月10日召开的全国教育大会上，习近平总书记以"教育是国之大计、党之大计"两个大计高度概括了教育在新时代的重要地位，强调坚持中国特色社会主义教育发展道路，培养德智体美劳全面发展的社会主义建设者和接班人。这一重要讲话，体现了习近平总书记对教育工作"培养什么人、怎样培养人、为谁培养人"这一根本性问题的深谋远虑和高瞻远瞩，对于加快推进教育现代化、建设教育强国、办好人民满意的教育有着深远意义。人才培养是高等教育的基本功能或首要功能，是大学在产生之初的唯一职能。提高人才培养质量是国家发展的紧迫需要、是人民群众接受教育的殷切期盼、是高校自身发展的内在要求。每所大学都要为国家服务，都要紧密联系社会实践。

我国的大学必须要有为实现中华民族伟大复兴提供支撑的理想和责任担当：一是肩负着教育强国的历史责任；二是坚持育人为本；三是追求卓越教学；四是扎根中国大地办大学；五是为世界高等教育发展贡献"中国方案"。

审视

不管大学功能如何变化，其功能自始至终围绕人才培养这一核心使命。人才培养既是大学功能的历史起点，也是大学功能的逻辑起点，而知识传承、科学研究、社会服务、文化引领等，都是围绕人才培养产生的辅助功能。所以，大学功能是一个以人才培养为核心的综合体系。马克思认为："在一切社会形式中都有一种一定的生产决定其他一切生产的地位和影响，因而他的关系也决定其他一切关系的地位和影响。"在大学的功能中，其他功能受到人才培养的影响，同时要围绕人才培养展开。因此，大学的种种功能，都要有利于人才培养，假如不利于人才培养，只是为科学研究而科学研究，为社会服务而社会服务，那么就违背了大学功能的本意。

问题探索

中华人民共和国成立初期，在鸡西建立了东北第一所煤矿工人干部学校。1958年开始，几百名专家学者背井离乡，先后从沈阳、抚顺、鸡西来到辽西小城，在组建阜新煤矿学院的同时，开创了学校本科教育的先河。1978年前后，一大批有志青年从田间地头、工厂矿山来到阜新煤矿学院，用青春书写煤炭行业的历史传奇……抚今追昔，立足国家战略需求，办人民满意的大学，培养德智体美全面发展的社会主义建设者和接班人，就是一代又一代辽宁工大人的初心，更是我们这一代人的历史使命与责任担当。

拓展思考

不忘初心，牢记使命，勇于担当，攻坚克难。辽宁工大人正在加快推进特色鲜明的国内高水平研究型、应用型大学的建设步伐，为辽宁老工业基地全面振兴和行业转型发展、为实现中华民族伟大复兴的中国梦作出更大贡献！同学们，去了解并讲述奋斗中的辽宁工大人的故事。

▶ 第三节　大学的文化与制度

学习目标·

（1）了解大学文化的形成和发展。
（2）理解大学制度的内涵及大学制度文化的构建。

案例分析·

辽宁工程技术大学校训释义

"诚朴求是、博学笃行"八字校训，不仅言简意赅，而且寓意深刻，富有哲理。既反映了辽宁工大的优良传统与特色，又能体现学校办学的理想追求与实现途径。八字校训既各自独立成意、各有侧重，又相互联系、浑然一体，涵盖了品格修养、教育思想、治学精神等各个方面。"诚朴求是"释义为以诚恳朴实的态度，修身治学，勇于探索科学真理；"博学笃行"释义为以坚毅自强的品格，博学躬行，努力实现荣校强国。

"诚朴"是辽宁工大半个世纪以来的办学传统，是辽宁工大莘莘学子立身行事的基本道德标准，它生动体现了辽宁工大人艰苦创业、追求卓越的风骨。"诚"是维系人类社会的最高道德规范，也是中华传统文化的精神内核。以"诚"字为校训，是希望全校师生为人和为学都要以诚为本、埋头苦干、不计名利、诚心向学，努力成就伟大事业。"朴"有敦厚、质朴之意，以"朴"字为校训，是希望全校师生弘扬"朴实无华"这一辽宁工大的优良传统，以质朴敦厚这种自然天成的禀赋，在为人和为学的道路上积极向善、努力向学、奋勇拼搏、勇攀高峰。"诚朴"是辽宁工大传统精神中最本色的东西，辽宁工大不仅仅是传授专门知识与技能的场所，更是教人诚实端正、求真求善的精神家园，全校师生要诚心诚意、求真求实，以科学的精神，严谨、勤奋的治学态度获得真才实学，担负起振兴中华的历史重任。

"求是"是治校和治学精神的具体体现。所谓求是，不仅仅局限于埋头读书或是在实验室做实验，还表现为奋斗精神、牺牲精神、爱国精神、革命精神和开拓创新精神。"求是"语出班固《汉书·河间献王传》，原文为"修古好学，实事求是"，是指科学地研究客观事物的规律，实实在在地办事。毛泽东曾在《改造我们的学习》中进行过这样的论述："'实事'就是客观存在着的一些事物，'是'就是客观事物的内部联系，即规律性，'求'，就是我们去研究。"辽宁工大以此作为校训就是在继承优良传统的基础上赋予其新的内涵，即办事求学要从实际出发，注重实效，诚实守信，并注重求索真相，揭示规律并把握规律，追求真理，进行思想和理论创新，以实事求是的精神，对待科学技术知识，端正学风。这将对辽宁工大在治学、育人等诸方面起到积极的推动作用，并产生深远影响。

"博学笃行"是"求是"的路径。在求学向善的过程中仅仅有博学审问还不够，必须深思熟虑、别出心裁、独具慧眼，来研辨是非得失。既能把是非得失了然于心，又能尽吾之力以行之。"博学笃行"语出《礼记·中庸》，先贤们在《中庸》中告诫学子们要"博学之，审问之，慎思之，明辨之，笃行之"。这是为学的几个递进的阶段。"博学之"意谓为学首先要广泛地猎取，"博"还意味着博大和宽容。唯有博大和宽容，才能兼容并包，使为学具有世界眼光和开放的胸襟，真正做到"海纳百川，有容乃大"。博学是为学的第一阶段，"笃行"是为学的最后一阶段，就是既然学有所得，就要努力践行所学，使所学最终有所落实。"笃"有忠贞不渝、踏踏实实、一心一意、坚持不懈之意。只有有明确目标、意志坚定的人，才能真正做到"笃行"。明末清初，著名思想家顾炎武发展传统《中庸》思想，强调"博学而笃志，切问而近思"，即把做学问与立志结合起来，对"博学"作出新的阐释。孙中山则从革命的需要出发，把博学、审问、慎思、明辨和笃行作为有机统一体给予新释，把古代"笃行"解释为社会实践。这是学与行，即理论与实践的统一。"博学笃行"就是把学生培养成具有为人民、为国家、为社会服务的有崇高理想的人。辽宁工大把"博学笃行"纳入校训，对于劝勉学子有极其重要的意义和作用。博取知识、潜心实践，既是养成完美人格的过程，也是情感体验的过程，从"博学"到"笃行"，涵盖了大学教育必不可少的知、行、情、意、德等因素，既体现了继承往圣的历史传统，又可彰显开启来贤的实际功效，文理兼顾，这既是目前大学的发展现状，也是今后大学发展的必由之路。

一、大学的文化

大学文化是以大学为载体，通过历届师生的传承和创造，为大学所积累的物质成果和精神成果的总和。文化是一个大学赖以生存、发展的重要根基和血脉，也是大学间相互区别的重要标志和特征。大学文化是由特殊的社会群体即"大学人"在对知识进行传承、整理、交流和创新的过程中，形成的一种与大众文化或其他社会文化既相联系、又相区别的文化系统，是依附在大学这一特定载体上的社会文化。

（一）大学文化的发展

中世纪大学是"自发"的大学，是"先发内生型"的大学。正如清华大学梅贻琦老校长在《大学一解》中所述，"古者学子从师受业，谓之从游……"即学校犹水，学生与老师正如小鱼跟着大鱼游，游着游着，小鱼变成了大鱼。人们在寻求文化认同和身份归属的精神需要时，更加希望在回归传统大学办学模式中得到满足。因而重建"共同理解""共享观念"的新的学习与研究共同体，重建"人类美好的精神家园"，成为现代大学的文化使命。现代大学是"创建"的大学，是"后发外生型"的大学。作为人类文明的产物和人类文化的机构，大学发展与变迁的内在逻辑是文化的传承、传播与创新。大学的发展始终与文明进步相伴随。人类越发展，文化越丰富，大学越复杂。作为一个师生共同体，大学的文化特征是大学的核心特征，精神和学术是大学发展变迁中永远不变的主线。

（二）大学文化的特征

大学文化的内在特点是以学术文化和道德文化为主线，通过制度、规则、礼仪、管理、社团、体育、艺术、教学、科研、校园环境等形成特有的学术传统、价值观念和校园文化氛围，并通过领导者的思想方法、治学态度、办学举措及师生员工身上具有的普遍性意义的行为、气质和观念等方面呈现出来，成为有别于其他学校的校风和学风；大学文化的外在特点是稳定性和多样性。大学文化在历史的积淀中逐步形成学校的校风、学风，成为具有学校个性特色的学校文化传统，成为有别于他校的文化特征，并存在于"大学人"的潜意识之中，打上了学校的"文化烙印"。

（三）大学文化的育人功能

大学文化具有多功能性，但其最本质的功能仍然是文化育人。深入挖掘大学文化的育人功能，积极探索实现其功能的路径和措施，使大学文化的功能特别是育人功能得到最大效能的发挥，是新时期大学文化建设的重要任务，也是培养高素质优秀人才的迫切需要。

二、大学的制度

（一）大学制度的内涵

纵观世界各国，大学制度尽管没有普适模式，但还是具有一些规律性特征，比如实行大学自治和学术自由，大学自主履行教学、科研和社会服务功能，形成完整的内部制度和外部监督制度等。所谓大学制度，就是在政府的宏观调控下，面向社会依法自主办学，民主管理，明确大学举办者、管理者和办学者之间的关系和义务，全面把握和落实大学作为法人实体和办学主体所应具有的权力和责任的一种管理制度。大学制度可以从宏观和微观两个层面来界定：宏观的大学制度是指一个国家或地区的高等教育系统，包括大学的管理体制、投资体制和办学体制等；微观的大学制度是指一所大学内部的组织结构和运行机制，包括组织结构的分层、内部权力体系的构成等。前者主要协调社会外部冲突，表现在大学与政治、经济、社会、政府间的利益关系等方面；后者主要是大学内部结构和权力关系的协调，表现在大学内部的组织形式、权力体系、历史传统，以及文化观念等方面。宏观的大学制度体现出明显的时代特征和国家烙印，微观的大学制度体现出大学自身的文化特性和主体逻辑。大学制度的深刻内涵和鲜明特征，使得构建大学制度成为推进高等教育发展的必然追求。

（二）大学制度的特性

大学制度构建是一个动态的、长期的过程，也是大学教育制度系统的一个全方位理念创新和结构优化的过程，在其长期运作过程中，逐渐形成了大学制度的人文性、卓越性及发展性等特性。

三、大学制度文化的构建

在大学制度文化研究中，解放思想是根本理念和指导思想。大学文化只有从制度核心上把思想解放出来，才能催生更多活力和生机。大学制度文化建设也只有从骨子里把思想得以升华，才能映射更美的文化光辉。先进文化是大学制度体系发展的方向，有了先进的大学文化，大学制度体系就会向着文化方向不断完善自身，以推动整个大学的发展进程。大学文化是和谐文化建设的重要组成部分，其产生发展必将促进大学新的文化觉醒。而大学制度文化又是大学文化建设的保障，所以只有在优秀大学文化的光辉下，大学的行船才能沿着制度的轨道乘风破浪。可见，"制度保证，文化先行"的思想不仅仅适用于企业，也可以大胆地用于发展大学，尤其是可以作为构建文化创新体系的新的切入点。

大学制度的创新与政治、经济、社会的发展密不可分。当前，以充分发挥人的积极性和创新能力的集约型经济增长方式，正在代替以过度消耗自然资源和物质资源为特征的传统粗放型经济增长方式，人在制度构建中的主体地位和主体性将得到更大的体现。为此，现代大学应做到以下两点：一是大学的社会功能应与当今社会政治、经济、文化发展的进程相适应；二是大学的管理制度应与当今社会的以经济体制为基础的管理制度相适应。同时，大学制度应具有以下基本特征：政府代表国家依法行政，学校面向社会独立自主办学，内外部管理形式法治化、民主化、科学化。

审视

文化是民族的血脉，是人民的精神家园；教育是民族振兴的基石，是社会进步的根本。"观乎人文，以化成天下"，中国先贤的文化概念本身就带有教育色彩，而高等教育更是优秀文化传承的重要载体和思想文化创新的重要源泉。近代以来，中国现代高等教育从萌芽到发展壮大，始终肩负着推进文化传承、创新的光荣传统和使命。鸦片战争后，中华民族不仅饱受列强摧残，还面临文化自觉和文化自信危机。从那时起，无数仁人志士开始深刻认识到，为了中华民族的伟大复兴，必须大力推进文化传承和创新，这是中国现代高等教育始终努力追求的目标。

问题探索

辽宁工程技术大学第三次代表大会报告中明确将文化引领战略作为学校未来发展的五大战略之一，指出文化是引领学校发展的精神动力。通过践行社会主义核心价值观，弘扬"诚朴求是、博学笃行"的校园文化，建设"持续改进、争创一流"的质量文化，强化"家、和、廉、创"的管理文化，形成以"太阳石"精神为内核的文化传承和创新体系，不断增强全体辽宁工大人的价值认同感，形成文化自觉与文化自信。

拓展思考

每个人心中都有自己学校的样子，她可能是清晨照在床头上让你倍感温暖的一束光，可能是讲台上粉笔灰落满肩头但仍然讲课的老师，抑或是"太阳石"广场树阴下的琅琅书声……点点滴滴都是辽宁工大文化在你心中的烙印。同学们，说说你心中辽宁工大的文化烙印。

第二章
职业生涯唤醒理论与实务

思维导图

职业生涯唤醒理论与实务

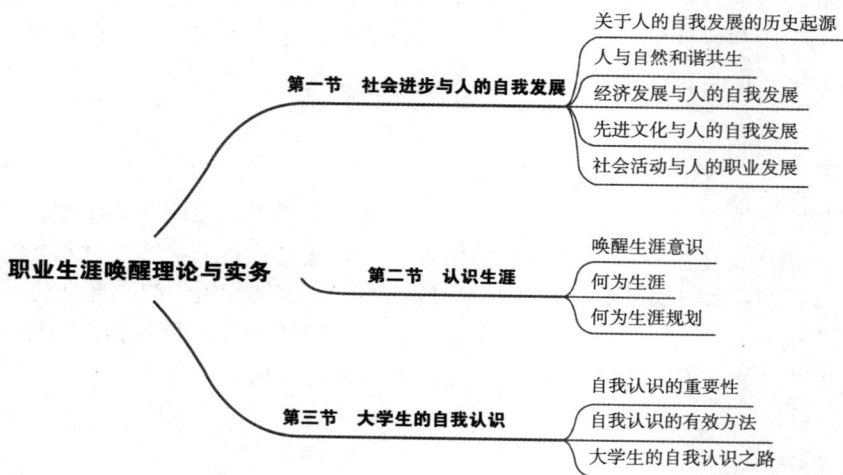

- 第一节　社会进步与人的自我发展
  - 关于人的自我发展的历史起源
  - 人与自然和谐共生
  - 经济发展与人的自我发展
  - 先进文化与人的自我发展
  - 社会活动与人的职业发展
- 第二节　认识生涯
  - 唤醒生涯意识
  - 何为生涯
  - 何为生涯规划
- 第三节　大学生的自我认识
  - 自我认识的重要性
  - 自我认识的有效方法
  - 大学生的自我认识之路

▶ 第一节　社会进步与人的自我发展

学习目标

（1）掌握人的自由全面发展与自然、经济、文化的关系。

（2）了解社会活动与职业发展的关系。

（3）提高将自我发展与社会进步相融合的能力。

案例分析

育人，遇自己

张同学是一名辽宁工程技术大学 2019 届毕业生，大学期间担任班长和新生班级的副班主任职务，还曾任学校国旗护卫队队长。他积极参加学校的第二课堂活动，学校和学院组织的科技竞赛、朗诵、演讲、爱心志愿者等课外活动他都积极参加。在担任班长期间，他协助老师完成实验及实验室维护工作，帮助班级同学解决生活及学习上的困难。在学术研究方面，他在专业课老师的指导下，申报并获批辽宁省大学生创新创业项目，依托项目发表学术论文两篇，申报软件著作权五项。他被推荐为代表参加辽宁省大学生创新创业年会，并且获得参加全国大学生创新创业年会学术交流的资格。与此同时，他积极参加学校举办的"雄鹰杯"大学生创意作品竞赛，并获得较好成绩。在社会实践方面，为了了解所在行业及专业的最新发展，他去软件公司进行实习和调研。由于张同学在学生活动、学术研究、科技竞赛和社会实践等各个方面的优异表现，先后获得了"国家励志奖学金"和辽宁省优秀毕业生称号。

　　他从小生活在西北，时值复旦大学支教团去支教，帮助一批孩子走出了大山。现如今，他长大成才，愿望就是帮助大山里更多的孩子走出大山，发扬辽宁工大人的精神。在大二期间，他去内蒙古自治区某地进行了实地调查，那里生活环境虽然比较艰苦，但孩子们仍在为自己的梦想努力奋斗。他利用寒暑假时间，给那里的小学生们进行英语和数学辅导。他在毕业前积极争取加入学校研究生支教团，接过前辈们的接力棒，前往山区发光发热，贡献自己的力量，将"朴实无华、坚韧顽强、无私奉献"的"太阳石"精神发扬光大，为边远山区的孩子圆梦！

　　在高校里还有无数像张同学这样的大学生，他们从偏远山区而来，蜕变为一名支教山区的筑梦人。他们的成长离不开我国经济的繁荣、社会主义制度的不断完善、先进思想文化的传播，以及与职业发展相关的社会活动。接下来，本节将深入讲解人的自我发展的历史起源以及自然、经济、文化和社会活动与大学生实现自我发展之间的紧密关系。

一、关于人的自我发展的历史起源

　　从古至今，人类一直关注自身的发展问题。在古代，人的全面发展思想萌芽起源于人类对自身发展的自觉意识。我国是文明发展史产生最早的几个国家之一，其古代历史文献中就有相当多的记载，蕴藏着丰富的人的全面发展思想的胚胎和萌芽，包含中华优秀传统文化中的民本思想、人的道德主体性思想、"天人合一"思想等。孔子倡导"有教无类""因材施教"，传递以"六艺"——礼、乐、射、御、书、数为主的教育内容，旨在培养文、行、忠、信的谦谦君子，强调"仁爱"的核心地位，提出"富而后教"的思想，在物质和精神关系的背后折射出促进人的全面发展的思想；道家经典《道德经》中，古代先哲老子提出了"自然无为"的思想，其实质是"无为而无不为"，这也反映了古代道家思想对人的自然秉性的极力推崇，以及对人的自由发展天性的尊崇；孟子坚持人性本善的理论，将仁、义、礼、智、信作为人性的起源，物质财富并不是追求的终点，道义才是人们进步和发展的不懈追求，由此奠定了"重义轻利"的中华传统价值观。纵观中华优秀传统文化，无论是儒家、道家，还是法家，都追求人们内心的"内在超越"，强调重视人的发展，追求人类自身的不断完善和发展始终是人的发展的崇高目标。

　　马克思在《1884年经济学哲学手稿》中论证了人的全面发展，并指出教育是造就全面发展的人的唯一方法。马克思关于人的全面发展学说是指人的劳动能力的全面发展，即人的体力和智力的充分、自由、和谐的发展。人的本质是一切社会关系的总和，人存在并发展于社会交往中。对于马克思关于人的全面发展学说，国内专家学者的观点可分为两种：一种是指劳动者的个人发展，是指具备社会实践能力并且在一定生产关系下开展劳动作业的每个人的发展，其并不能把"人"的外延解读为涵盖社会中的所有个体；另一种是指不管是否劳动，人的发展应该落实到社会中的每一个人，是社会中所有个体的总体性发展。

在追溯中华优秀传统文化和马克思等人关于人的自我发展的论述中，我们可以看出，人的自由和全面发展是人的自我发展的核心观念。人的自我发展与当下的社会发展有直接关系，我们要结合时代背景和特色，取其精华、去其糟粕，辩证统一地汲取中华优秀传统文化和马克思主义理论的精髓，有效促进和实现人的自由全面发展。

党的十九大报告把"不断促进人的全面发展"列入习近平新时代中国特色社会主义思想的重要内容，这是对马克思"人的全面发展"理论的继承和在新的历史条件下的发展，是马克思主义中国化的成果。人是社会发展的起点，又是社会发展的归宿。社会发展和人的发展是相互结合、相互促进的。人越全面发展，社会的经济物质文化财富就会创造得越多，而经济物质文化条件越充分，又越能推进人的全面发展。然而在实际发展过程中，社会发展和人的发展经常遭遇困境，二者的矛盾时有出现。这也为社会和人的发展提供了契机，只有矛盾才能促进创新，才能为发展提供不竭动力。我国社会发展与人的自我发展，要依靠人与自然和谐共生、人与经济共同繁荣昌盛、人与社会主义制度不断完善、人与社会主义核心价值体系相互促进。

二、人与自然和谐共生

人与自然是辩证统一的关系，两者相互联系、相互依存、相互渗透。人由自然界而来，其本身就是自然界的一部分。古语有云："天地与我并生，而万物与我为一""万物各得其和以生，各得其养以成"。人与自然的关系经历了三个阶段：人类社会早期，受制于自然界，人们只有靠自然界提供的现有物质资料维持生存；进入农业时代，人们开始征服、利用自然资源，出现了过度耕种、过度放牧、过度渔猎等；到了工业文明时期，科学技术突飞猛进，人类驾驭自然的能力越来越强，竭尽一切可能利用、征服自然，但这超出了自然界的承受限度，破坏了自然生态平衡。

人依赖于自然，又能动地作用于自然，既是自然的一部分，又是自然演化发展的新因素、新力量。生态问题不是一个纯粹的自然灾害问题，而是由人的活动引起的自然生态的大倒退、大毁灭，是社会生产与自然生产、社会生产力与自然生产力矛盾尖锐化的表现，其实质是人的危机、文明的危机，是传统价值观念、自然观念和行为方式的危机。生态文明建设的核心就是坚持人与自然和谐共生，生态文明建设与经济建设、文化建设、社会建设紧密相连。

要解决生态问题，就要树立人与自然的整体观念，解决好人类社会的自身问题，依靠先进的科技成果，合理实现人与自然的物能变换，这是有效解决生态问题的认识基础、必要前提、主要途径和根本所在。在人与自然和谐共生的理念和共识下，我们每个人都要从当下做起，从我做起，逐步适应低碳生活和绿色生活，共建美丽中国。人与自然和谐了，人的发展才能更进一步。

三、经济发展与人的自我发展

经济发展对人的自我发展具有非常重要的意义，经济发展本身不是人的最终目的，它只是人类达到理想境界，实现自身的全面发展的一个手段，人的发展依赖于经济的发展，经济的发展归根到底是为了促进人的全面发展。经济发展是人的自我发展的前提和条件，没有经济的发展，人的全面发展就失去了基础和保障。当今世界正经历百年未有之大变局，我国发展还处于社会主义初级阶段的战略挑战期。当前我国的经济形势总体向好，然而也不可避免会遇到一些困难和挑战。我们要因势而谋、应势而动、顺势而为，在保持战略定力的基础上，保持经济建设稳中求进的工作总基调，坚定不移深化供给侧结构性改革，培育新的经济增长点，从而有力推进我国经济高质量发展。

（一）构建以人的需求为中心的经济增长模式

经济学不仅要研究物质财富的积累，更要研究人。财富是实现人的发展的手段，是为人的需求服务的。生产力的进步和物质财富的增长，是人类文明提升和人的全面发展的手段和物质支撑，而人的需求和发展则是推动一切生产活动的根本动力。根据马克思的需求理论，结合当代经济增长的实践，从人的需求，即共性的货币需求、消费需求、劳动需求、需求的激励与约束四个角度，构建经济增长理论框架，以实现人的自我发展的目的。

（二）改革开放和现代化建设与人的发展

《论语·学而》篇中有曰："君子务本，本立而道生。"意思是君子致力于事务的根本，根本建立了，大道也就形成了。党的十一届三中全会后全党的工作重点转移到社会主义现代化建设上来，并揭开了我国改革开放的序幕，自此人的需求逐步呈现多样化和差异化，各类发展也趋于全面和完整。实现人的自由而全面的发展依靠繁荣的经济，这两者之间具有发展阶段的延续性。只有经济发展达到一定的高度，人的全面发展才能逐步启动，这也进一步凸显了以人为中心的经济发展要求。

改革开放后，邓小平同志曾鲜明指出："贫穷不是社会主义，社会主义要消灭贫穷。不发展生产力，不提高人民的生活水平，不能说是符合社会主义要求的。"他把人民的共同富裕视为确保人全面发展的目标。同时，我国地区发展不平衡、城乡发展不平衡、贫富差距持续扩大等问题仍严重制约着我国人的发展。因此，发展市场经济、坚持以经济建设为中心在今后相当长一段时期内都不能动摇。只有在经济建设中做到以人为本、充分重视人的发展对经济发展的积极作用，才能保持经济健康发展的势头。人的发展与经济的发展是相互促进的无限循环过程。在不断深化改革开放的新时期，我们必须坚持以人为本，正确处理好经济发展与人的发展的关系，使两者达到协调统一，最终促进社会和谐有序地发展。

（三）全面建成小康社会促进人的发展

"小康"一词可从博大精深的中华优秀传统文化中找到出处。《诗经·大雅·民劳》有云："民亦劳止，汔可小康。"是说老百姓的生活实在太劳苦，也该稍稍得到安乐了。这蕴含着古代劳苦人民对理想生活的向往。"小康"一词原指生活安定，现在所赋予的时代含义是中国广大人民群众所追求的介于温饱和富裕之间的一种丰衣足食、安居乐业的生活状态。

人的全面发展是一个永无止境、逐步提高的过程，这符合人类社会发展规律。全面建成小康社会坚持以人为本，把促进人的全面发展作为社会发展的根本目标，是人的发展的前提和基础。离开个人的幸福生活、个体的人格完善及精神境界的提升，社会的发展将失去意义。目前，我国经济建设稳健发展，为我们每个人的生理健康、心理健康和职业发展提供了基本条件，为我们择业和创业提供了良好的机遇、充足的动力和广阔的空间，这些都是我们每个人真切感受到的民生向善。经济稳中求进反映在就业市场上便是无论是应届毕业生还是有一定工作经验的"跳槽"者，都可以在学有所长的基础上，找到适合自己的工作。经济繁荣和社会生产力提高了，人的各种天赋和才能就会不断被发掘，人的自我发展就越有获得感、幸福感和安全感。

四、先进文化与人的自我发展

文化具有多样性和历史性。只有反映和适应先进生产力的发展要求，代表和维护最广大人民的根本利益的文化，才是先进文化。人是文化的创造者、享有者和传承者。建设中国特色社会主义文化，归根到底是为了满足人民群众日益增长的精神文化需要，不断丰富人们的精神世界，增强人们的精神力量，促进人的全面发展。

（一）习近平新时代中国特色社会主义思想

习近平新时代中国特色社会主义思想是立足时代特征，经过实践检验，富有实践性的系统的、完备的科学理论，为我国经济、政治、社会发展提供了不竭的精神动力，是率领我国四亿多家庭、十四亿多人口从一个胜利走向另一个胜利，实现中华民族伟大复兴中国梦的指路明灯，是"不忘初心、牢记使命"主题教育的核心思想。我们必须把习近平新时代中国特色社会主义思想内化为自觉意识，外化为实际行动，做到学用新思想，建功新时代。

（二）社会主义核心价值观

党的十八大提出："倡导富强、民主、文明、和谐，倡导自由、平等、公正、法治，倡导爱国、敬业、诚信、友善，积极培育和践行社会主义核心价值观。"其核心从国家、社会、公民个人三个层面，倡导应有的价值目标和价值追求。从价值目标看，其内容都直接或间接地指向人的发展，以人的发展为宗旨，是我们实现人的自由发展的价值引导和行动指南。"三位一体"的社会主义核心价值观，以立体、真实和务实的姿态将人的全面发展寄寓于国家与社会发展基础之上，同时突出人性良好品质、道德修养、个人发展对于国家、社会的有机能动。我们倡导将社会主义核心价值体系融入情感、融入生活、融入人的发展，使社会主义核心价值观成为人人发展的价值追求。

（三）文化自信

人的发展和文化自信是相互促进的。文化自信使一个国家在经济发展的同时更有人文方向感，不困惑、不迷茫。有了文化自信，人们能够清晰地分辨哪些文化是科学的文化、先进的文化。学习与传承中华优秀传统文化能够塑造人们健康的人格。人作为社会物质文化和精神文化的生产者与创造者，是创造文化历史的实践主体，是文化的创造者，是推动社会文化发展的主体力量，同时也是文化自信的"代言人"。源远流长的中华优秀传统文化是人民创造的，中国特色社会主义文化也是人民传承和选择的结果。中国特色社会主义先进文化，是当代大学生不断前行的精神路标，宏观到中华优秀传统文化、网络文化、地域文化，微观到每一所学校的校风校训，我们都应努力汲取这些养分，以指引我们从低到高，由曲折到通途。

五、社会活动与人的职业发展

社会活动与人的发展密切相关。人的需要是推动社会活动发展的内在动力，同时社会活动又是满足和实现人的需要的基本方式，是促进人的需要发展的助推器。人的能力是在社会活动中生成并发展的，社会活动是实现人的能力全面而自由发展的基础，同时人的能力的发展对社会活动的发展又具有强大的反作用。

审视

人的自我全面发展与自然和谐统一，与经济增长、先进文化等相辅相成，与社会进步的进程相统一。社会进步是历史发展和人的自我发展相统一的过程，人的自我发展是社会进步的重要内容，人的自我发展的程度是社会进步最重要的标志。人的自我的充分和健康的发展，是人的发展的最高目标。

问题探索

社会进步给我们的生产生活和事业带来了机遇，当代大学生的自我发展面临着诸多挑战，职业发展面临着更多的选择，如何立足时代和社会，结合自身，脚踏实地，发展全面的自我，是值得我们深入思考和探索的问题。

拓展思考

世界上没有两片相同的树叶，每个人都具有自身特性和多元性，有的同学喜欢独立完成任务，有的同学喜欢小组合作，有的同学喜欢在实验室里做研究，有的同学喜欢社交……请你思考如何在大学阶段规划适合自己且具有前瞻性的自我发展之路。

▶ 第二节 认知生涯

学习目标

（1）唤醒同学们的生涯意识。
（2）了解和掌握生涯及生涯规划。
（3）思考当前所处的生涯阶段及进展情况。

案例分析

机遇偏爱有准备的人

孙同学是一名辽宁工程技术大学电气工程及自动化专业2019届毕业生，家乡在辽宁省鞍山市。他入学时，为了解就业形势，提高择业能力，选择加入学院的大学生职业与创业自我教育委员会。他在大一、大二两年学习成绩一般，专业能力不突出，但鉴于他在学院职创委的表现，被选为副主席。在大三时，孙同学回顾在学院职创委所获得的学生活动经验，剖析自身能力，分析就业形势，深入了解国家电网的发展方向和前景，决定将国家电网辽宁鞍山供电公司作为求职的首选意向单位，并对国家电网所需的专业知识进行了重点收集和学习。孙同学在校园招聘中顺利通过国家电网的笔试和面试，被成功录取。孙同学从基层工作做起，通过自己的努力，经过考核，表现优异，在同期入职的大学生中晋升较快，薪酬待遇较高。

从孙同学的职业生涯发展来看，生涯意识的唤醒和职业目标的确立对大学生而言是非常重要的。每名在校大学生都会时常思索：毕业后我能成为一个什么样的人？我能找到一个什么样的工作？什么样的工作适合我？如何才能规划好自己的职业生涯？客观来说，不管是短期计划，还是中长期目标，这些思考都是潜意识地规划我们的职业生涯、我们的未来发展。《礼记·中庸》有云："凡事预则立，不预则废。"在反复思考和行动中，生涯意识渐渐被唤醒，并落实到具体行动中，职业目标便会越来越清晰。所以，大学生们想在大学毕业时顺利找到一份既适合自己、自己又满意的工作，需要提前规划自己的生涯。

一、唤醒生涯意识

生涯意识是指一个人对生涯的基本态度、基本观点和立场。每个人都有属于自己的生涯道路，有的顺风顺水、功成名就，有的蹉跎岁月、碌碌无为。其实，人生的变化和差异源自生涯意识的差异。有的人坚信命运掌握在自己的手里，于是在现实中充分发挥自己的主观能动性，提前规划、确定目标，生命不息、奋斗不止。这是一种积极进取的生涯意识，结果就如杰出的戏剧家莎士比亚所说的"谁有生活理想和实现的计划，谁就有好的情节和结尾"，把人生写得十分精彩和引人注目。相反，如果不做规划，也没有目标，还整天怨天尤人，更不愿奋斗，其结果也只能是碌碌无为。所以，大学生们应尽早唤醒生涯意识，尽早做一个有准备的人。

作为大学生，可以通过生涯主题电影、生涯人物访谈、生涯读书会、职业生涯规划比赛等多元的实践及体验，形成完整、正确的生涯身份认知，构建清晰的自我概念，在意识层面更主动地学习生涯规划知识，接受生涯辅导。一般来说，学校每年举办的模拟招聘大赛、简历设计大赛、职场礼仪大赛、就业双选会等都是唤醒大学生们生涯意识的途径。

二、何为生涯

（一）生涯的定义

从生涯的自身特性来看，既与我们"如影随形"，又与我们"视而不见"。之所以"如影随形"，是因为它与我们的发展密不可分，说它"视而不见"是因为我们无法勾勒出它清晰的影像。关于生涯的定义，我们主要从中外两个方面来理解。

"生涯"一词在我国由来已久，使用频率极高，是内涵丰富的常用词汇，比如：艺术生涯、政治生涯、军人生涯、教师生涯等。"生"原意为"活着"，"涯"为"边际"，"生涯"连起来是"一生"的意思。《庄子·养生主》中有"吾生也有涯，而知也无涯"这样的描述，是指生命有边际、限度，后来指生命、人生，即人生经历、生活道路，以及职业、专业、事业。人的一生包含少年、成年、老年三个主要阶段，成年阶段是最重要的时期。职业生涯这一概念在 20 世纪 70 年代，专指个人生活中与工作相关的各个方面，后来又包含了生活中关于个人、集体以及经济生活的方方面面。中国职业规划师协会指出，所谓职业生涯是指人的一生中的职业历程。人的职业生涯是人生的主体，在其一生中占据核心及关键的地位。人一生的职业历程，有着种种不同的可能：有的人从事这种职业，有的人从事那种职业；有的人一生变换多种职业，有的人终生从事一种职业；有的人不断追求、事业成功，有的人穷困潦倒、无所作为。造成人们职业生涯差异的因素有个人能力、心理、机遇等方面的，也有社会环境方面的。

国外对于"生涯"一词的理解也分几个阶段。"生涯"的英文为 career，在希腊，这个词蕴含疯狂竞赛的精神，最早常用作动词，如驾驭赛马，后来引申为道，即人生的发展道路，或指个人一生的发展过程，也指个人一生中所扮演的角色与职位。目前国外职业辅导主流学者普遍认可舒伯对生涯的诠释："它是生活里各种事态的连续演进方向；它统合了人一生中依序发展的各种职业和生活的角色，由个人对工作的投入而流露出独特的自我发展形式；它也是人的自青春期至退休之后，一连串有酬或无酬职位的综合，除了职业之外，尚包括任何和工作有关的角色，如学生、受雇者、领退休金者，甚至也包含了副业、家庭、公民的角色。生涯是以人为中心的，只有在个人寻求它的时候，它才存在。"美国国家生涯发展协会提出，"生涯"是个人通过从事工作所创造出的一个有目的的、延续一定时间的生活模式。这也是生涯领域中被使用较广泛的一个定义。在这一定义中有五个关键词："延续一定时间""有目的的""创造出""生活模式""工作"。从这五个关键词来看，生涯不是个人随意的、短暂的行为，也并不仅仅是一份工作，它是经人们规划、思考和权衡而创造出来的，是人们的一种生活模式。

无论是中国的生涯观，还是国外对生涯的诠释，我们都可以看到，生涯不是一个静止的点，而是一个动态的历程；不只发生在人生的某个阶段，或只跟某个职业经历相关，而是如影随形、相伴人的一生，而且常伴随着冒险或对个人的挑战。同时，因为遗传、家庭、经历、所处社会环境等的不同，每个人的生涯也会不同。

（二）生涯的特性

从前面生涯的定义可以看出，生涯的发展是个性化的发展，即使处在同一时代或同一文化背景下的人们，因为生涯发展中其他因素的影响，每个人也会有属于自己的生涯。那么，生涯有什么特性呢？

1. 独特性

生涯是个人依据其人生理想，为了实现自我而逐渐开展的一种独特的生命历程，不同的个体有不同的生涯。每个人都是独一无二不可复制的，即使他们的成长轨迹、生存环境和职业角色等有类似之处，由于每个人对于工作、角色等的投入时间、方式、程度都不一样，那么他们展现出来的生涯结果也是不同的。

2. 连续发展性

生涯是一个动态的发展历程，个体在不同的生命阶段中会有不同的追求，而且这些追求会不断地变化和发展，从而促进个体不断地成长。生涯贯穿青春期至退休这一整段时间的始终，是过去、现在至将来个人生涯发展过程中接连发生发展的历程。每个人现在所处的位置，都是前一个位置工作的积累，也是为未来的位置做准备，这些"位置"随着个人工作进程依次发展，连续演进。

3. 综合性

生涯是以个体事业角色的发展为主轴，并包含了个体一生中所拥有的所有职位、角色的总和，不只局限于个人的职业角色，还包括学生、子女、父母、公民等各个层面的角色。从生涯的纵面来看，人在不同年龄阶段，生涯呈现不同的角色，大学阶段主要的生涯角色是学生，步入工作阶段后，主要的生涯角色是工作者，而工作者这一生涯角色在人的一生中可能会有不同的职业角色，比如 30 岁之前你可能是一名销售员，30 岁之后变成一名培训机构讲师，40 岁之后成为一家企业的总经理等，不同人生阶段享有不同职业角色的案例屡见不鲜；从生涯在某一时间点的横面来看，同时呈现不同的角色，学生同时还可能是子女，工作者同时还可能是父母、妻子、丈夫、志愿者、摄影爱好者等。生涯统合了个人一生的这种职业和角色，由此表现出个人综合性的自我发展形态。

4. 主客观性

生涯不等于生命，生命可以是客观存在的，而生涯却是个人主观意识所认定的存在。当一个人开始思考自己的未来时，生涯才"如影随形"，不思考时，却"视而不见"。就其主观性来说，一方面，人是生涯的主动塑造者，只有在我们主动寻求它的时候，它才存在；另一方面，我们每个人从事的工作岗位需要掌握一定的知识和相应的技能，我们为了更出色地完成工作任务需要不断学习新知识和新技能，这也是生涯主观性的体现。就其客观性来说，生涯是由存在于职业生涯中的一系列岗位或职位组成的。比如，一名机械设计专业毕业生进入一家制造企业，从事某生产项目设计师助理工作，经过几年的工作积累和能力提升，达到了机械设计师的水平，具备了独立完成设计的能力，被提拔为企业设计部门负责人。他所担任的负责人职务是生涯的外在表征，是客观存在的。

5. 无限性

生涯的无限性是指在一个人的职业生涯中，可能从事的行业或者职业在合法范围内是没有限制的，人具有自主选择职业的自由和主动性。人的主动性和能量不可限量，"世上无难事，只要肯登攀"，一个人的事业能做到多优秀是没有边界、没有顶点的，一个人的职业生涯具有无限可能性。

三、何为生涯规划

（一）生涯规划的定义

"生涯规划"是在学术界的称法，在日常口语中，我们一般会表述为"职业规划"或"职业生涯规划"，也有称"职业生涯设计"的，还有更笼统地称为"人生规划"的，这些都是同一含义的不同表述方式。通过前面对生涯概念的了解我们知道，职业生涯规划与职业发展相关，但不能简单地等同于找工作，或者仅仅与工作相关。关于职业生涯规划的定义也有很多种，弗兰克说："所谓职业生涯规划是一个人自青春期至退休，对一生的理念、工作、生活、家庭以及社会等目标所做的妥善安排与计划，是用来追求理想人生的方法。"也有资料指出，生涯规划是指个人与组织相结合，在对一个人职业生涯的主客观条件进行测定、分析、总结的基础上，对自己的兴趣、爱好、能力、特点进行综合分析与权衡，结合时代特点，根据自己的职业倾向，确定最佳的职业奋斗目标，并为实现这一目标做出行之有效的安排。

（二）生涯规划对个人的实用价值

大学生如何寻求适合的、值得自己从事的工作，从而实现高质量就业，这正是生涯规划所能解决的问题。对生涯规划知识与技能的掌握，不仅可以帮助大学生根据自身的条件找到一份合适的工作，更重要的是可以使大学生在走出校门后能够根据所学的知识和技能，在职业生涯的不同阶段做出合理与合适的选择，采取有效的措施，克服职业生涯中遭遇的种种困难与障碍，充分挖掘个人的潜力，实现自我价值。

1. 生涯规划帮助个人确定奋斗目标

生涯规划是一个过程，规划的功能在于为生涯设定目标，并找出达成目标所需采取的步骤。在生涯规划中，目标的制定是一个探索过程，这个过程帮助个人逐渐厘清生命的价值与意义，并用行动去实现它。作为大学毕业生，应当有明确的奋斗目标，尽早做好生涯规划，做到心中有目标，行动有指南，这必将大大加快求职成功的速度，有效降低求职的时间成本和经济成本。

2. 生涯规划帮助个人突破自身障碍

米凯洛奇指出，生涯规划有突破障碍、开发潜能和自我实现三个积极作用。在生涯发展过程中，很多学生对追求理想的工作或人生目标充满疑虑，还有的学生甚至不敢去想象或者设立理想目标，因为觉得那是不可实现的。阻碍学生插上理想的翅膀、迈出勇敢脚步的原因通常来自自身障碍，包括内在障碍和外在障碍：内在障碍通常是由一个人对自己不了解、低评价、不自信或者无安全感造成的；外在障碍则来自一个人所处的环境，通常与就业政策、市场预测、经济衰退及社会环境等相关。一个没有生涯目标的人，很容易受外界因素的影响。

大学是职业发展的探索期和准备期，大学阶段的学习成绩和学生活动经验的积累都能为职业发展所需的知识、技能和素养奠定基础。当我们在工作中遇到从未有过的重大挫折和压力时，能够从困境中挣脱，并追寻新的意义，接受新的挑战，这就实现了自我突破，也获得了自我效能感。职业生涯规划能够帮助个人分析和突破对自身认识不足、对职业信息缺乏的问题，以增加对工作的认同感和自我效能感，提高工作抗压能力，增加工作的韧性。

3. 生涯规划帮助个人开发潜能

当一个人有了明确的生涯规划，有了明确的奋斗目标并逐步突破自身障碍时，他就会站在新的高度审视自身还有哪些地方做得不充分，哪些能力需要锤炼，哪些方面需要提升，哪些地方是闪光点，哪些方面优于他人，这样他既获得了自信，又能够不断弥补不足。这是一个分析和整合自身所处环境、资源、优缺点的过程，通过这个过程能够促进个人潜能开发和综合素质的提升。

4. 生涯规划促使个人自我实现

自我实现是指个体的各种才能和潜能在适宜的社会环境中得以充分发挥，从而实现个人理想和抱负的过程，亦指个体身心潜能得到充分发挥的境界。美国心理学家马斯洛认为这是个体追求未来最高成就的人格倾向性，是人的最高层次的需求。

自我实现不可能是尽善尽美的，它强调个体竭尽所能，在最大程度上实现自我价值，并全面展现自己的才能。每个个体要学会在充满机遇、挑战、选择和变化的社会中把握方向、发挥潜能并实现自我。

审视

职业生涯是贯穿个人一生职业历程的漫长过程。在不同的生涯发展阶段，每个人要明确该阶段的重要特征和重点任务，做好规划，对更好地从事自己的职业，实现确立的人生目标，非常重要。

问题探索

生涯规划有突破障碍、开发潜能和自我实现三个积极作用。在生涯发展过程中，每个人都会遇到这样或那样的困难和挑战，大学阶段是生涯发展的探索期和准备期，大学生如何有效突破对自身认识不足和对职业信息缺乏等的障碍，从而促进个人潜能开发和综合素质的提升，是值得我们深入思考和探索的问题。

拓展思考

运用生涯人物访谈、职业生涯规划大赛、模拟招聘会、就业双选会等方式都可以帮助大学生唤醒职业生涯意识、学习职业生涯知识、提升职业规划能力。作为大学生，你认为哪种方式更方便，哪种方式的效果更好？你会选择哪种方式来提升自己呢？

▶ 第三节　大学生的自我认识

学习目标

（1）了解自我认识的重要性。
（2）学会自我认识的有效方法。
（3）掌握大学生健康成长的路径。

案例分析

高考后的迷茫……

每一年，全国各地有许多大大小小的高考招生咨询会，会上家长和考生们会提各种各样的问题，提的最多的几个问题是：哪个专业就业形势最好？我们这个分数报哪个专业最不浪费分数？哪个专业最好考研？毕业后具体从事什么工作？而当我们反问考生"你对什么专业感兴趣，或者你将来想从事什么行业的工作？""你对将来的就业环境有什么想法？"时，大部分考生感到迷惑、彷徨，甚至家长也一时难以回答这个问题。

在上大学之前，很多新生从来没有对自己进行真正的自我探索。中学生为了取得一个更高的分数而不停地做题，目标就是考上大学，苦尽甘来。殊不知，上大学只是人生发展的一个阶段，最终成为一个怎样的人，创造怎样的人生，这才是我们不断努力的方向。

一、自我认识的重要性

认识自己是为了更好地生存，也是为了更好地服务社会，实现个人的价值。早在2000多年前，古希腊人就把"认识你自己"作为铭文刻在阿波罗神庙上。卢梭称这一箴言"比伦理学家们的一切巨著都更为重要，更为深奥"。实际上，人的一生都走在认识自我的路上，大学阶段更是认识自我的重要阶段。

自我认识指的是对自己的洞察和理解，包括自我观察和自我评价。自我观察是指对自己的感知、思维和意向等方面的觉察；自我评价是指对自己的想法、期望、行为及人格特征的判断与评估，这是自我调节的重要条件。如果一个人不能正确地认识自我，看不到自我的优点，觉得处处不如别人，就会产生自卑，丧失信心，做事畏缩不前。相反，如果一个人过高地估计自己，也会骄傲自大、盲目乐观，导致工作的失误。因此，恰当地认知自己能够克服这些不切实际的想法，还能够全面地认识自己，在生活中寻找到适合自己的方向。

大部分考生在选择大学志愿或者为将来的职业作考量时，会优先把专业特色、就业前景、考研形势等外部信息纳入考量范围，认为把这些信息研究透彻就是为将来做好了职业生涯规划。殊不知，职业生涯规划的起点就是自我认识和自我探索。正确认识自己，真正了解自己，知道自己真正想要的是什么，想过什么样的生活，最适合自己的职业是什么，然后做一个详尽的人生规划和职业规划，朝着这个目标不断前进，最终实现自己的价值。此外，我们还要知道，主动规划自己的生涯要优于由他人因关注外部信息而进行的被动规划。

二、自我认识的有效方法

我们通常采用正式测评和非正式测评相结合的方式，来展现客观、完整的自己。本小节内容只作简要、趣味性的讲解，具体评估自我的方式在下一章有系统阐述。下面分别从正式测评和非正式测评两个方面来解读。

（一）正式测评的自我认识方法

正式测评是以现代心理学和行为科学为基础，通过心理测验、面试、情景模拟等科学方法对人的价值观、性格特征以及发展潜力等心理特征进行客观的测量与科学评价。这种测评，在一定限制范围内具有很好的统计学参考意义，但是，一旦离开了限定的范围，往往会受到文化差异或者常模变化差异的诟病。

正式测评有明确的实施、计分、解释规则，结构性比较强，结果更客观。通常可以通过纸质问卷和计算机在线测试的方式进行，一般情况下应在专业的职业咨询师的辅导下接受检测，也可以自行施测。测评报告可以帮助我们相对客观、全面、深入地认识自己，但它不是准确无误和足够全面的。大学生进行职业生涯测评时，应当正确认识职业测评工具的价值和局限性。我们应持有的心态是：职业测评工具是我们进行自我探索、职业探索，建立发展目标并进行职业决策的一种参考和辅助，而不是一个绝对的控制因素。

（二）非正式测评的自我认识方法

非正式测评类似面谈技术、游戏、角色扮演、口述自传、家系图法等，它不是基于科学方式设计，也没有经过统计学技术论证，其主观性比较大，非常考验咨询师或者咨询顾问的职业素质和能力。

1. 内省法

内省法即通过内心省察自己的思想、言行状况来了解自己的方法。儒家自孔子开始便很注重这种内心自省，如"吾日三省吾身"，孟子将"内省"叫"求放心"，后来王阳明提出了"致良知"。由此可见，日常自我反省对认识、把握自己的思想行为十分必要。我们可以通过回答"我是谁"来反省、分析，进而认识、了解自己。大家不妨将"我是……"补充成一句完整的话，并尽可能多地写，写的句子越多越好。原则上，如果写出的句子少于7句，则认为过于压抑自己，未能对自己有较为全面的认识。

2. 比较法

德国有句谚语："只有在人群中间，才能认识自己。"这是自我认识比较法中的相互比较，用自己与他人比较，如与同学朋友相比较，与优秀毕业生或某些典型人物比较等。与比自己优秀的人比较，从而找到差距，激发自己的动力；与不如自己的人比较，则会看到自己的长处，增强自信心。将自己与他人比较的时候，切忌单向比较，既要和比自己强的人比，也要和比自己差的人比，这样才能保持心理平衡。通过比较，可以发现自己的长处和不足，扬长避短。比较法还有一种方法叫自我比较，即自己现在的能力水平与过去的能力水平相比较，自己某一方面的素质与其他方面的素质相比较，自己在团体中相对位置变化及自身发展变化等方面相比较。自我比较就是"和自己赛跑"，把自己的现在和过去相比，把自己的目标和现实状况相比，这样才能不断看到自己的进步和今后努力的方向。

3. 他人评价法

他人评价法即通过别人的评价来认识、了解自己的一种方法。他人评价法是自我认识的一个重要方法，因为自己对自己的评价往往带有主观偏见，尤其是对自己的优点和缺点估计不足，如能借鉴他人对自己的评价（一般指老师、父母、朋友、同学等对自己了解的人的看法、评价），我们更能了解到一个更为立体、更为全面的自己。自己做某件事后，若总能得到别人的肯定，那么自己在这方面就是优秀的。相反，就是比较差了。当然，对于他人的评价，我们也不能全盘接受或全盘否定。对于与自己关系密切的人的评价，我们要特别重视，因为可信度相对较高。我们要重视大多数人同质性的评价，当别人说"你最在行的是做……""这件事你去办很放心"时，将这些详细地记录下来，如此做几个星期以后，系统分析你的笔记，你就会发现，原来你具有这方面的兴趣及才华。这些很可能是你过去从未意识到的，正如"当局者迷，旁观者清"，它们也许会帮你发现自己真正的潜能。

4. 实践成果法

实践成果法是一种通过活动的效果来了解自己的方法。例如，自己参加歌唱比赛、辩论赛、篮球赛等拿到名次，则说明自己在这一方面的确有过人之处。但是如果自己在某项活动上屡遭失败，也不能完全自暴自弃，不要轻信你在这一方面的能力不足。在心理学上，关于"自我意象"的研究表明，自己在某个方面没有取得良好成绩，不是你没有这方面的能力，而是你对自己在这方面的能力认识不足。

我们在认识自我、了解自我的时候，不能仅仅采用一种方法，我们应该采取多种方法，多角度、全方位地来了解自己、认识自己。只有通过科学合理、综合全面的方式方法，才能对自己有一个全面的、正确的认识，才能在此基础上更好地发展自己。

三、大学生的自我认识之路

大学生是拥有美好青春的群体，是有朝气、创造性和生命力的群体，更是推进社会发展与进步的栋梁之才。大学生作为时代前沿的弄潮儿，怎样才能不负韶华，使自己的生命绽放光彩？怎样才能自我悦纳，成就自我，幸福快乐地度过人生之旅？职业生涯规划专家指出，大学时期如果能够认识自我，深入了解自我，做好职业定位，明确自己的人生目标，就会找到生涯发展的内在原动力，从而激发实现自我、为人类谋福祉的使命感，给自己的未来画上完美一笔。

（一）认识自我：倾听内心的声音

大学阶段是大学生确立自我同一性的重要阶段，每个人都面临着"我是谁"的关键性问题。大学阶段也是每一位同学从青春期向成年期过渡的重要时期，是一个人的自我认识趋于完善的时期。

大学生的自我认识是一个动态实现的过程，每一位同学都在探索中"摸着石头过河"，同时也在不断地自我调整。我们可以通过上文所述的正式和非正式的自我测评手段，从多个方面了解自己、发掘自己。了解自己是什么样的人，在社会中处于什么位置，可以做什么，可以与他人、与环境建立什么样的关系，未来还可以扮演什么样的角色。每个人都有多元性，倾听自己内心的声音，从而开启生涯探索。

我们现在面临的一大问题是部分学生缺乏客观全面的自我认知，缺乏职业生涯规划意识，临到毕业才思考自己的出路，通常是茫然不知所措，这就影响了大学生的成才和发展之路。大学生只有增强自己的自我认识水平，正确看待自己，才能够根据自己的条件制定出有效的职业规划。

（二）认识大学：我的大学我做主

大学阶段是人生最重要的阶段之一，认识大学是树立生活理想、规划职业生涯的基础。在大学中，个人的世界观不仅得以完善，而且得以定型和成熟；个人的心智不仅得以更好地开发，而且得以整合和锤炼；个人的理想不仅得以铸造，而且得以充实和升华；个人的生活方式不仅得以进步，而且得以影响其气质性情。当我们很好地认识了大学，明确了步入大学的使命，就能主动去适应大学生活，融入大学文化，选择学习内容及相宜的学习方式，从而为自己树立生活理想和职业理想，进而促进今后的职业生涯规划，实现人生价值。

"海阔凭鱼跃，天高任鸟飞"，在大学的广阔天地里，我们可以尽情地遨翔，充分展现自己、充实自己。而初入大学的新生们往往对大学生活表现出诸多不适应，其主要原因就在于他们从比较封闭的高中环境来到相对开放的大学环境，所以适应大学就成为首要任务。同时，我们的心态和行动也决定了我们在大学中的发展，拥有不同的心态和行动，将会呈现不同的发展轨迹和不同的人生际遇。

（三）认识目标：做好每一个选择

在大学这个为梦想助力的启航阶段，我们都想确立一条既清晰又有奋斗动力，并能够一直顺利走下去的道路。我们认为，大学生的目标应该有三个：学业目标、职业目标和人生目标。

1. 学业目标："天生我材必有用"

学习永远是学生的主业，在大学期间，不仅要从书本中学，还要从社会中学，从工作中学，从活动中学。人生很长，但大学这几年是可以充分、自由地学习，参加工作后，要么有心情没时间，要么有时间没心情。因此，不要为学的东西暂时没有用到，或者自己不喜欢这个专业而不去学习。大学生要根据社会需要、社会发展趋势和个人的兴趣、特长及所学专业等确立自己在大学期间努力的目标。并根据确立的目标，做好切实可行的学业规划。也就是说，大学生要明确学什么、怎么学、什么时候学等问题，以确保自身顺利完成学业，为成功实现就业或创业打好基础。

经过大学时期的洗礼与磨炼，我们收获良多，逐渐蜕变为一名职场新人。面对毕业，同学们可以选择直接就业、考公考编，步入社会；也可以考虑继续深造，考研、出国留学；当然也有很多学生圆了自己的军旅梦，参军报效祖国；更有很多有志之士选择自己创业。不论做怎样的决定，都离不开学习。因此，在大一的时候就要做好准备，确立自己的目标，有针对性地学习，并为之不懈地努力。

2.职业目标："凡事预则立，不预则废"

职业目标是指在对一个人职业生涯的主客观条件进行测定、分析、总结的基础上，对自己的兴趣、爱好、能力、特点进行综合分析与权衡，结合时代特点，根据自己的职业倾向，确定最佳的职业奋斗目标，并为实现这一目标做出行之有效的安排。可见，职业目标是以职业为导向的，也就是说，大学生在校期间就要对未来职业世界的状况有一个清晰的认识，并为一生的职业理想而奋斗。

职业目标，像分水岭一样，能够轻而易举地把资质相似的人分成少数的精英和多数的平庸者，能真正主宰自己命运的，往往是前者。强烈的动机可以驱使人们超越诸多困境，不待扬鞭自奋蹄。如果你至今仍不清楚自己希望从事什么样的工作，能够在岗位上达到怎样的人生高度，那么请把你的职业目标写下来。在大学期间，不断地尝试和体验与未来职业目标相关的工作或活动，不断提高自己的素质和能力，不断调整、纠正你的方向，明确终极目标，树立基本原则，抓大放小，根据当下的具体情况，灵活调整应对策略，保证目标的最终达成，才是真正走向目标的成功道路。

3.人生目标："世上无难事，只要肯登攀"

人生目标不仅包括学习和工作，还有家庭、亲情、友情、爱情、健康、理财、休闲等，是人们在实践中形成的、具有可行性的、对美好未来的追求和向往，也就是我们常说的"理想"。理想是人生的精神支柱，是鼓舞人们奋发向上、成就事业的强大动力。俄国作家列夫·托尔斯泰说："理想是指路明灯，没有理想，就没有坚定的方向，就没有真正的生活。"因此，树立崇高的理想，确立科学的信念，对每名大学生的人生来说具有重要意义。

当代大学生不仅要充分认识自己的位置和追求、自己的作用和能力，更要认识自己的使命和担当。一个人的理想只有同国家的前途和民族的命运相结合才有价值，一个人的追求只有同社会的需要和人民的利益相一致才有意义。新时代大学生只有胸怀忧国忧民之心、爱国爱民之情，才能准确定位自己的人生目标和奋斗方向。

为实现各种目标，我们需要付出很多汗水，"路漫漫其修远兮，吾将上下而求索"。

（1）事前预判，确定方向。做成一件事有三个要素：天时、地利、人和。所谓"谋定而后动"，行动之前不可鲁莽，要充分分析自己的优势和劣势，并与现实进行比对、论证。"时势造英雄"，顺势而为则事半功倍，屹立于时代潮头，我们需要把握时代的脉搏，抓住时机，结合自己的专业所长造就自己的一番天地。任何人都不能脱离环境而存在，主观能动性也受到客观条件的反作用，所以我们应该因地制宜，在借鉴经验的基础上制定适合自己发展的特色之路。"一个好汉三个帮"，个人英雄主义、单打独斗被诸多事实证明是行不通的，求职也是一样。一个公司的人际关系、企业文化你是否认同，是否能够融入，决定了你是否会选择这家企业，或者能否长期安心在这里工作。

（2）目标明确，勇往直前。俗话说"万事开头难"，在瞬息万变的就业市场中，良机稍纵即逝，现在看起来是机会，再过一年可能就变成了"鸡肋"；但越好的机会往往伴随着越大的风险，所以一旦看准了方向，就不要太过瞻前顾后、患得患失，要学会舍得，才能抓住你真正想要的。为自己的目标制订出一个切实可行的计划，然后勇敢地迈出第一步，这是成功的一半。

（3）扛得住压力，耐得住寂寞。领先者往往都是另辟蹊径的，在无路中踏出一条路。这既需要智慧，又需要勇气，很多人受不了苦则半途而废，只有坚持到最后的人才能看到动人的美景。困难总是难免的，遇到困难不要总是在第一时间怀疑自己的判断，不要马上就想到掉头或另寻出路，要先审视一下来路，有没有可以改善的地方。学会从失败中汲取经验教训，发现错误也不要过于沮丧，不要受一点损失就轻易放弃，要走出"舒适区"，去挑战更多的困难和不可能。

审视

走入大学校门，大学生便开始在学习知识、探索自己的职业兴趣、培养自己各方面的能力和素养过程中，不断地成长和成熟。而在这个阶段，最重要的事情就是要完成好自我认知这门功课，这样才能更好地规划自己、发展自己。正确地认识自我才能认识世界，才能迈向更成功的未来。

问题探索

随着年龄的增长及生活和社会阅历的增加，人总是在不断发展变化的。在这个变化中我们需要不断更新、不断完善对自己的认识，这样才能使自己变得更加完美。那么，如何能把自己的意图、思想、感觉、体验传达给自己，从而调节自我、控制自我和完善自我？这是一个值得我们深入思考和探索的问题。

拓展思考

正确认识自我就是对自我的认识要与实际情况相符合。作为大学生，我们应该充分认识自我、完善自我，进而认识目标、实现目标，请谈谈你的自我认识。

第三章

职业生涯自我澄清理论与实务

思维导图

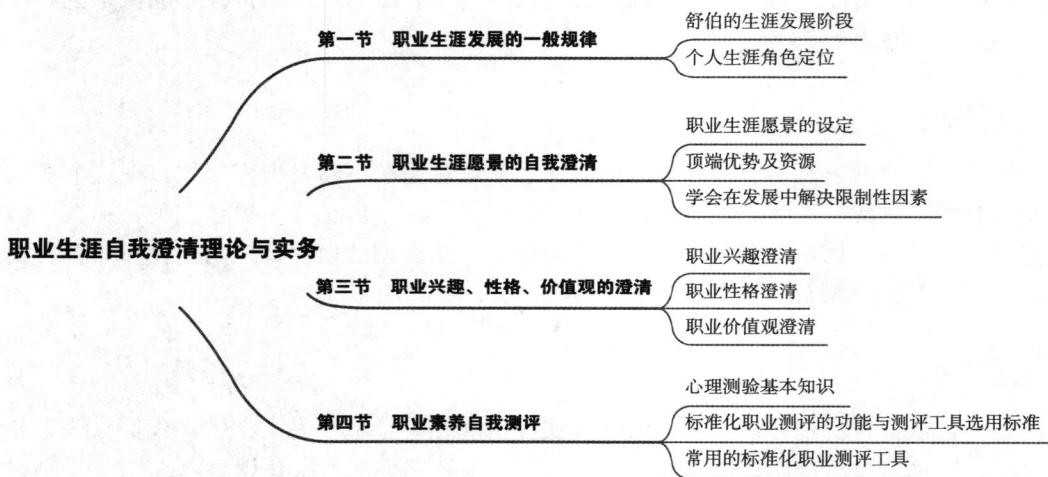

第一节　职业生涯发展的一般规律
- 舒伯的生涯发展阶段
- 个人生涯角色定位

第二节　职业生涯愿景的自我澄清
- 职业生涯愿景的设定
- 顶端优势及资源
- 学会在发展中解决限制性因素

职业生涯自我澄清理论与实务

第三节　职业兴趣、性格、价值观的澄清
- 职业兴趣澄清
- 职业性格澄清
- 职业价值观澄清

第四节　职业素养自我测评
- 心理测验基本知识
- 标准化职业测评的功能与测评工具选用标准
- 常用的标准化职业测评工具

▶ 第一节　职业生涯发展的一般规律

学习目标

（1）了解舒伯生涯发展理论的基本观点。

（2）掌握生涯规划与职业定位模型。

案例分析

人生不要忘了带"钥匙"

有一对兄弟住在80楼，一天他们外出旅行回家，发现大楼停电了。他们背着很重的行李，哥哥对弟弟说："我们爬楼梯上去吧！"于是，他们背着两包行李开始爬楼梯。爬到 20 楼的时候他们累了，哥哥说："行李太重了，我们把行李放在这里，等来电后坐电梯来拿。"

到了 40 楼，两人实在太累了，开始互相埋怨，指责对方不注意大楼的停电公告。他们边争吵边爬，就这样爬到了 60 楼，这时，他们累得连吵架的力气都没有了。弟弟对哥哥说："我们不要吵了，先爬完吧。"然后他们默默地继续爬楼，终于到了 80 楼，兴奋地来到家门口，兄弟俩才发现钥匙留在了 20 楼的包里。

这个故事反映了我们的人生：20 岁之前，我们活在家人、老师的期望之下，背负着很多压力、包袱，自己也不够成熟，能力不足，因此步履难免不稳。20 岁之后，卸下了包袱，开始全力以赴地追求自己的梦想，就这样愉快地过了 20 年。可是到了 40 岁，发现青春已逝，不免产生许多遗憾和追悔，在抱怨中度过了 20 年。到了 60 岁，发现人生已所剩不多，于是告诉自己不要再抱怨了，珍惜剩下的日子吧！于是默默地走完了自己的余年。到了生命尽头，才想起自己好像有什么事情没有完成，原来，我们所有的梦想都留在了 20 岁的青春岁月。

在第二章中我们已经初步接触"生涯"的概念，了解了由于时代不同、视角相异，学者们对其定义也不尽相同。目前大多数西方学者所接受的生涯定义是舒伯的观点：它是生活里各种事态的连续演进方向；它统合了人一生中依序发展的各种职业和生活的角色，由个人对工作的投入而流露出独特的自我发展形式；它也是人生自青春期至退休之后，一连串有酬或无酬职位的综合，除了职业以外，还包括任何与工作有关的角色，如学生、受雇者、领退休金者，甚至包括了家庭成员、公民的角色。

一、舒伯的生涯发展阶段

舒伯的生涯发展理论是用"生涯彩虹图"（life - career rainbow）来表示的（见图3-1）。

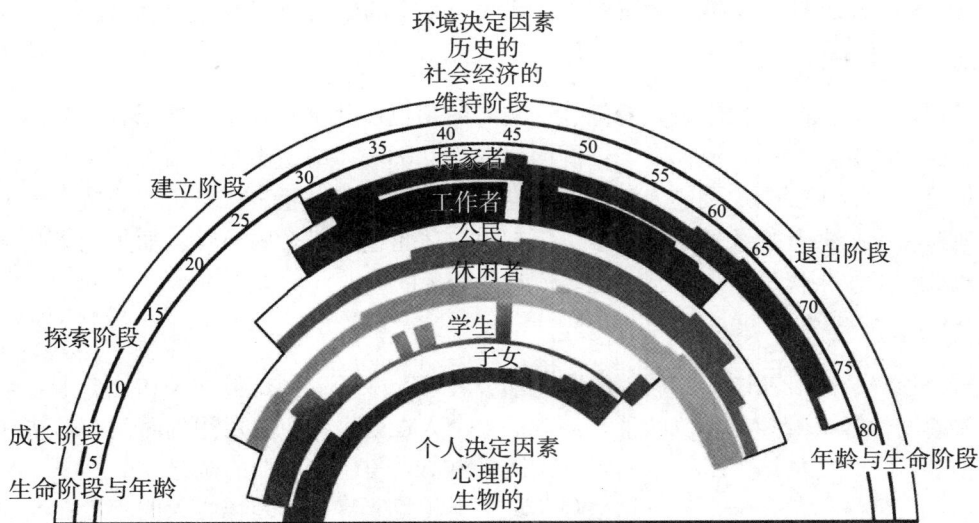

图3-1　生涯彩虹图

舒伯将人的生涯发展分为成长、探索、建立、维持、退出五个主要阶段。这一连串纵贯式的生命全期发展，标记着一个人生涯成熟的程度。生涯成熟是指一个人在不同的生涯发展阶段，其生涯发展任务的准备程度。既反映个人生理与社会发展的程度，也反映社会期待必须达到的程度。

（一）成长阶段（0～14岁）

该阶段主要表现为在家庭或学校与重要他人的认同过程，也是逐渐发展自我概念的阶段。需求与幻想是该阶段最主要的特质。

（二）探索阶段（15～24岁）

该阶段主要表现为在学校、休闲活动及工作的经验中进行自我试探、角色探索与职业探索的过程。职业偏好逐渐具体化、特定化是该阶段主要的特质，该阶段主要任务是发展一个符合现实的自我概念，学习开创更多的机会。

（三）建立阶段（25～44岁）

该阶段主要表现为确定适当的职业领域，逐步建立稳固的地位，职位可能升迁，可能面对不同的领导，但所从事的职业不会有太大改变。

（四）维持阶段（45～64岁）

该阶段主要表现为在职场上崭露头角，全力稳固现有的成就与地位，逐渐减少创意的表现。

（五）退出阶段（65岁以上）

该阶段主要表现为身心状态逐渐衰退，从原有工作上退隐，发展新的角色，寻求不同的满足方式以弥补退休的失落。

二、个人生涯角色定位

在"生涯彩虹图"中，纵贯上下的彩虹代表一个人的生活空间，由一组职位和角色组成。

（一）生命角色

舒伯认为，人在一生中必须扮演九种主要的角色：儿童、学生、休闲者、公民、工作者、夫妻、家长、父母、退休者。不同角色的交互影响，塑造出个人独特的生涯模式。此外，角色也活跃于四个主要的人生舞台：家庭、小区、学校和工作场所。虽然个体也可能在其他舞台上扮演其他角色，但基本上不超出上述角色和舞台的范畴。如果为了某一个角色的成功付出太大代价，那么有可能导致其他角色的失败。

（二）角色突显

角色的消长盛衰在图3-1中以阴影的部分表示。除了受到年龄增长和社会上对个人发展任务的期待等影响外，角色的消长盛衰还受个人在各个角色上所用的时间和情绪涉入的程度左右。因此，从这个彩虹图的阴影比例引出了"角色突显"的概念。

"角色突显"是指一个人在这些角色位置上的投入程度。角色投入的程度在不同的生涯阶段会有变化，可由四项指标测定投入程度的深浅：承诺度、参与度、价值期待和角色理解。每个年龄阶段突显的角色组合不同，因而，其生涯组型反映的价值观也不同。由彩虹图可知人生中角色突显的变化程度，每个弧形代表人生中的某个角色，弧形中的阴影越多，就表示投入的精力越多，这个角色也就越重要，因此每个阶段均有突显的角色组合出现。角色突显的组合可以使我们看出一个人在生涯发展过程中，工作、家事、休闲、学习研究及社会活动等对个人的重要程度，以及在不同发展阶段所具有的特殊意义。

（三）社会角色及其特点

1. 社会角色

所谓社会角色，就是指一个人在社会中的身份。具体而言是指人们所处的特定社会地位和身份所决定的一整套规范和行为模式，是人们对具有特定地位的人的行为的一种期望，是社会群体的基础。社会角色的本质是社会赋予人的社会权利与承担相应社会义务的统一体。它反映了每个人在社会中的地位和在人际关系中的位置，是个人身份的显示。

2. 社会角色的特点

社会角色有以下三个特点。

（1）社会角色具有多重性，即每个人在同一时间都可能身兼数职、具有多重社会角色。

（2）社会角色具有主次之分，即有主要角色和次要角色之分。

（3）社会角色的转换是一个不断变化的过程。

（四）角色权利、角色义务及社会规范

社会角色的内涵就是社会赋予角色的权利及要求角色承担的义务，也就是社会责任，而权利与义务是通过行为规范进行约束调整的。因此，职业角色与学生角色的不同主要体现在权利、义务及规范的不同。

1. 角色权利

角色权利是指因承担社会角色而拥有的相关权利。学生角色的权利主要是接受教育及要求得到教育的权利，具体表现为一名学生有要求父母支持其到学校接受教育的权利，在家庭经济状况不好时，还有请求资助的权利；而职业角色的权利则是依法行使职权、获取劳动报酬及其他的权利。

2. 角色义务

角色义务是指承担角色而应负有的对社会的责任与义务。学生角色的主要责任是遵守纪律，勤奋学习，同时有限度地参与社会实践，力争德智体美劳全面发展，为成为对社会有用的人打下基础；而职业角色的责任，是运用知识、经验、智慧与技能为社会服务，完成某个事项、履行某项职责，从而对社会有所贡献。

3. 社会规范

社会规范是指社会为角色提供的行为模式。学生规范是从培养、教育、管理的角度出发，引导学生德智体美劳全面发展，健康顺利地成长为合格人才的行为模式；社会赋予职业角色的规范及提供的行为模式，则因职业的不同而不同。

（五）找准自己的生涯角色定位

向阳生涯规划与职业定位理论创始人洪向阳，在总结整合前人多种理论模型的基础上提出了向阳职业规划模型（见图3-2），此模型可以帮助个体更为准确地找到自己的生涯

角色定位和未来职业发展方向。

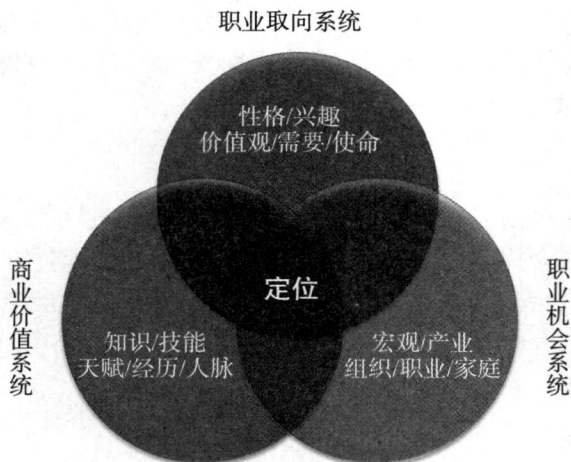

图3-2 向阳职业规划模型

向阳职业规划模型由职业取向系统、商业价值系统及职业机会系统构成，三大系统15个要素相互影响、相互作用。除系统与系统之间的相互作用外，每个子系统内部的各个要素也是相互影响、相互作用的。对于不同的职业发展阶段和不同的外在环境，三个系统所起到的功用大小是有差别的，作用的先后顺序也有差别。

1.职业取向系统

职业取向系统是通过性格、兴趣、价值观、需要和使命等五个要素来表达。事实上，性格、兴趣、价值观、需要和使命等每一种要素都表达了人在职业甚至是生活方式上的倾向。职业取向系统是职业规划的第一系统。在人们没有太多外在限制的情况下，优先考虑职业取向系统会让我们最大程度地获得职业上的满意，它直接引导人们走向最佳的职业方向。

2.商业价值系统

商业价值系统是面向现实社会的。该系统考虑的是个体相对于职业世界的客观价值，也就是说，个体相对于职业世界能提供多大贡献，这直接决定着是否可以获得相关职业机会。商业价值系统由知识、技能、天赋、经历和人脉五个要素构成。

3.职业机会系统

职业机会系统由一系列环境性因素构成，主要有宏观环境、产业环境、组织环境、职业资源及家庭环境五要素构成，其直接影响人们是否有职业机会，以及到底能有多大的职业机会，也直接决定着职业的一般发展方式和发展路径。

审视

人的一生都会经历若干个发展阶段，每个年龄阶段人的生理、心理、社会认知等方面都各具特点。准确把握其规律有助于个体更好地进行人生规划。

（1）婴儿期（0～3岁）。

这个时期婴儿的生理和心理发展都非常迅速，是人生发展的第一个非常重要的阶段。

在婴儿成长的过程中，动作的发展具有重大意义。

（2）幼儿期（4～6岁）。

这个时期幼儿的心理发展仍属于快速发展阶段。幼儿的认知、学习、社会化过程大多都是通过游戏进行的。

（3）童年期（7～12岁）。

童年期儿童的生活从以游戏为主导转为以学习为主导，其主要任务是通过学校教学系统地掌握学习方法和学习态度，学会学习。

（4）青春期（13～16岁）。

青春期是个体由童年向成人过渡的时期，属于特殊时期。由于此期间的发展是非常复杂、充满矛盾的，又称为"困难期""危机期"。其主要特点是身心发展不平衡，成人感和半成熟现状之间的错综矛盾及这些矛盾所带来的心理和行为的特殊变化。

（5）青年期（17～35岁）。

青年期是人生的黄金时代。青年期个体的生理发育和心理发展达到成熟水平，进入成人社会，开始享有各种社会权利，履行社会义务，生活空间和交往范围扩大到社会的各个方面，开始恋爱并结婚。

（6）中年期（36～60岁）。

中年期是生理的成熟期和稳定期，又是从青年期向老年期转化的过渡时期。中年期是长达25年的漫长的人生路程，和以前各个阶段相比，中年人之间的个体差异最大，有的人取得了很高的成就，而有的人还在为生计奔波；有的人享受婚姻的幸福，而有的人为离异而头疼。

（7）老年期（60岁以上）。

老年期是走向人生的完成阶段，也是实现作为人的生活价值的最后时期。

问题 探索

按照舒伯的生涯发展理论，人的生涯发展分为成长、探索、建立、维持、退出五个主要阶段。我们正处于哪个阶段？这一阶段应该扮演的主要角色是什么？享有的主要权利和承担的主要义务是什么？面临的机遇和挑战有哪些？

拓展 思考

请根据舒伯的生涯发展理论，结合自身的生涯规划，画出自己的生涯彩虹图。

▶ 第二节　职业生涯愿景的自我澄清

学习 目标

（1）掌握生涯愿景的概念、设定原则、澄清方法。

（2）掌握个人顶端优势的探索、培养与形成规律。

（3）学会在发展中解决限制性因素。

案例 分析

目标的意义

传说唐僧前往西天取经前，曾经到长安附近的一个村子选择坐骑。前来报名的有白马、黄羊、黑驴和青牛，最后唐僧选择了白马。

这一去就是 17 年。待唐僧返回东土大唐时，已是名满天下的传奇英雄。这匹白马跟随唐僧过火焰山、打白骨精、斗妖魔、战鬼怪，也成了取经的功臣，被誉为"大唐第一名马"。

白马衣锦还乡，来到昔日的村庄看望老朋友。很多儿时的同伴都无比崇拜地听它讲这些年的经历，只有黑驴很不服气："为什么你现在这么威风？我这些年闲着了吗？我出的力比你少吗？我走的路比你少吗？凭什么大家对你这么崇拜，听你眉飞色舞地讲？"

白马很平静地说："驴老弟，我随玄奘大师去西天取经，我们有一个优秀的团队，我们有方向、有目标、有使命，遇到任何困难都勇往直前。这些年你走的路确实不比我少，甚至比我还多。你受的累也不比我少。但区别是自从我走了以后，你就蒙上双眼一直在转圈拉磨，所以你什么也讲不出来。我有一个建功立业、丰富多彩的'马生'，你却只有一个无聊至极的'驴生'。"

在现代社会，很多没有使命、没有定方向、没有定目标的人，也在忙着日复一日地做事情，这类人也会很辛苦、忙碌，但可能只是为了满足生存上的需求在忙，他们的需求处于马斯洛需求层次理论的最底层。我们需要制定目标，在有方向、有目标、有使命时，我们遇到任何困难都勇往直前，这是个人意志朝某个方向努力的结果。在生涯目标中，职业目标处于核心地位，且贯穿于整个人生历程。生命的意义体现在需求的不同阶段有不同的目标，希望自己成为什么样的人，就会拥有什么样的人生。

一、职业生涯愿景的设定

（一）职业生涯愿景的概念

愿景的含义是指人们所向往的前景。愿景是人们永远为之奋斗并希望达到的图景，是人生目标的概括表达，愿景概括了未来目标、使命及核心价值，是哲学中最核心的内容，是最终实现希望的图景。

职业生涯愿景可以理解为职业生涯目标的整体景象，其综合概括了一个人的未来职业发展目标、使命及核心价值。也可以简单地理解为个人职业生涯发展的总目标。

（二）职业生涯愿景的设定原则

制定职业生涯愿景（目标）有一个"黄金准则"——SMART 原则（见图 3-3）。SMART是 5 个英文单词首字母大写的缩写，好的目标应该符合 SMART 原则。

（1）specific：具体的、明确的。指的是描述目标时不要用含糊笼统的语言。

（2）measurable：可度量的。指的是目标应该是可度量的，而不是模糊的，应该有一组明确的数据作为衡量是否达成目标的依据。

（3）achievable：可达到但有挑战性。就自己的能力和特点而言，实现这个目标是现实的、可能的但又有一定的难度。

（4）rewarding：目标有意义、有价值，并有奖惩措施。实现这个目标能带给你成就感、自豪感、愉快感；反之，则会使你有所损失。

（5）time-bounded：有明确的时间限制。没有时间限制，很可能让目标无法实现。所以制定目标一定要有时间限制，一定要形成良好的习惯，做到今日事今日毕。

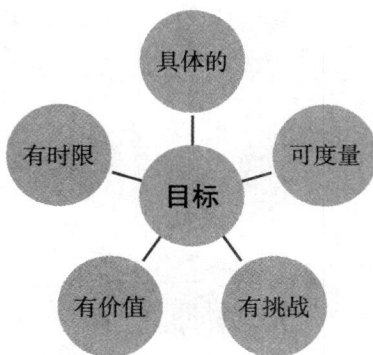

图3-3　职业生涯愿景设定的SMART原则

（三）职业生涯愿景的澄清方法

职业生涯愿景的澄清并非一件简单的事，很多时候，人并不能准确地了解自己对未来的真实期待。我们给大家介绍两种方法，这两种方法可以帮助大家澄清自己的职业生涯愿景。

1. 生涯幻游

生涯幻游是职业生涯规划中自我认知的一种非正式评估方法，目的是唤醒询问者内心真正的需要，从而有动力去实现。它是依据生命历程理论进行的个人职业生涯探索的一种活动。生涯幻游活动是结合音乐欣赏，透过幻游的画面，带领参与者去他想象中的未来空间，鼓励参与者分享自己的幻游情景，最终协助参与者了解自身的期待与价值观，对于未来给予期待与规划。通过生涯幻游的方式可以帮助询问者确定职业生涯愿景。

2. 八十岁生日宴会

假如今天是你 80 岁的生日，我们在这样的地方给你庆祝，在座的都是从世界各地赶来给你庆祝的亲朋好友，你会成为当天的焦点，当人们谈到你的时候纷纷表示很羡慕你的人生。

想象一下，你 80 岁的时候是哪一年？ 80 岁生日那天，你要穿什么衣服？人们在你的生日宴会上总会谈到你，你最希望得到人们关于你的哪些称赞？

如果在 80 岁的宴会上，让你对自己的前 80 年做个总结，你会说哪些话？想一分钟。

在宴会上我们也邀请了一群年轻人，他们也面临着人生的各种选择和困扰，我想知道你会给这些年轻人怎样的忠告和建议？

其实这些话也是你最想对此刻的自己说的。

80 岁生日宴会活动告诉我们，每个人都有智慧，如何把自己的智慧展示出来？大家刚才写的这些话，其实都是要对自己说的。要想教导别人，先要教导自己。80 岁生日宴会上别人对你取得成就的赞美，以及你自己的总结很可能就是你的职业生涯愿景。

二、顶端优势及资源

（一）顶端优势的概念

顶端优势的概念来源于植物学，指的是植物的顶芽优先生长而侧芽受抑制的现象。引申到职业生涯发展领域，指的是个人的核心竞争力。根据向阳顶端优势模型（见图3-4），个体往往注重补短板，而忽视了个体优势的挖掘与发挥，其实个体的顶端优势才是最具商业价值，最应该优先发展的方面，这种核心竞争力，将有助于个体在生涯发展过程中取得巨大成功。

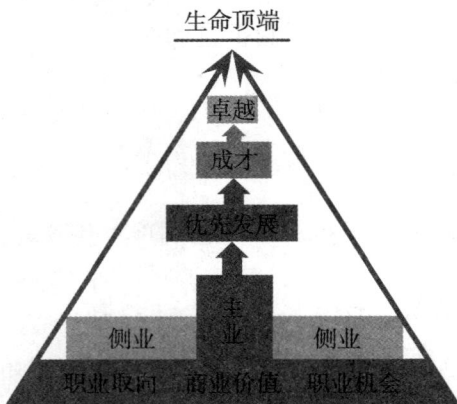

图3-4　向阳顶端优势模型

（二）个人资源的挖掘

每个人都生活在一定环境中，这些环境也对个人的成长和发展形成了一些潜在的影响，比如家庭环境、教育背景等。同时，这些环境也在客观上影响着一个人的职业选择。

1. 家庭环境

家庭是人们生活的重要场所，每个家庭的经济状况，家庭成员的受教育程度、职业地位、交际范围，家长对子女的要求等情况各不相同，这对子女的择业观念和行为都有不同程度的影响，特别是大学生的职业选择就融合了家长的意志。

2. 教育背景

教育可以直接决定一个人的基本素质，甚至影响一个人的人格、价值观等，它是促进个体发展的一种社会活动，对人的职业生涯具有巨大影响。

首先，个体所受的教育程度对其职业选择和被选择起着很重要的作用；其次，个体所接受教育的专业，对其职业生涯有着决定性影响；最后，个体所接受的不同等级教育、所学的不同学科门类、所在的不同院校及其接受的不同教育思想，也会给受教育者带来不同的思维模式和行为方式。

3. 社会资本

这里所说的社会资本主要指自己的家庭成员和亲戚，同学、校友、老师及父母的同学、同事和朋友，邻居和老乡等。社会资本很重要，其涉及一个很重要的概念——信用，单位招聘的时候越是重要的岗位，信任就越重要。

4.心理资本

心理资本是"个体一般积极性的核心心理要素，具体表现为符合积极组织行为标准的心理状态，它超出了人力资本和社会资本，并能够通过有针对性地投资和开发而使个体获得竞争优势。"其主要包括四方面的内容：自我效能感、希望、乐观和坚韧。

5.人力资本

人力资本理论最早起源于经济学研究。这一理论有两个核心观点，一是在经济增长中，人力资本的作用大于物质资本的作用；二是人力资本的核心是提高人口质量，教育投资是人力投资的主要部分。

三、学会在发展中解决限制性因素

一个人最大的幸福，是能以自己选择的方式生活。但是，在生涯发展过程中，很多学生对追求理想的工作或人生目标充满疑虑。阻碍学生迈出勇敢的脚步的原因通常有两个：内在障碍和外在障碍。

（一）突破内在障碍

内在障碍通常是由于一个人对自己的不了解、低评价、不自信或者无安全感造成的。例如，有的学生很难看到自己的长处，总用自己的劣势和别人的优势相比，内心从未觉得自己有可用或特别之处。所以，在找工作时，缺乏信心，从而影响自己在面试等环节中的表现。这时不如看看自己的优点和资源，允许自己做个"不完美"的人，真正全面地了解和接纳自己，从而避免低自我评价对确定职业生涯发展目标的影响。

（二）突破外在障碍

外在障碍来自一个人所处的环境，通常与就业政策不足、市场趋势不明、经济衰退、社会环境紊乱、院校层次不高、专业不对口等相关。一个没有生涯目标的人，很容易受外界因素的影响。对于有自己生涯目标的学生而言，因为对未来充满希望，所以更容易积极面对并不理想的工作。

努力从工作中获得和培养自己实现目标所需的能力和资源，把这当作迈向理想目标的第一步。没有生涯目标的学生，可能更容易抱怨社会、哀叹自己生不逢时，没赶上"大学毕业生是天之骄子"的年代……因为看不到希望，他们很难从内心里积极应对困境，将找不到好工作归咎于外因，更觉得自身没有能力。许多大学生在毕业时的起跑线是相同的，可能因为有或无生涯发展目标而导致人生的不同：一些人充满力量，能克服困难、积极进取；另一些人感觉被环境所左右，怨天尤人、随波逐流。

（三）"达姆洛斯"成功公式

美国学者达姆洛斯提出了成功的公式：成功 $=[（EE+CT+SP）\times DD]^b$。其中，EE 指教育和工作经历；CT 指创造性思考；SP 指推销自我的能力；DD 指目标的驱动力；指数 b 指个人的机遇。显而易见，在整个公式中，前三个因素（EE、CT、SP）都对成功起着重要作用，失去其中任何一个都会使成功的可能性大打折扣，但并非绝对必要的；而 DD，即目标的驱动力，是成功不可或缺的因素，如果没有目标或对目标没有驱动力，成功就会为 0；而指数 b 则可大可小，并不绝对，在 b 大于 1 时，机会就能够发挥非常大的作用，使自身拥有的素质和条件成指数增长。

"达姆洛斯"成功公式的一个非常重要的意义就是告诫人们：设定一个清晰合理的目标是取得成功的先决条件，如果没有目标或对目标没有驱动力，成功会变得遥不可及。

审视

顶端优势是一个人的核心竞争力，即个人相较于竞争对手而言所具备的竞争优势与核心能力。职业能力就是指个人从事某种职业所应具备的能力，包括学习能力、言语能力、数学能力、空间推理能力、知觉能力、抽象推理能力、逻辑推理能力、人际沟通能力、资料处理能力等。

问题 探索

对于个体而言，具体能力的发展是不平衡的，常常是某方面的能力占优势，而另一些能力则不太突出。要挖掘出这些优势能力，并与职业选择相结合，成为自己的顶端优势。个人能力的探索与发现有很多方式，这里介绍一种简便的方法——撰写成就故事。

请写下生活中令你有成就感的具体事件然后对其进行分析，看看你在其中使用了哪些能力。

这些"成就事件"不一定是工作或学习上的，也可以是课外活动或家庭生活中发生的，比如同学聚会、一次美好而难忘的旅游，等等。它们不必是惊天动地的大事，只要符合以下两条标准，就可以被视为"成就"。

（1）你喜欢做这件事时的感受。

（2）你为完成它所带来的结果感到自豪。

如果你还获得了他人的认可和表扬那就更好了，不过这并不重要。

在撰写成就故事时，每一个故事都应当包含以下要素。

（1）你想达到的目标，即需要完成的事情。

（2）你面临的障碍、限制或困难。

（3）你的具体行动步骤，即你是如何一步步克服障碍、达成目标的。

（4）对结果的描述，即你取得了什么成就。最好能够量化评估（用某种方法衡量或以数据说明）。

拓展 思考

至少写出 7 个成就故事（越多越好）。如果有条件的话，请和两三个同伴一起逐一进行分析讨论，在其中你都使用了一些什么技能。最后在这些故事中找出重复使用的技能，它们就是你喜爱施展也擅长的技能。将这些技能按优先次序加以排列，便能够发现你的优势能力了，这些能力有可能成为你的顶端优势。

▶ 第三节 职业兴趣、性格、价值观的澄清

学习目标

（1）掌握霍兰德职业兴趣理论的基本观点。

（2）掌握职业兴趣、职业性格，以及职业价值观的澄清方法。

案例分析

王某的播音之路

王某是某高职院校2017届毕业生，学习上，她勤奋刻苦，成绩优秀，经常获得奖学金；生活中，她爱好广泛，多才多艺，不仅是学校广播电台的播音员，还是话剧社的骨干，平常大家遇到什么难题，都会找她去解决，她也被大家亲切地称为"老大"；工作上，她认真负责，乐于助人，为了社团的事情，经常早出晚归，尤其是做播音工作，常常在同学休闲、吃饭的时候，她却在工作，常常是别人上完自习，她才急匆匆地去教室。

毕业时，她以突出的播音技能、过硬的综合素质，成为当地著名电台的播音主持人。

王某之所以能取得成功，源于她对自己清晰地认知以及有针对性地塑造。她性格比较外向，喜欢从事组织领导方面的工作，在校期间，积极参加社团活动，并且在社团的选择上注重质量，而不是盲目追求数量。因此，她能有效地提高沟通和领导能力，并且能合理地安排时间和精力，让学习与社团工作相得益彰，也证明了她有较强的学习能力和统筹能力。她喜欢帮助别人，这锻炼了她分析问题和解决问题的能力，而乐于助人也是媒体从业人员需要具备的职业素质。在校期间的播音经历和话剧社的实践经验，又提升了她作为一名播音主持人的职业能力。这一切，都直接决定了她最后能如愿进入电台，继续从事热爱的播音工作。

如果不了解自己，不能及早确立自己的奋斗方向，时间就会在不经意间溜走，大量的精力、时间被浪费，最终却很难取得成功。因此，大学生一定要从进入大学开始，就树立认识自我的意识，进行自我了解，自我塑造，充分挖掘自己的潜能，把握好大学期间成长的每一个阶段，这样，才能真正主宰自己的命运。

一、职业兴趣澄清

兴趣可以使人集中精力去获取知识、锻炼能力以及创造性地开展工作，能够激发人的潜能，能保证人们以敏锐的观察力、高度的注意力、深刻的思维和丰富的想象力投入工作，因而再枯燥的工作也能变得丰富多彩。它能够保证职业的稳定性，能推动人在职业上获得巨大成功，因此，它是职业生涯选择的重要依据。如果人们对所从事的职业不感兴趣，甚至感到厌倦，那么，在工作中最多可以达到合格，但很难达到优秀。

职业兴趣是影响人们工作满意度、职业稳定性和职业成就感的重要因素，同时也是对职业进行分类的重要基础。因此，职业兴趣是生涯规划中进行自我探索的一个重要方面。

（一）兴趣岛活动

恭喜你！你获得了一次免费度假游的机会，有机会去下列六个岛屿中的一个。唯一的要求是你必须要在这个岛上至少待满半年的时间。请不要考虑其他因素，仅凭自己的兴趣按顺序挑出你最想前往的三个岛屿。

1. 岛屿 R：自然原始的岛屿

R 岛上自然生态保持得很好，有原始森林，有各种野生动物。居民以手工业为主，自己种植瓜果蔬菜、修缮房屋、打造器物、制作工具，喜欢户外运动。

2. 岛屿 I：深思冥想的岛屿

I 岛上人迹较少，建筑物多僻处一隅，平畴绿野，适合夜观天象。岛上有多处天文馆、科技博览馆及科学图书馆。居民喜好观察、学习，崇尚和追求真知，常有机会和来自各地的哲学家、科学家、心理学家交换心得。

3. 岛屿 A：美丽浪漫的岛屿

A 岛上到处有美术馆、音乐厅、街头雕塑和街边艺人，弥漫着浓厚的艺术文化气息。居民保留了传统的舞蹈、音乐与绘画，许多文艺界的朋友都喜欢来这里寻找灵感。

4. 岛屿 S：友善亲切的岛屿

S 岛上居民个性温和、友善、乐于助人，社区自成一个密切互动的组织，人们重视互助合作、重视教育、关怀他人，充满人文气息。

5. 岛屿 E：显赫富庶的岛屿

E 岛上居民善于企业经营和贸易，能言善道。该岛经济高度发展，处处是高级酒店、俱乐部、高尔夫球场。来往者多是企业家、经理人、政治家、律师等，曾数次在这里召开财富论坛和其他行业巅峰会议。

6. 岛屿 C：现代井然的岛屿

C 岛上建筑十分现代化，是进步的都市形态，以完善的户政管理、地政管理、金融管理见长。岛民个性冷静保守，处事有条不紊，善于组织规划，细心高效。

选择相同岛屿的人可以交流一下自己为什么选择这个岛屿，看看大家有什么共同的兴趣爱好，可以归纳为几个关键词。

其实，这六个岛屿就代表霍兰德提出的职业兴趣的六种类型。完成这个活动后，你应当能够得出自己最有兴趣的前三个类型，也就是你的霍兰德代码（holland code），这三个字母的顺序表示了兴趣的强弱程度，并且对这六种类型的基本特征有所了解。这个活动是在当事人不设防、无预警、无期盼的状态下，探索"最爱"的经验，所以相对比较客观。但是，这只是对你的兴趣类型的一个初步判断，因为霍兰德理论比较复杂，初学者对霍兰德类型的掌握不深入，再加上社会期望和缺乏自我认识等原因，个人仍然不易准确地判断自己的职业兴趣类型。因此，最好通过职业兴趣测评来加以确认。

（二）霍兰德职业兴趣理论简介

早期美国的职业选择理论一直受到被誉为"职业辅导之父"的弗兰克·帕森斯（Frank Parsons）于 1909 年提出的"特质因素论"（trait-and-factor theory）的影响。特质因素论就是研究个人心理特征与职业因素相匹配的理论，因此也被称为"人职匹配理论"。著名的生涯辅导理论家约翰·L. 霍兰德（John L. Holland）在"特质因素论"的基础上，结合人格心理学的内容，提出了一系列研究假设，并最终形成了霍兰德职业兴趣理论。

1. 霍兰德职业兴趣理论想要解决的三个主要问题

（1）哪些个人与环境的特征能够带来满意的生涯决定、生涯投入以及生涯成就？反之，又有哪些个人与环境的特征会让我们无法做决定，或是做出不满意的决定，甚至做了选择后产生不了成就感？

（2）从长远的眼光看，有哪些个人与环境的特征会影响一个人在工作上的稳定性与改变的程度？

（3）能够帮助一个人解决生涯困难的最有效的方法是什么？

2. 霍兰德职业兴趣理论的基本原则

为解决上述三个问题，霍兰德以下列六个基本原则为基础，发展出简明又实用的职业兴趣理论。

（1）选择一种职业，是一种人格的表现。

（2）既然职业兴趣是人格的呈现，那么职业兴趣测验就是一种人格测验。

（3）职业的刻板化印象是可靠的，而且有重要的心理与社会的意义。

（4）从事相同职业的成员，有相似的人格与相似的个人发展史。

（5）由于同一职业团体内的人有相似的人格，他们对于各种情境和问题的反应方式也大体相似，并且因此塑造出特有的人际环境。

（6）个人的职业满意程度、职业稳定性与职业成就，取决于个人的人格与工作环境之间的适配性。

3. 核心假设和补充假设

（1）核心假设。

霍兰德将社会中的职业归纳成六大类型，相应地，自然有六种不同类型的人从事和自己的类型相同的职业。大多数人可以被归纳为六种人格类型：实用型（realistic type，R）、研究型（investigative type，I）、艺术型（artistic type，A）、社会型（social type，S）、企业型（enterprising type，E）和事务型（conventional type，C）。

这六大类型的第一个字母按照一个固定的顺序排成一个六边形：RIASEC（见图3-5）。这个六边形模型显示出霍兰德职业兴趣理论的精华，我们可以借此了解霍兰德的理论假设、分类系统以及霍兰德代码的运作。六边形六个顶点的相对位置，也表现出类型与类型之间的相似程度。

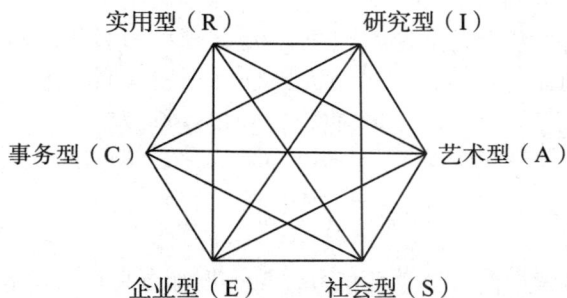

图3-5　霍兰德六边形模型

（2）补充假设。

霍兰德为了测量这六种类型，发展出"职业自我探索量表"（self-directed search，SDS）。从SDS中可以得到六个不同的分数，分别代表六个类型的强度。从这六个类型中，霍兰德提出了以下在理论操作上的补充假设。

①一致性（consistency），指的是每个人的霍兰德代码中各类型之间在心理上一致的程度；②分化性（differentiation），是指一个人六种兴趣强度的差异程度；③适配性（congruence），是指个人类型与工作环境类型的匹配程度。

（三）探索职业兴趣的方法

探索职业兴趣的方法有很多，比如前面提到的兴趣岛活动。此外，还有回忆幸福时光、身边人物访谈、量表测评等方法。

1. 回忆幸福时光

先放松、深呼吸，然后回忆三个自己感到特别愉快、忘了时空和自己的时候，哪怕只是片刻时光。请仔细回想当时的场景细节以及自己的感受。你认为人在什么时候会感到幸福？

美国芝加哥大学心理学教授米哈利（Mihaly）用三十多年的时间对几百位各行各业的人进行了访谈，寻找是什么东西真正令人们感到幸福和满足？他发现，和人们想象的不同，不是在人们很放松、什么事也不做（比如看电视）的时候感到幸福和满足，而是当人们专心致志地从事某种活动，甚至忘我地完全沉浸在这种活动中的时候，人们感到最为幸福和满足。

米哈利的这一发现说明：人们的满足感、幸福感往往来源于从事某种活动，而不是无所事事或单纯的享乐游玩。因此，通过回忆幸福时光能够总结提炼出自己的兴趣所在。

2. 身边人物访谈

通过他人对自己的反馈来了解自己是一个很好的方式。向你身边的亲朋好友询问一下如果让他们来总结一下你的兴趣，他们会说什么？你可以通过面谈、打电话、发短信或者电子邮件等多种方式来完成这个任务。请至少询问10个以上的人。

得到他人的反馈以后，看一看他们对你的描述，有哪些是你自己也认同的，有哪些是你以前从未想到过的？他们所说的符合你对自己的认知吗？通过这个活动，你对自己有什么新的认识？

3. 量表测评

霍兰德职业兴趣理论提出以后，对职业生涯辅导产生了广泛影响。有许多被广泛使用的测评工具都以霍兰德的类型论为依据，如自我探索量表（SDS）、斯特朗兴趣量表（SII）等。这些测评工具可以作为个人进行自我探索的有用工具。经过测评，通常会得出一个由三个字母组成的霍兰德代码，再利用这个代码在"霍兰德职业索引"中查找对应的职业。

二、职业性格澄清

性格是职业生涯探索中的一个重要部分，每个人都有与众不同的特质，性格与职业的最佳匹配将使我们成为更有效的工作者。

（一）什么是性格

性格是一个人在对现实的稳定的态度和习惯化了的行为方式中表现出来的人格特征。每个人在其成长经历中，可能受到生理、遗传、家教、文化、学习经验等因素的影响，从而形成自己的独特性格，性格一旦形成就相对稳定，会在不同的情境中表现出相对一致的行为方式。

（二）性格与生涯发展的关系

著名经济学家凯恩斯（Keynes）说，习惯形成性格，性格决定命运。美国心理学大师威廉·詹姆士（William James）曾说过："播下一个行为，收获一种习惯；播下一种习惯，收获一种性格；播下一种性格，收获一种命运。"这些与中国古语所说的"积行成习，积习成性，积性成命"是一个道理。可见，古今中外人们对性格形成的看法基本是一致的。

（三）通过 MBTI 探索自己的性格

MBTI（Myers-Briggs Type Indicator）是一种自我报告式的性格评估理论模型，用以衡量和描述人们在能量倾向、信息收集、决策方式和行动方式方面的心理活动规律和性格类型。MBTI 旨在帮助人们了解自我的本来面目，即个人与生俱来的性格，而并非受到外界因素影响后的性格。MBTI 的理论基础来自瑞士著名心理学家卡尔·荣格（Carl Jung）的心理学类型理论，并由美国一对母女凯瑟琳·库克·布里格斯（Katherine Cook Briggs）和伊莎贝尔·布里格斯·迈尔斯（Isabel Briggs Myers）研究、发展成为一种心理测评工具。

1. MBTI 的四个维度

MBTI 用四个维度来衡量人们的整个心理活动过程（见表 3-1）。每个维度都有两个极端，在每个维度上到底是哪种取向取决于个人的偏好（preference），或者称为倾向。所谓"偏好"，是一种天生的倾向性，是一种特定的思考和行为方式。这些偏好并无优劣之分，却形成了人与人之间的不同。MBTI 用四维度偏好二分法来评估一个人的类型偏好，这样共有 8 种性格偏好，每种用一个字母来表示。把这些字母组合起来，便代表 16 种完全不同的性格类型，每个人都可以在其中对号入座。

表3-1 MBTI四个维度

维度	解释	两极
能量倾向	注意力集中于何处？从何处获得力量	extraversion、introversion 外倾（E）、内倾（I）
信息收集	获取信息、认识世界的方式	sensing、intuition 感觉（S）、直觉（N）
决策方式	做决定的方式	thinking、feeling 思考（T）、情感（F）
行动方式	与外部世界打交道的方式	judging、perceiving 判断（J）、知觉（P）

MBTI 的四个维度如同四把标尺，每个人的性格都会落在标尺的某个点上，这个点靠近哪个端点，就意味着个体有哪方面的偏好。在 MBTI 的测评结果中，一个人在每个维度

上只能是一种偏好，如一个人是内倾的就不可能是外倾的，是感觉的就不能是直觉的。但是，这并不代表一个人是内倾的就没有丝毫外倾的特征。性格也是如此，一个人如果是内倾，就意味着在绝大多数情况下其自然反应是内倾的，但是也有外倾的时候。在特殊情况下，甚至可能主要表现为外倾。所以，测评结果的类型所指的并不是"非此即彼"，而是"主要"表现。

2. 每个维度的含义

（1）能量倾向。

如果只能用一个维度来将人群区分开的话，那么这个维度应该是能量倾向，它是区分个体的最基本的维度。我们以自身为界，可以将世界分为自身以外的世界和自我的世界两个部分，也可以称为外部世界和内部世界。

①外倾的人：注意力和能量主要指向外部世界的人和事，从与人交往和行动中获得能量。

②内倾的人：注意力和能量集中于自己的内心世界，从对思想、回忆和情感的反思中获得能量。

两种类型的人在自己偏好的世界里会感到自在、充满活力，而到相反的世界则会感到不安、疲惫。具体可以从下列几个方面进行分析（见表3-2）。你也可以利用这些方面进行自我评估，在符合自己的相应条目上做标记，并记1分，然后统计一下哪边的分高，进而评估自己是外倾型还是内倾型。在其他各维度上也按相同的方法操作。

表3-2 能量倾向类型特点

外倾型（E）	内倾型（I）
□与他人相处会精力充沛	□独自度过时光会精力充沛
□喜欢成为被注意的中心	□避免成为被注意的中心
□喜欢外出；不怕被打扰	□喜静、多思、冥想；怕被打扰
□表情丰富、外露	□谨慎、不露表情
□行动，然后思考	□思考，然后行动
□喜欢边想边说出声；讲，然后想	□喜欢在心中思考问题；想，然后讲
□易于被他人了解	□更封闭，不易被他人了解
□随意分享个人情况	□更愿意在经过挑选的小群体中分享个人情况
□说得比听得多	□听得比说得多
□反应快，喜欢快节奏	□仔细考虑后，才有所反应
□重视广度而不是深度	□重视深度而不是广度

（2）信息收集。

我们每个人都在不断收集着信息，这是我们与整个世界沟通的必要前提。但是不同类型的人收集信息的方式不同，这便有了感觉型和直觉型之别。

①偏好感觉的人：通过自己的五官来收集信息。喜欢收集实实在在的、确实已出现的具体信息。对周围所发生的事件观察入微，特别注重现实。

②偏好直觉的人：通过想象、无意识等超越感觉的方式来收集信息。喜欢看整个事件的全貌，关注事实之间的关联。想要抓住事件的模式，专注于未来新的可能性。

面对同样的情景，两者关注的重点不同，依赖的信息通道也不同。感觉型的人关注的是事实本身，注重细节，而直觉型的人关注的是基于事实的含义、联系和意义；感觉型的人信赖五官收集到的实实在在的、有形有据的事实和信息，而直觉型的人注重"第六感"，注重"弦外之音"；感觉型的人对待任务，习惯于按照规则办事，而直觉型人喜欢尝试，跟着感觉走；感觉型的人习惯于固守现实，享受现实，使用已有的技能，而直觉型的人更习惯变化、突破现实。简而言之，感觉型注重"是什么"，实际而仔细；直觉型的人更关心"可能是什么"，两者的区别详见表3-3。

表3-3　信息收集类型特点

感觉型（S）	直觉型（N）
□通过五官感受世界，注重真实存在	□通过"第六感"洞察世界，注重应该如何
□相信确定和有形的事物	□相信灵感和推断
□不喜欢新想法，除非它们有实际意义	□为了自己的利益，喜欢新思想和新概念
□重视现实性和常情	□重视想象力和创造力
□喜欢使用和琢磨已知的技能	□喜欢学习新技能，但掌握之后易厌倦
□关注具体的和特殊的	□关注普遍的和有象征性的，喜欢抽象和理论
□习惯于按照规则、手册办事	□习惯于尝试，跟着感觉走
□进行细节描述	□使用隐喻和类比
□循序渐进地讲述有关情况	□跳跃性地展现事实
□着眼于现实	□以一种绕圈子的方式着眼于未来

（3）决策方式。

从做决策的方式将人分为思考型和情感型。

①偏好思考的人：通过分析某一行动或选择的逻辑后果来做出决定。更注重逻辑性，能够客观地分析前因后果。

②偏好情感的人：喜欢考虑对自己和他人来说什么是重要的。以人为中心，以价值为依据。做决定时很重视价值观和以人为中心的主观衡量。

仅凭这一维度的名称，也许你会觉得，思考型的人是理性的，而情感型的人是非理性的，事实并非如此。这两类人都有理性思考的成分，但做决定的主要依据不同。思考型的人比较注重依据客观事实的分析，一以贯之、一视同仁地贯彻规章制度，不太习惯根据人情因素变通，哪怕做出的决定并不令人舒服；而情感型的人通常从自我的价值观出发，变通地贯彻规章制度，做出一些自己认为正确的决策，比较关注决策可能给自己和他人带来的情绪体验，人情味较浓，两者的区别详见表3-4。

表3-4　决策方式类型特点

思考型（T）	情感型（F）
□分析，用逻辑客观方式决策	□用个人化的、价值导向的方式决策
□重视符合逻辑、公正、公平的价值	□重视同情与和谐
□对问题进行非个人因素的分析	□考虑行为对他人的影响
□一视同仁	□重视准则的例外性
□被认为冷酷、麻木、漠不关心	□被认为感情过多、缺少逻辑性、软弱
□清晰、正义、不喜欢调和主义	□和谐、宽容、喜欢调解
□只有情感符合逻辑时才认为它可取	□无论是否有意义，认为任何感情都可取
□因渴望成就而受激励	□因获得欣赏而受激励
□很自然地看到缺点，倾向于批评	□很自然地看到优点，倾向于赞美
□工作中很少表现出情感，也不喜欢他人感情用事	□喜欢工作场景中的情感，享受赞美，希望获得赞美

（4）行动方式。

这是从喜好的行动方式来看，区分我们是如何与外部世界打交道、如何适应外部环境的，详见表 3-5。

①偏好判断的人：生活通常会比较有规划、有秩序，喜欢一切事情都早做安排。按照计划和日程安排办事对他们来说很重要。

②偏好知觉的人：喜欢以一种灵活、自发的方式生活，更愿意去体验和理解生活而不是去控制它。

表3-5　行动方式类型特点

判断型（J）	知觉型（P）
□做了决定后最为高兴	□当各种选择都存在时，感到高兴
□"工作原则"：工作第一，娱乐其次	□"娱乐原则"：现在享受，然后再完成工作
□树立目标，准时完成	□随着新信息的获取，不断改变目标
□愿意知道自己将面对的情况	□喜欢适应新情况
□结构化和组织化	□弹性化和自发化
□注重结果，重点在于完成任务	□注重过程，重点在于如何完成工作
□满足感来源于完成计划	□满足感来源于计划的开始
□决断，事情都有对错之分	□好奇，喜欢收集新信息而不是结论
□喜欢命令、控制，反应迅速，喜欢完成任务	□喜欢观望，开始许多新项目，但不完成
□时间是有限的资源，认真对待最后期限	□时间是可更新的资源，最后期限是有弹性的

3. 16 种 MBTI 类型

在完成了上述 MBTI 四个维度的评估以后，你已经能够初步判断自己在每个维度上的偏好是什么，并且会得到一个由 4 个字母组成的 MBTI 类型。为了方便理解，我们将 MBTI 的各个维度进行单独介绍，但这并不等于可以从单个维度去理解人。人的性格非常复杂，每个维度都会彼此影响。因此，将四个维度结合起来，才是正确理解一个人的方法。这 16 种性格类型及其特点如下。

（1）ISTJ：沉静，认真；贯彻始终、得人信赖而取得成功；讲求实际，注重事实，能够合情合理地去决定应做的事情，而且坚定不移地把它完成，不会因外界事物而分散精神；以做事有次序、有条理为乐——不论是在工作中还是在家庭生活中；重视传统和忠诚。

（2）ISTP：容忍、有弹性；是冷静的观察者，但当有问题出现，便迅速行动，找出可行的解决办法；能够分析哪些东西可以使事情顺利进行，又能够从大量资料中，找出实际问题的重心；很重视事件的前因后果，能够以理性的原则把事实组织起来，重视效率。

（3）ISFJ：沉静，友善，有责任感和谨慎；能坚定不移地承担责任，做事贯彻始终、不辞辛劳和准确无误；忠诚，替人着想，细心，往往记着他所重视的人的种种微小事情，关心别人的感受；努力创造一个有秩序、和谐的工作和家居环境。

（4）ISFP：沉静，友善，敏感和仁慈；欣赏目前和他们周遭所发生的事情；喜欢有自己的空间，做事又能把握自己的时间；忠于自己所重视的人，不喜欢争论和冲突，不会强迫别人接受自己的意见或价值观。

（5）ESTJ：讲求实际，注重现实，注重事实；果断，很快做出实际可行的决定；能够安排计划和组织人员以完成工作，尽可能以最有效率的方法达到目的；能够注意日常例行工作的细节；有一套清晰的逻辑标准，会有系统地跟着去做，也想让别人跟着去做；会以强硬态度去执行计划。

（6）ESTP：有弹性，容忍；讲求实际，专注即时效益；对理论和概念上的解释感到不耐烦，希望以积极的行动去解决问题；专注于"此时此地"，喜欢主动与别人交往；喜欢物质享受的生活方式；能够通过实践达到最佳的学习效果。

（7）ESFJ：有爱心，尽责，合作；渴望有和谐的环境，而且有决心营造这样的环境；喜欢与别人共事以能准确地、准时地完成工作；忠诚，即使在细微的事情上也如此；能够注意别人在日常生活中的需要而努力供应他们；渴望别人赞赏和欣赏自己所作的贡献。

（8）ESFP：外向，友善，包容；热爱生命、热爱人，爱物质享受；喜欢与别人共事；在工作中，能用常识、注意现实的情况，使工作富有趣味性；富有灵活性、即兴性，易接受新朋友和适应新环境；与别人一起学习新技能可以达到最佳的学习效果。

（9）INTJ：具有创意的头脑、有很大的冲劲去实践他们的理念和达到目标；能够很快地掌握事情发展的规律，从而形成长远的发展方向；一旦作出承诺，便会有条理地开展工作，直到完成为止；有怀疑精神，独立自主；无论为自己或为他人，有高水准的工作表现。

（10）INTP：对任何感兴趣的事物，都要探索一个合理的解释；喜欢理论和抽象的事情，喜欢理念思维多于社交活动；沉静，满足，有弹性，适应力强；在他们感兴趣的范畴内，有非凡的能力去专注而深入地解决问题；有怀疑精神，有时喜欢批评，常常善于分析。

（11）INFJ：探索意念、人际关系和物质拥有欲的意义和它们之间的关系；希望了解什么可以激发人们的推动力，对别人有洞察力；尽责，能够履行他们坚持的价值观念；有一个清晰的理念以谋取大众的最佳利益；能够有条理地、果断地去实践他们的理念。

（12）INFP：理想主义者，忠于自己的价值观及自己所重视的人；外在的生活与内在价值观配合；有好奇心，很快看到事情的可能与否，能够加速对理念的实践；试图了解别人、协助别人发展潜能；适应力强，有弹性；如果和他们的价值观没有抵触，往往能包容他人。

（13）ENTJ：坦率、果断、乐于作为领导者；很容易看到不合逻辑和缺乏效率的程序和政策，从而开展和实施一个能够顾及全面的制度去解决一些组织上的问题；喜欢有长远的计划和确定的目标；往往是博学多闻的，喜欢追求知识，又能把知识传给别人；能够有力地提出自己的主张。

（14）ENTP：思维敏捷，机灵，能激励他人，警觉性高，勇于发言；能随机应变地应付新的和富于挑战性的问题；善于引出在概念上可能发生的问题，然后很有策略地加以分析；善于洞察别人；对日常例行事务感到厌倦；甚少以相同方法处理同一事情，能够灵活地处理接二连三的新事物。

（15）ENFJ：温情，有同情心，反应敏捷，有责任感；高度关注别人的情绪、需要和动机；能够看到每个人的潜质，帮助别人发挥自己的潜能；能够积极地协助他人和组织成长；忠诚，对赞美和批评都能很快做出回应；社交活跃，在一组人中能够惠及别人，有启发人的领导才能。

（16）ENFP：热情而热心，富于想象力；认为生活充满很多可能性；能够很快找出事件和资料之间的关联性，而且有信心地依照他们所看到的模式去做；很需要别人的肯定，又乐于欣赏和支持别人；即兴而富于弹性，时常信赖自己的临场表现和流畅的语言能力。

看看你的类型描述与你了解的自己有多少相符。当然，仅仅通过这样一个评估很难准确判断你的 MBTI 类型。所以，最好还是做一些正式的 MBTI 测评。

运用 MBTI 性格类型时，需要强调的是每个偏好和每种类型没有好坏、对错、优劣之分。每种类型都是独特的，会在适合的环境发挥自己的特点。认识自己的性格类型，可以让你更好地了解自己，理解自己的行为特点，根据自己的特点学习、工作和解决问题。

三、职业价值观澄清

当我们面临两难抉择，必须做出选择的时候，影响最终选择的决定性因素是什么？通常，这个原因自己难以表述清楚，或者不愿向他人袒露。其实，这个决定性因素往往是价值观。价值观就像影子一样，如果你不刻意地去关注它，甚至不会察觉到它的存在，但事实上它却如影随形，无时无刻影响着我们的行为方式。

（一）什么是职业价值观

价值观在职业生涯中的作用和表现称为职业价值观。舒伯认为，职业价值观是个人追求的与工作有关的目标，也就是个人在从事满足自己内在需求的活动时所追求的工作特质或属性，它是个体价值观在职业问题上的反映。从另一个角度来讲，职业价值观就是你最期待从职业中获得的东西。

（二）职业价值观在生涯发展中的作用

由于价值观是人们在考虑问题时所看重的原则和标准，是人们内在的驱动力。因此，价值观在人们的生涯发展中往往起到极其重要的、决定性的作用，甚至可能超过了兴趣和性格对个人的影响。一个人越清楚自己的价值观，越了解自己在工作和生活中想要寻求什么，他的生涯发展目标通常也就越清晰。它是一种具有明确的目的性、自觉性和坚定性的态度，对一个人的职业目标和择业动机起着决定性作用。

职业价值观决定了哪些因素是重要的，哪些是不重要的；哪些是优先考虑和选择的，哪些不是；哪个职业好；哪个岗位适合自己；从事某项具体工作的目的是什么等。这些都是职业价值观的具体表现。

审视

价值观的分类方法很多，在此介绍其中一种比较常用的方法。舒伯和他的同事开发出来的一个包括 3 个维度、15 个因子的价值观量表，旨在测量人们对于工作的各项特征的重要性的优先顺序，这个量表被称为工作价值观量表（work value inventory，WVI）。后来，经过学者们的改造，将职业价值观分为 13 种类型（见表 3-6）。

表3-6　职业价值观类型及其含义

序号	类型	基本含义
1	利他主义	能直接为大众的幸福和利益尽一份力
2	审美主义	能不断地追求美的东西，获得美的享受
3	智力刺激	能不断进行智力操作、动脑思考、学习，以及探索新事物，解决新问题
4	成就动机	能不断创新，不断取得成就，不断得到领导与同事的赞扬，或不断完成自己想要做的事
5	自由独立	能充分发挥自己的独立性和主动性，按自己的方式、步调或想法去做，不受他人干扰
6	社会地位	所从事的工作在人们心目中有较高社会地位，从而使自己得到他人的重视与尊敬
7	权力控制	具有对他人或某事物的管理支配权，能指挥和调遣一定范围内的人
8	经济报酬	能获得优厚的报酬，使自己有足够的财力去获得自己想要的东西，使生活过得较为富足
9	社会交往	能和各种人交往，建立比较广泛的社会联系和关系，甚至能和知名人物结识
10	安全稳定	不管自己能力怎样，希望在工作中有一个安稳的局面，不会因为奖金、工资、工作调动或领导训斥等经常提心吊胆、心烦意乱
11	轻松舒适	希望能将工作作为一种消遣、休息或享受的形式，追求比较舒适、轻松、自由、优越的工作条件和环境
12	人际关系	希望一起工作的大多数同事和领导人品较好，相处在一起感到愉快、自然
13	追求新意	希望工作的内容经常变换，使工作和生活显得丰富多彩，不单调枯燥

问题探索

马克·吐温说："最成功的人是那些整天做自己喜欢做的事，并且搞得像是在度假的人。"发明数量惊人的托马斯·爱迪生说："你会发现工作如此好玩，以至于你这辈子都像没上过一天班一样。"他们是一些成功并且快乐的人，可以围绕任何自己感兴趣的主题、行业和活动来规划自己的职业生涯。选择一个与自己的兴趣相投的职业，做自己感兴趣的工作，"累并快乐着"。专业的职业规划师指出：澄清职业兴趣、性格、价值观，最佳的职业选择应该建立在长期兴趣点上。这样，所选择的职业将会大大提升你的成就感，做自己所热爱的事情。

拓展思考

从入大学开始，就树立认识自我的意识，进行自我了解，自我认知，充分挖掘自己的潜能，把握好大学期间成长的每一个阶段，这样，才能真正主宰自己的命运。结合职业价值观类型表，谈谈你所选择的职业。

▶ 第四节　职业素养自我测评

学习目标

（1）掌握职业素养的基础知识及技能。
（2）掌握职业测评的概念、性质、分类、作用和目的。
（3）掌握几种常用测评工具的功能、用途和使用方法。

案例分析

请擦亮眼睛看职业测评，千万别轻信！

小林是一位焊接专业的毕业生，在网上搜索招聘信息的时候，经常看到一些测试题，比如"你有长远的眼光吗？""你适合做销售吗？"有一次，一个自称权威的职业兴趣测评让他动了心，足足花了1个小时才把测评题目做完。测评结果却只有短短几句话："你是一个天生的经营天才，适合销售和管理类的工作岗位。"

小林很兴奋，因为他自己确实也很喜欢这类工作，于是就信心满满地踏上了求职之路。可是，两个月过去了，小林仍然一无所获。

我问他："你都找了哪些工作？"小林回答说："都是销售和管理类的工作，可是经历了10次面试，一个给我offer的公司都没有。"抱着探明事实的态度，我请小林又做了一次职业兴趣测评。出乎意料的是，小林的最高分是R（实用型），远远高出第二位的E（企业型）。测试的最终结果表明，小林最喜欢的其实是技术类的工作，而所谓的"喜欢销售和管理类的工作"，不过是"听起来很美"的盲目性导致的。

后来，我根据小林提供的网址，仔细研究了那套测评题，结果发现，不管选什么，都是那句话。只要做完这一套题，你得到的结果均为"天生的经营人才！"

小林还算幸运，在明白了自己的兴趣类型后，他调整了就业方向，很快找到了一个造船厂的焊接工岗位。

选择测评工具一定要谨慎，要根据本节中提到的标准化测评工具的选用标准来进行选择，充分考虑该项测评的信度、效度和常模，避免因使用来历不明的测评工具影响自己的职业生涯发展。

一、心理测验基本知识

（一）心理测验的基本概念

1. 心理测验的定义

心理测验就是依据心理学理论，使用一定的操作程序，通过观察人的少数有代表性的行为，对于贯穿在人的全部行为活动中的心理特点做出推论和数量化分析的一种科学手段。

首先，心理测验测量的是人的行为，严格地说，只是测量了做测验的行为，也就是一个人对测验题目的反应；其次，心理测验在测量个别差异的时候，往往只是对少数经过慎重选择的行为样本进行观察，间接推知被试的心理特征；再次，为了使不同的被试所获得的分数有比较的可能性，测验的条件对所有的被试都必须是相同的；最后，个人在测验中所得到的原始分数并不具有什么意义，只有将它与其他人的分数或常模相比较才有意义。

2. 心理测验的特征

（1）间接性。人的心理无法直接测量，只能测量人的外显行为，即通过一个人对测验题目的反应来推测他的心理特质。

（2）相对性。在对人的行为作比较时，没有绝对的标准，只是一个连续的行为序列。

（3）客观性。测验的客观性实际上就是测验的标准化问题。测量工具必须标准化，这是对一切测量的共同要求。

（二）心理测验的分类

1. 按测验的功能分类

（1）智力测验。这类测验的功能是测量人的一般智力水平。

（2）特殊能力测验。这类测验偏重测量个人的特殊潜在能力，多为升学、职业指导以及一些特殊工种人员的筛选所用。

（3）人格测验。这类测验主要用于测量性格、气质、兴趣、态度、品德、情绪、动机、信念等方面的个性心理特征，也就是个性中除能力以外的部分。

2. 按测验材料的性质分类

（1）文字测验。文字测验所用的是文字材料，它以言语来提出刺激，被试用言语做出反应。

（2）操作测验。操作测验也称非文字测验。测验题目多属于对图形、实物、工具、模型的辨认和操作，无须使用言语作答，所以不受文化因素的限制，可用于学前儿童和不识字的成人。

3. 按测验材料的严谨程度分类

（1）客观测验。在此类测验中，所呈现的刺激词句、图形等意义明确，只需被试直接理解，无须发挥想象力来猜测和遐想，故称客观测验。绝大多数心理测验都属这类测验。

（2）投射测验。在此类测验中，刺激没有明确意义，问题模糊，对被试的反应也没有明确规定。被试做出反应时，一定要凭自己的想象力加以填补，使之有意义。

4. 按测验的方式分类

（1）个别测验。指每次测验过程中是以一对一形式来进行的，即一次测验一个被试。

（2）团体测验。指每次测验过程中由一个或几个主试对较多的被试同时实施测验。

5. 按测验的要求分类

（1）最高作为测验。此类测验要求被试尽可能做出最好的回答，主要与认知过程有关，有正确答案。智力测验、成就测验均属最高作为测验。

（2）典型作为测验。此类测验要求被试按通常的习惯方式做出反应，没有正确答案。一般来说，各种人格测验均属典型作为测验。

（三）心理测验在职业生涯发展规划中的目的

我们将心理测验放到职业生涯发展规划中，从宏观角度来看有两个大的目的：其一，将个体的各种特质予以精确测量，以预测未来的行为表现，特别是在工作中的表现；其二，心理测验可以用来帮助当事人做好生涯决定。这些大的目标指引出了方向，却不能使辅导人员洞悉生涯历程中各种可能发生的情况。下面阐述几个具体的目的。

1. 开发新的生涯远景

一般情况下，人们都会有一个或两个生涯发展选项，然而在面临抉择时却表现得比较焦虑和犹豫不决，人们通常倾向于曲解或限制生涯发展选项的范围，心理测验有可能帮助当事人发掘新的选项或资源，提升决策质量，开创新的生涯远景。

2. 发现新的兴趣

测验时间不同还可以帮助个体发现自己兴趣的改变。一般而言，职业兴趣是相当稳定的特质，一旦定型之后不太容易改变，但并非不能改变。在第一次测验后，相隔数日再次测量，即可比较出兴趣改变的差异。

3. 确认旧的兴趣

有的人在工作或专业的学习上发生了适应性问题，会误以为兴趣不合是罪魁祸首。借助测量工具的诊断，当事人发现其实际的兴趣是与目前的生涯发展目标吻合的。在这种情形下，能够帮助当事人排除"兴趣不合"的因子，去发现其他可能导致适应困难的原因。

4. 诊断生涯选择的冲突或问题

一个面临前程抉择的人，往往内心充满冲突，理不出头绪，不知道问题出现在哪里。有研究者发现，当事人口述的兴趣与测量出来的兴趣往往不一致。究其原因，有可能是个体对自己缺乏了解，也有可能是心里所喜欢的遭遇了挫折，无法突破。大体而论，口述的兴趣大多能反映个人的需求，较为主观；测量的兴趣大致反映出潜在的心理结构，较为客观。

5. 引发新的探索行为

引发新的探索行为是指当事人在经过测量以后，会增加其在生涯发展领域的探索活动，以进一步增加其选择新的生涯发展方向的可能性。这些活动是在主动而积极地求证新的、不确定的生涯发现。在中国的教育体系中，特别是对于青年学生，需要这样的刺激以引发更多的生涯探索行为。

6. 建立认知结构以测量生涯选项

许多人面对要做决定的生涯情境，并非信息不足，而是由于缺乏一套有系统的认知结构去解释、去测量这些信息。在生涯辅导中所使用的测验，大多具有完整的理论架构，可以帮助当事人在一个架构中进行信息的取舍。有研究发现，就测量结果的信息吸收率来看，了解这个理论架构的被试比不了解这个理论架构的被试要高。

二、标准化职业测评的功能与测评工具选用标准

（一）标准化职业测评的功能

标准化职业测评主要有诊断、预测、比较和发展等几方面的功能。

1. 诊断功能

标准化测评的结果能够帮助人们准确诊断和评估个体能力的优势和劣势，是否具备某种职业技能，是否需要接受某种职业培训或是否需要参加某种干预性训练，以及个体的自我意识水平等。这些测验包括成就类测验、能力倾向类测验，以及兴趣、性格、价值观、决策风格等方面的测验。

2. 预测功能

预测功能是指测评结果可用来预测个体未来的工作表现，把现有工作表现优秀的群体作为预测的参照标准。这类评估，与那些主要测量个体经验与能力的测量，以及用于测定个体对某种知识和技能已经掌握的水平的成就测验不同，它们能够测量出与某个职业特别相关的能力，即那些最能决定个体是否可以在某个职业领域取得成功的技能。

3. 比较功能

将个体的一些特性，诸如能力、兴趣、价值观等，与常模群体进行比较，这是职业测评发挥作用的一个重要方面。比如，某测评工具按照职业领域建立了不同的常模群体，个体的测评报告中，体现了个体与不同常模群体比较之后的结论，便于个体发现自己在兴趣、价值观等方面与常模群体的异同，进而明确职业发展方向。

4. 发展功能

人的职业生涯发展是一个连续不断的过程。标准化的测评结果能够激发个体进一步学习的动机，帮助个体意识到生涯发展过程中一些值得探索或者进一步发展的机会。将测评结果中关于个体价值观、兴趣、技能等的描述，与个体喜欢的生活方式建立联系，能够发挥测验的发展功能。

（二）标准化职业测评工具选用标准

当前，能够运用的测评工具有上百种，包括兴趣和能力测验、人格和价值观量表等，部分量表已经经过国内取样修订。选用测评工具必须要考虑以下几个方面的因素。

1. 信度

信度是指同一被试在不同时间内用同一测验（或用另一套相等的测验）重复测量，所得结果的一致程度。如果一个测验在大致相同的情况下，几次测量的分数也大体相同，便说明此测验的性能稳定，信度高；反之，几次测量的分数相差悬殊，便说明此测验的性能不稳定，信度低。因此，我们说信度是反映测验稳定性和一致性的指标。

2. 效度

效度是指测量的结果与所要测量的心理特点之间符合的程度，或者简单地说是指一个心理测验的准确性。效度是科学测量工具最重要的必备条件，一个测验若无效度，则无论

其具有其他任何优点，一律无法发挥其真正的功能。因此，选用标准化测验或自行设计编制测量工具，必须首先鉴定其效度，没有效度资料的测验是不能选用的。因此，效度是反映测验有效性和准确性的指标。

3. 常模

前文我们提到，心理测验的结果是相对的，每一个人被测得的结果都是与所在团体或人群的大多数人的行为或某种人为确定的标准相比较而言的，这个作为参照标准的团体或人群，我们称之为常模团体，它是由具有某种共同特征的人所组成的一个群体，或者是该群体的一个样本。这里所说的共同特征可以包括性别、年龄、专业、家庭背景等。测验编制者把它用一个标准的、规范的分数表示出来，以提供比较的基础。常模分数就是测量常模样本被试后，将被试的原始分数按一定规则转化出来的导出分数。常模分数构成的分布，就是通常所说的常模，它是解释心理测验分数的基础。因此，我们说常模是反映测验稳定性和一致性的指标。

三、常用的标准化职业测评工具

（一）职业兴趣测评

1. 霍兰德职业兴趣测验（SDS）

霍兰德职业兴趣测验是根据美国职业指导专家霍兰德的职业兴趣理论编制而成的，霍兰德的理论注重个人特质与未来工作世界的配合，学生得到一组测验结果后，可借助一些明确的方向继续进行职业生涯探索，因而有利于引导个体走向一个积极主动的动态探索过程。而且，个体是有所依据地在某特定职业群里进行探索活动，提供给个体的是与个人兴趣相近且内容互有关联的多种职业，这样可避免冒险地去建议个体只选择一种职业。

2. 爱德华个人偏好测验（EPPS）

爱德华个人偏好量表是美国心理学家爱德华（Edwards）以莫瑞（Murry）的 15 种人类需要量表和一个稳定性量表为基础编制而成的，整个测验共由 225 道题组成，每道题含有一对叙述，其中有 15 个题目重复两次。该量表适用于高中生、大学生及一般有阅读能力的成人。测验时间需要 40～50 分钟，可以团体施测。

3. 斯特朗兴趣调查表 TM（SII）

斯特朗兴趣调查表 TM（Strong interest inventory, SII）包括 317 个题目，被分为 8 个部分，斯特朗调查表不但能为人们提供就业方向，而且还能对职位转换和职业发展提供帮助。测试结果经过计算机分析，可以与不同类型、不同职业人群的平均水平做比较，这样就能够了解自己在工作领域、职业行为、休闲活动、教育专业等方面感兴趣的程度，明确自己的兴趣到底是什么，以及可能在哪个领域取得成功。

（二）职业人格测评

职业人格测评就是对在人的行为中起稳定作用的心理特质和行为倾向进行定量分析，以便进一步预测个人未来的工作绩效。下面主要介绍 16PF、MBTI、EPQ 和 NEO 这几种目前应用最广泛的人格类型测验。

1. 卡特尔 16 种人格因素测验（16PF）

卡特尔 16 种人格因素测验（sixteen personality factor questionnaire, 16PF）

是美国伊利诺伊州大学人格及能力测验研究所卡特尔教授（Cattell）经过几十年的系统观察、科学实验以及用因素分析统计法慎重确定和编制而成的一种精确可靠的测验。与其他类似的测验相比较，它能以同等的时间（约 40 分钟）测量更多方面主要的人格特质。凡是相当于初三及以上文化程度的青壮年和老年人都可以使用。

2. 迈尔斯－布里格斯类型指示量表（MBTI）

迈尔斯－布里格斯类型指示量表（Myers-Briggs type indicator，MBTI）是在荣格的心理类型理论基础上，由 Myers 和 Briggs 母女俩于 1962 年编制的一种自陈式人格测评工具。编制的目的是通过对人格维度的测量，了解人格类型的偏好倾向。MBTI 采用的是强迫选择式作答方式，每个人格维度都有两种不同的功能形式，8 个方向的不同组合就构成了 16 种人格类型，每种类型对应一套行为特征和价值观。

3. 艾森克人格问卷（EPQ）

艾森克人格问卷（Eysenck personality questionnaire，EPQ）是英国伦敦大学心理系和精神病学研究所艾森克（Eysenck）教授和其夫人根据分数分析法编制的，分儿童（7～15 岁）和成人（16 岁以上）两种类型。每个项目都有"是"和"否"两个选项，供被试根据自己的情况进行选择，然后按 E（内向－外向）、N（神经质）、P（精神质）和 L（掩饰性）四个量表记分，前三者分别代表艾森克人格结构的三个维度，L 是后来增加的一个效度量表，但也代表一种稳定的人格功能，即反映被试的社会朴实或幼稚水平。

一般结果认为，此量表的项目较少，易于测查，项目内容较适合我国的情况，被认为是较好的人格测定方法之一。

4. 大五人格测验（NEO）

大五人格测验（NEO）是由科斯塔（Costa）和马克雷（McCrae）于 1985 年根据大五人格结构理论编制的人格五因素问卷。他们最终构建了一个由 5 个维度、30 个层面（每个维度含 6 个层面）、240 个项目（每个层面含 8 个项目）组成的综合性人格问卷。这 5 个维度即外向性（E）、经验的开放性（O）、宜人性（A）、责任心（C）和神经质（N）。这 5 个维度组成"ocean"，被称为人格的"海洋"。

（三）职业价值观测评

工作价值观量表是用于测量与工作成就和工作满意度等相关的价值观的。在生涯探索中，价值观被认为是最应该被优先考虑的信息之一。而职业锚测验则把价值观置于一个更大的范围内进行测量，它与个体对工作和生活的需要以及满意与否相关。因此，两种类型的量表都可以为人们提供信息，以澄清个体对工作、家庭和休闲等方面的需要。

1. 工作价值观量表（WVI）

工作价值观量表（work value inventory，WVI）是由舒伯和他的同事开发出来的一个包括 3 个维度、15 个因子的价值观量表，这个量表可以了解人们对工作的各项特征的重要性的优先顺序。

这 3 个维度和 15 个因子如下。

（1）内在价值维度。

其指与职业本身性质有关的因素，即工作本身的一些特征，它包括 7 个因子。

①智力激发：指能够在工作中充分运用自己的智力，如逻辑推理能力、空间能力等；

②利他性：指能够帮助他人成长、发展或带给他人福利；

③创造性：指产生新的想法并努力实现；

④独立性：指能够自主地安排工作；

⑤美感：指能在工作中获得和谐、美的体验；

⑥成就：指工作能够带来成就感；

⑦管理：指对他人施加影响，领导和激励他人一起工作。

（2）外在价值维度。

其指与工作内容无关的外部因素，即工作的环境，它包括4个因子。

①工作环境：主要指工作的物理环境，如室内或室外、空间、温度、照明等；

②同事关系：指工作中与同事的关系，如竞争性的同事关系或者合作式的同事关系；

③监督关系：主要指上级的管理方式，如权威式或者民主式等；

④变动性：指工作的环境，如地点、同事、领导等是否经常变化。

（3）工作报酬维度。

其指在职业活动中能获得的因素，它包括4个因子。

①声望：指职业在社会上是否得到尊重；

②安全性：指职业是否有较高的稳定性；

③经济报酬：指工资、奖金、福利待遇等；

④生活方式：指工作对个人生活的影响。

2. 职业锚测验

美国麻省理工学院斯隆管理学院人力资源管理专家埃德加·施恩教授（Edgar H. Schein）从20世纪60年代起进行了一项长达几十年的跟踪研究，并在此基础上创立了职业锚理论。20世纪90年代以后，施恩教授在应用反馈及深入研究的基础上，将职业锚的类型修订为八种，修订后的理论具有更强的个体针对性和更好的人群覆盖性。迄今为止，还没有发现这八种职业锚类型以外的其他职业锚类型。

职业锚是指当一个人不得不做出选择时，无论如何都不会放弃的那种至关重要的东西，它是人们内心最深层次价值观、个人才能和动机中最高优先级的组合，它体现了"真实的自我"。如果缺乏对自己职业锚的清醒认识，在外界因素的诱惑下，人们可能做出错误的职业选择。许多人对自己的工作不满意，就是因为他们的职业选择并非基于"真实的自我"而做出的。职业锚测验能够帮助大家确定自己的职业锚位，从而避免错误的职业决策。

职业锚的八种类型分别为：技术型（TF）、管理型（GM）、自主独立型（AU）、安全稳定型（SE）、创造型（EC）、服务型（SV）、挑战型（CH）、生活型（LS）。

（四）职业能力测评

职业能力测评的作用主要是预测个体在工作中可能取得的成就。此外，它也可以给被评估者指出其在认知能力方面的长处和短处，在此基础上扬长避短或者做出进一步学习或培训的计划和行动。

1. 盖洛普优势识别测验

盖洛普公司由美国著名的社会科学家、先驱的民意测验专家乔治·盖洛普博士（Dr. George H.Gallup）于1935年创立，是全球知名的民意测验和商业调查/咨询公司。

　　2001 年，"优势心理学之父"唐纳德·克利夫顿博士（Dr.Donald O.Clifton）领导的盖洛普科学家团队基于盖洛普公司历时 40 年针对人性优势所做的研究，创造了一种语言来描述最常见的 34 种天赋，开发了克利夫顿优势识别器（Clifton strengths finder），以期帮助人们发现并描述这些天赋，并且将这个优势测试的最初版本纳入管理类畅销书《现在，发现你的优势》中。

　　优势识别器 1.0 版本对于各项主题的描述是通用的，而 2.0 版本的优越之处则在于其包含的优势识别是高度定制化的，能够帮助被试在个人层面更好地了解自己的 5 大优势主题将如何在生活中发挥作用。并且，针对 5 大优势主题中的每一项，被试将分别获得 10 条很具体的"行动建议"。通过探究天赋与自身所掌握的技能、知识和经验间的相互作用，这份指南可以帮助被试制作出一份发展方案。

　　盖洛普首先通过大量的实证研究，把五彩缤纷的人类才干归纳为"交往""奋斗""影响""思维"这 4 组共 34 个主题。如思维方面，有分析、关联、统筹、前瞻、理念和战略等主题。再如交往方面，有和谐、体谅、交往、个别、沟通和责任等主题。此外，盖洛普发明了一个网上测评系统，叫做"优势识别器"。它由 180 对陈述组成，比如"我认真阅读说明"与"我直接开始做事"，由被试根据对自身的适合程度进行选择，每道题限时 20 秒。

　　优势识别器的 34 个才干主题如下：成就、行动、适应、分析、统筹、信仰、统率、沟通、竞争、关联、回顾、审慎、伯乐、纪律、体谅、公平、专注、前瞻、和谐、理念、包容、个别、搜集、思维、学习、完美、积极、交往、责任、排难、自信、追求、战略、取悦。

2. 多元智能发展测评（MIDAS）

　　美国教育家、心理学家霍华德·加德纳（Howard Gardner）在 1983 年出版的《智能的结构》一书中提出"智力是在某种社会或文化环境的价值标准下，个体用以解决自己遇到的真正的难题或生产及创造出有效产品所需要的能力"。并在此基础上进一步指出每个人都有语言智能、数学逻辑智能、空间智能、音乐智能、身体运动智能、人际关系智能、自我认识智能、自然观察智能等八种智能。这一理论被称为多元智能理论（multiple intelligences），加德纳也因此被誉为"多元智能理论"之父。

　　1987 年，哈佛大学布莱顿·希勒（Branton Shearer）教授按照多元智能理论，根据标准的心理程序开发了多元智能发展测评系统（multiple intelligences developmental assessment scales，MIDAS），并得到了加德纳的首肯。这一测评系统能够评估人的智力表现、职业发展等，是自我评估，是引导人们更深入地了解他们的学习和生活的一种有效手段。MIDAS 为个人获取自己的多元智能情况提供了一种可能，MIDAS 测试报告详细地描述了一个人的技能、能力和智力潜能。

　　MIDAS 针对不同年龄段，共设计了 5 份量表：适用于 3～4 岁或幼儿园至二年级的幼儿；适用于 8～10 岁或三至四年级的孩子；适用于 11～14 岁或四至八年级的孩子；适用于 15～19 岁或九年级至大学一年级的青少年；适用于 20 岁以上的成年人。

　　吴武典教授等人对多元智能发展测评系统（MIDAS 系统）进行了修订，加入了第九种智能——存在智能，并且建立了常模，最终形成了中文版本的测评系统。该系统包含甲乙丙三份量表，分别针对 4～8 岁儿童、9～15 岁青少年和 16 岁以上学生及成人。该系统将测评结果绘制成侧面图，可对个人的内在差异进行比较分析，以帮助学生在学习活动和未来发展上进行自我规划。

3. 瑞文推理测验（SPM）

瑞文推理测验是由英国心理学家瑞文（Raven）于 1938 年设计的一种非文字智力测验。该测验以智力的二因素理论为基础，主要测量一般因素中的推理能力，即个体做出理性判断的能力。

瑞文推理测验按其原名可以译为渐进性矩阵图，整个测验一共由 60 个题目组成，按逐渐增加难度的顺序分成 A、B、C、D、E 五组，每组包含 12 个题目，也按逐渐增加难度的方式排列，分别编号为 A1、A2、…、A12；B1、B2、…、B12 等。每个题目由一幅缺少一小部分的大图案和作为选项的 6～8 个小图案组成（A 组和 B 组有 6 个，C 组以后有 8 个），小图案分别标号为 1、2、…、8。

该测验要求被试根据大图案内图形的某种关系去思考、发现，哪一个小图案填入大图案中缺失的部分最合适，使整个图案形成一个较合理、完整的整体。

瑞文推理测验既可以用于个别测验，也可以用作团体施测，适用年龄为 6 岁以上。该测验施测很简单，给每个受试发一个量表和一张答卷纸即可，说明回答方法后，被试即可开始答卷，大约需要 45 分钟，最后根据测验分数（满分 60 分）确定被试的智力等级，或者换算成被试的智商值。

在瑞文推理测验的基础上，瑞文于 1947 年又编制出了瑞文彩色推理能力测验量表（Ravens progressive matrices，RPM），适用于 5 岁以上的儿童和 71 岁以内的智力落后的成人。此外，他还编制了瑞文高级推理能力测验表（advanced progressive matrices，APM），将在瑞文推理测验中得分高于 55 分的成人进行更精细的区分，这样更强化了瑞文推理测验的功效。瑞文推理测验现已被称为标准型推理能力测验（standard progressive matrices，SPM）。

4. 一般能力倾向测验（GATB）

一般能力倾向测验（general aptitude test battery，GATB）是根据各个职业领域中，在完成工作的前提下，测量个体对 9 种必要的、有代表性的能力倾向拥有的程度，以探索个人职业适应范围，进而为选择职业提供参考，目前至少有 10 个以上不同语言的版本，被应用于几十个国家。该项测验由美国劳工部于 1947 年编制而成，共有 12 个分测验，其中 8 个纸笔测验，4 个操作测验，测量 9 种能力倾向。

1992 年，戴中恒结合我国国情，以 1983 年日本第四次修订的 GATB 为蓝本，修订出台了 GATB 中国版。该版的 GATB 包括 15 个分测验，其中 11 个纸笔测验，4 个器具测验。纸笔测验为：圆内打点测验、记号记入测验、形状相配测验、名称比较测验、图案相配测验、平面图判断测验、计算测验、词义测验、立体图判断测验、句子完成测验和算术应用测验；器具测验为：插入测验、转动测验、组装测验和拆卸测验。

5. 行政职业能力测验（AAT）

行政职业能力测验（administrative aptitude test，AAT）和智力测验一样，属于心理测验的范畴。用来测试应试者与拟任职位相关的知识、技能和能力，考查应试者从事公务员工作所必须具备的一般潜能，是国家公务员考试公共笔试的一部分，主要包括数量关系、判断推理、常识判断、言语理解与表达、资料分析等五个方面。

行政职业能力测验采用闭卷考试的方式，全部为客观性试题，考试时限 120 分钟，满分 100 分，总题量一般为 120～140 题，主要考察应试者的反应能力，基本要求是速度和准确率。

审视

　　职业价值观是个人追求的与工作有关的目标，也就是个人在从事满足自己内在需求的活动时所追求的工作特质或属性，它是个体价值观在职业问题上的反映。从另一个角度来讲，职业价值观就是你最期待从职业中获得的东西。

问题探索

认识你自己

　　在古希腊的奥林匹斯山上，有一座神殿，神殿里有一块石碑，上面写着"人啊，认识你自己"。主神宙斯觉得人类没有真正认识自己，就派了女魔斯芬克斯来到人间，她整天守在行人必经的路上，让众人回答同一个问题："什么动物早晨用四只脚走路，中午用两只脚走路，晚间用三只脚走路？"脚最多的时候，正是速度和力量最小的时候。如果行人能够答对，她就放他过去，否则就把他吃掉。这样，时间一天一天过去，没有人答出来，所以众多行人都成了她的口中之物。终于有一天，一个叫俄狄浦斯的年轻人来到她面前，说出了这个神奇动物的谜底，斯芬克斯听到回答后就跳崖自杀了。

　　亲爱的同学们，你们猜到谜底了吗？告诉大家：这个谜底是人。它把人的一生浓缩为一天的经历。婴儿呱呱坠地，一开始只能四肢在地上爬，成年后两条腿走路，老年的时候，步履蹒跚，要借助拐杖才能走路，所以是三条腿走路。斯芬克斯用这个谜语告诫人类，要充分认识自己，否则就会毁灭。

拓展思考

　　同学们，你充分地认识自己吗？本节提到的这些方法对你认识自己有没有帮助？请借助本节所介绍的常用的标准化职业测评工具，对自己的职业价值观进行分析。

第四章 职业生涯环境认知理论与实务

思维导图

职业生涯环境认知理论与实务

第一节 职业世界探索与分析
- 职业概述
- 职业分类与信息收集
- 新形势下的职业发展趋势

第二节 职业环境认识与分析
- 职业环境认知的概念
- 职业环境分析的内容
- 职业环境认知的原则

第三节 职业意识与职业适应
- 树立正确的职业意识
- 提升职业适应能力

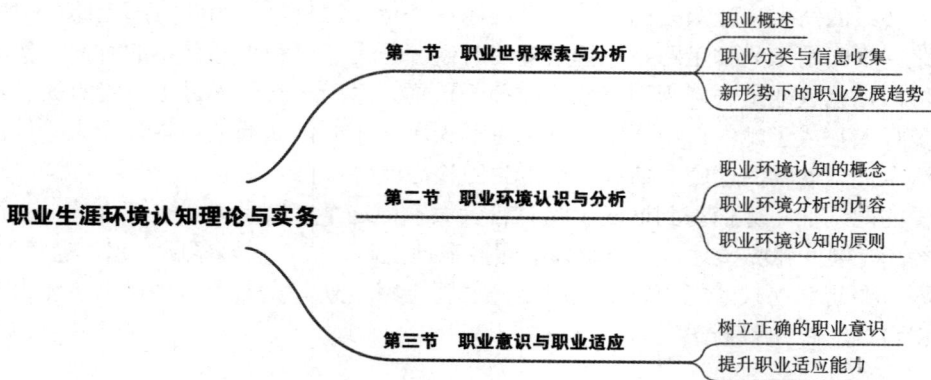

▶ 第一节 职业世界探索与分析

学习目标

（1）了解职业的含义、特性及重要意义。

（2）掌握职业的分类、信息收集方法及不同职业对人才的要求。

（3）了解职业发展的新趋势。

案例分析

职场新人的烦恼

小李是刚参加工作的新人，现在从事一般临床护理工作，当初选择专业的时候，是父亲帮她做主的，并且告诉她，如果不喜欢的话还可以在学校里转专业。在她大一可以转专业的时候，因为听老师说这个专业出来找工作比较方便，并且自己也没有特别喜欢的专业，因此她就继续读了下来。在找工作的时候由于担心自己找不到工作，所以并没有对所选医院考察清楚，就贸然选择了一个大家都认为不错的医院。在工作了几个月以后，她发现自己非常不适合这一行业，所以想转行。

小李做了个人职业测验，显示是艺术社会型。她是一个很不喜欢被束缚的人，临床护理的工作死板、教条。因此她迫不及待想要摆脱这个工作，可是却没有合适的方向。

职业发展问题是大学生普遍存在的问题，主要是因为对工作世界了解不够，对职业认知不多造成的。职业认知是指个人对职业世界的认识与了解。在校大学生在就业前一定要了解职业与职位，只有提前熟悉了职业世界，才有可能找到适合自己的职业。

一、职业概述

（一）职业的含义

职业是人类文明进步、经济发展及社会劳动分工的结果。职业与人生的大部分时间相伴。了解和认识职业本身，把握职业的内涵是走向职业、进入职业的前提条件和必备基础。

"职业"是个人与社会互动的范畴，所谓职业，是指人们从事的相对稳定的、有收入的、专门类别的工作。它是对人们的生活方式、经济状况、文化水平、行为模式、思想情操的综合性反映，也是一个人的权利、义务、职责，还是一个人社会地位的一般性表征。

从社会角度看，职业是劳动者获得的社会角色，劳动者为社会承担一定的义务和责任，并获得相应的报酬；从国民经济活动所需要的人力资源角度来看，职业是指不同性质、不同内容、不同形式、不同操作的专门劳动岗位；从个人的角度来看，职业是人们在社会中所从事的作为谋生手段的工作，即为社会承担一定的责任和义务，并因此获得相应的报酬。

职业主要体现三方面的要素：一是职业职责，即每一种职业都包含一定的社会责任，必须承担一定的社会任务，为社会作出应有的贡献；二是职业权利，即每一个从业人员都有一定的职业业务权利，也就是说，在此职业之外的人不具有这种权利；三是职业利益，即每个从业人员都能从职业中获得工资、奖金、荣誉等利益，从而使个人获得心理平衡，达到"乐业"的境界。任何一种职业都是职业职责、职业权利和职业利益的统一体。

（二）职业的特性

1. 职业的社会属性

职业是人类在劳动过程中的分工现象，它体现的是劳动力与劳动资料之间的结合关系，也体现出劳动者之间的关系。劳动产品的交换体现的是不同职业之间的劳动交换关系，这种劳动过程中结成的人与人的关系无疑是社会性的，他们之间的劳动交换反映的是不同职业之间的等价关系，这反映了职业活动的社会属性。

2. 职业的规范性

职业的规范性应该包含两层含义：一是指职业内部操作要求的规范性；二是指职业道德的规范性。不同的职业在其劳动过程中都有一定的操作规范性，这是保证职业活动的专业性要求。当不同职业在对外展现其服务时，还存在一个伦理范畴的规范性，即职业道德。这两种规范性构成了职业规范的内涵与外延。

3. 职业的功利性

职业的功利性也叫职业的经济性，是指职业作为人们赖以谋生的劳动过程中所具有的逐利性一面。在职业活动中既满足职业者自己的需要，同时也满足社会的需要，只有把职业的个人功利性与社会功利性相结合起来，职业活动及其职业生涯才具有生命力和意义。

4. 职业的技术性和时代性

职业的技术性指不同的职业具有不同的技术要求，每一种职业往往都表现出相应的技术要求；职业的时代性指职业由于科学技术的变化，以及人们生活方式、习惯等因素的变化导致职业打上那个时代的"烙印"性。

（三）职业的重要意义

从职业的含义和特点我们了解到，职业在每个人的生涯发展中具有重要的地位和作用。同时，职业在推动社会发展中也起着无比重要的意义和作用。

1. 职业对个人的意义

职业关系着个人一生的发展，联系着个人的理想与目标。当我们第一次与一个人相见时，习惯于问的是他的职业。在日常生活的聊天中，工作也是我们经常提及的话题。因而，工作与个人息息相关、相互依存。

（1）职业是谋生的手段。如果你是作家，就可以靠写文章、写书来获取尊重与报酬；如果你是农民，就可以自给自足或卖粮食作物养活自己；如果你是公务员，就可以凭借自己工作获得的工资购买生活必需品；如果你是个体户，那么就能通过自己的买卖赚取其他物质的满足……

虽然社会不断发展，人们对于生活的追求越来越高，但职业是永恒的概念。它是获得其他一切的基础，因为它是正当的生财之道。通过职业中诚实的劳动获取报酬是社会给予你的劳动所得，它可以是工资、奖金、加班费、劳务费等。正是这些劳动所得才能满足个人及家庭的各种消费支出。

（2）职业是实现自我价值的媒介。人生的价值有两个指标，一是社会价值，二是自我价值。

就社会价值而言，职业是社会价值的体现。求职、挣钱、谋生是基础，但人生仅仅为了谋生是不行的，还应有所追求，或在事业上做出成绩，或对社会有所贡献。社会价值的评判标准就是对社会的贡献，本本分分做好工作、按时完成工作任务、遵守职业道德就是对社会贡献的具体表现。

就自我价值而言，职业是个人价值的媒介。著名心理学家马斯洛的需求层次理论把人的需要分为五个层次，即生理需求、安全需求、社交需求、尊重需求和自我实现的需求，前两种需求为基本需求，后三种需求为精神需求。职业是个人获得名誉、地位、权利、成就、尊重以及自我实现等精神需求的重要需要。由于每种职业都有其独特的活动内容和要求，对从业者的生理和心理必然产生重大的影响。当这种工作能够使个人的才能得到发挥、个性得到不断发展和完善时，它就成为促进个人健康发展的途径。

2. 职业对社会的意义

职业的本质是劳动力与生产资料的有机结合，它体现着人与人之间的社会关系。人们的职业劳动在满足个人需要的同时，也为社会创造了财富。职业劳动生产出的物质财富和精神财富，构成了社会发展的基础。

（1）职业是社会存在的基础。人们的职业生活表现在必须通过参加社会活动来获取生存必需的生活资料。社会存在需要物质资料与精神资料的综合，并通过人的活动来立足。职业以其现实性、社会性凝聚着众多的人力资源，创造了千千万万的财富。房屋、机器、工具、服务等构成社会的元素都是通过各种职业实现的。

（2）职业是促进社会发展的动力。技术工人不断改进生产工艺提高劳动生产率，高科技人才研发新的技术创造新的科技和事物，信息技术人才通过深入研究开发出新的电子产品等，各行各业的人才在本职工作上不断努力，最终促进了社会的发展。

二、职业分类与信息收集

（一）职业分类

职业分类就是按照一定的标准对职业进行归纳和区分，把一般特征和本质特征相同或相似的社会职业，分层并归纳到一定类别系统中去的过程。职业的分类以工作性质的同一性为原则，将职业划分为不同层次或类别。当然，不同国家和地区对职业分类的标准有所不同。

对于大学生而言，职业分类为我们了解职业、选择职业和准备就业提供了科学的依据。下面介绍几种我国比较常见的分类方法。

1. 按行业分类

这种分类是按职业活动所属的行业进行分类。我国在 1984 年首次发布的《国民经济行业分类》国家标准，就是按行业类别，把我国职业分为 13 个大类。随着社会的发展，2017 年第四次修订，将职业分为 20 个大类，分别是：A 类——农、林、牧、渔业；B 类——采矿业；C 类——制造业；D 类——电力、热力、燃气及水生产和供应业；E 类——建筑业；F 类——批发和零售业；G 类——交通运输、仓储和邮政业；H 类——住宿和餐饮业；I 类——信息传输、软件和信息技术服务业；J 类——金融业；K 类——房地产业；L 类——租赁和商务服务业；M 类——科学研究和技术服务业；N 类——水利、环境和公共设施管理业；O 类——居民服务、修理和其他服务业；P 类——教育；Q 类——卫生和社会工作；R 类——文化、体育和娱乐业；S 类——公共管理、社会保障和社会组织；T 类——国际组织。

2. 按职业大典分类

我国 1999 年颁布实施首部《中华人民共和国职业分类大典》，2010 年启动第一次修订，于 2015 年颁布实施。2022 年新版大典中我国职业包括 8 个大类、79 个中类、449 个小类、1639 个细类（职业），八个大类分别是第一大类：国家机关、党群组织、企业、事业单位负责人；第二大类：专业技术人员；第三大类：办事人员和有关人员；第四大类：社会生产服务和生活服务人员；第五大类：农、林、牧、渔业生产及辅助人员；第六大类：生产、运输设备操作人员及有关人员；第七大类：军人；第八大类：不便分类的其他从业人员。

3. 其他分类

对职业的其他分类方法还有：按经费来源分类，职业可分为行政事业单位和企业单位职业；按主要付出劳动的性质分类，可分为以体力劳动为主的职业和以脑力劳动为主的职业。

（二）职业信息的收集

在择业之前，对感兴趣的职业信息进行收集是职业生涯规划的核心部分，收集到的信息往往影响着你的职业选择。

1. 职业信息的内容

一个完整的职业信息应当包含以下内容。

（1）职业名称和代码：名称与代码表示这个职业的类别、属性。

（2）职业定义：是对使用工具、从事的工作活动的说明，是职业信息中最重要的内容。通过这部分内容，可以对这个职业的规定任务有基本的了解。

（3）教育程度要求：是指从业者所必须具备的学历和专业水平。如在高校从事教学科研工作，就至少应当具备硕士或博士学位。

（4）资格、水平：有些职业除了要求正式的学历、学位外，还要求具备一定的职业资格，能够证明专业水平的证书，或者具备一定的工作经验。如心理咨询员除了要求具备一定的学历外，还需要获得政府部门或者专业学会颁发的资格证书。

（5）能力和技能要求：是指从业者所需要的能力和典型技能。如建筑设计师需要较高的空间能力、推理能力、数学能力，需要具备一定的沟通、学习、设计等技能；野生动物研究者或考古人员除了需要具备专业技能外，还需要有很好的体能。

（6）职业人格特征：是指从业者需要具备的个性特征。如护士要有高度的责任心、情绪稳定性、宜人性等特点。

（7）发展前景：一是注意职位升迁路径等内容，二是注意职业信息中提供的职位空缺数量以及未来需求，这些信息预示未来职位增减的趋势。

（8）职业环境：是指工作场所的条件，包括物理环境和人文环境。

（9）职业报酬：是指工资、奖金及各种福利待遇。福利待遇包括住房分配或补助、五险一金、股票或期权、带薪假期、提成以及奖励方式等。

2. 收集职业信息的方法

收集大量的信息，不如收集对自己有用的信息。什么才是对自己最重要的？当我们决定找工作时，对这个问题一定要能清楚地回答。收集职业信息的途径有多种，归纳起来主要有下列几种。

（1）出版物（图书、论文等）。查阅关于职业分类和职业标准及各类职位名称、工作分析的书籍，并对其进行分析。通过这些出版物，你可以了解每一种职位的名称、职责、工作环境、工作程序、工作内容，以及工作对人的资质、身体条件、受教育程度等方面的要求。

（2）参观与访谈。通过参观，了解工作的性质、工作内容，在现场可以和员工交流，丰富对职业的认识。与相关的从业人员特别是成功的人或失败的人进行交流，可以深入了解相关职业知识和技能需求、待遇发展前景等。通过访谈，能够直观地获取他们工作的信息并了解他们的工作环境，采用这种方式，不仅可以检验一下自己以前通过其他方式所获取的信息是否正确，还能够了解到人们对于自己工资的感受。其不足之处在于由于访谈对象不同，对同一问题的回答可能差异很大。因此，你可以通过查询别的信息来源去验证他们所给的信息。

（3）运用互联网搜集职业信息。我们可以通过搜索引擎在网上获取信息。互联网上大多数职业网站的内容都涉及职位空缺、简历、公司简介、就业政策、人才培训、人才测评、就业新闻、就业指导等方面的信息，并且还有各类职业发展方面的分析文章和预测，同时对各类职业的现状、需求、用人条件、工资待遇、未来变化也都有比较详尽的介绍。常见的针对大学生的招聘类网站有：国家 24365 大学生就业服务平台 https://www.ncss.cn/、应届生求职网 https://www.yingjiesheng.com/，等等。

（4）实习。实习是一种比较全面地了解职业的方法。实习应该注重针对性，即应尽可能地将其与自己感兴趣的职业联系起来，而不是视其为一项纯粹为了获得经济利益而从事的活动。实习能让对特定职业感兴趣的人更加清楚地认识该职业的任务、需求，以及自己是否能够胜任。

（5）亲朋好友、家人及其他社会关系。个人的接触面总是有限的，我们可以通过亲朋好友、家人及其他社会关系拓宽信息收集范围。这些人分布在社会的各个领域、各条战线，通过他们了解和收集的社会需求信息针对性更强、信息量更大、可信程度更高。有的大学生还要依靠亲朋好友来推荐工作，这时亲友对有关职业信息的介绍就会更有针对性与实用性。大学生应当积极主动地去了解这些信息，尤其是有关职业素质要求方面的内容。

（6）新闻媒介。广播电台、电视台、报纸、杂志等媒体是大学生获取职业信息的重要渠道。各用人单位和组织也都希望通过媒体来介绍企业现状、发展前景及人才需求信息，新闻媒体因而成为巨大的信息源。报纸、杂志、广播电台开办的人才专栏有时会发布关于社会职业情况（如职业薪酬、声望、需求、流动性等）的调查报告，一些招聘广告在提供职位需求信息的同时，还包含着大量的相关职业信息。

（7）职业介绍机构、各级人才市场。一般来说，各级人才市场的信息是比较准确的，且信息量大，专业对口性也比较强，毕业生在人才市场可以与用人单位直接洽谈，相互了解，掌握职业信息。

（8）校内就业主管部门。现在，各高校都专门设立了从事职业生涯辅导或毕业生就业工作的各级服务与管理机构，如职业生涯辅导中心、毕业生就业指导中心、就业工作处等，其准确性、权威性、可信度非一般就业渠道可比，而且通过这个渠道所获取的信息及时、专业对口性强，因而求职成功率高。尤其是院系一级的学生就业指导机构，熟悉与专业相关的职业的一般情况，更与不少已毕业的校友有直接的联系，与一些相关企事业单位的成功人士也会有一些联系，可以通过这些人士了解职业发展的情况。

上述几种方式对于认识和分析职业都具有一定的帮助和指导意义。认识了职业本身，在择业时就会将职业与自身的个性相匹配。不过由于通常适合一个人的职业往往不止一个，因此在有多个职业可供选择时，还应该了解职业的就业机会和发展前景，以辅助进行决策。想要成功地选择一个适合自己的职业不能靠运气，而是要靠我们对自身与职业的未来发展趋势，保持一个清醒的认识。

三、新形势下的职业发展趋势

（一）职业选择的新变化

21 世纪是知识经济在世界领域全面推进、全球经济一体化的时代。在这种形势下，随着经济、社会面貌的变化，社会对职业的需求潜移默化地发生变革，也影响着人们对职业的选择。

1. 新职业种类不断涌现

人民对美好生活的向往、高新技术产业的快速崛起、发展理念的根本性变革，这些变化加速了社会分工，从而涌现出一批新职业。比如，"水果猎人"，其工作任务是在全球范围内找到高品质的水果原产地，并引入中国市场。此外，还有网约配送员、在线学习服务师、老年人能力评估师等一些新职业。新职业的出现，不仅丰富了就业岗位的种类，而且提高了就业质量，改变了就业结构，折射出中国经济"量"与"质"的发展变化。在目前发布的新职业中，与现代服务业、新兴产业等领域相关的职业占比较高，催生了大量新就业形态。绿色发展同样也催生了新型服务业，综合能源管理师便是新生的职业之一。从2019年到2021年，人力资源和社会保障部、国家市场监督管理总局、国家统计局联合向社会发布了三批共38个新职业。未来，我们会在不知不觉中发现有些职业已经消失或萎缩，而新的职业将会出现。

作为当代大学生，要学会认识和顺应时代潮流，要关注时代变化，要脚踏实地，深入生活，投身职场活动中，同时不断学习提高自己的能力，找到自己与职场两者紧密结合的发展方向，应对不断变化的职业市场。

2. 影响未来职业变化的可能因素

（1）尖端科学技术及生物医学技术的发展。科学和医学技术持续发展，机器人及人工智能承担了人们大量的工作，高新技术和信息技术是未来社会发展的引擎。实现这些的可能因素是人工智能、仿人机器人、人类与机器的融合、物联网、3D打印机、生物工程、纳米技术、遗传学等。这种变化也促使了相关职业的产生，丰富了职业发展的途径。

（2）人口结构的变化。未来职场，人口结构变化及相关经济变化的深远影响不容忽视。到2050年，地球上60岁以上的人口将达到现在的2倍，80岁以上的人口会达到3倍，经济、产业及相关的就业环境都会出现巨大的变化。

（3）地球面临的环境污染等问题。环境问题导致气候变化及自然灾害频发。世界人口增长导致水、食物、能源的需求不足的可能性变大。以现在的趋势来看，预计2050年全球总人口可达98亿。与此同时，疾病、传染病等更加猖獗。面对这些可能的问题，医疗保健从业者、健康服务相关人员、生命医学工程师、物理治疗师及专业护士、智慧农业从业者、城市农业专家等的需求都可能增加。

（4）人们追求生活便利和快乐的本性。生活便利，简单来讲，就是生活更加简单、速度更快、更容易、更舒服。所以，人们的未来饮食、文化、兴趣爱好等多方面都可能发生变化，这有可能催生出很多新兴职业。

（二）职业观念的新变化

1. 职业观念的变化

职业观念是人们对职业理想、职业评价、职业成功等方面的综合评价。在长期的计划经济和传统的职业观念中，职业往往被理解为终身的、固定的、有高低之分的，甚至是由组织安排的。有些人追求职业的一步到位，更为看重单一的身份。改革开放以后，职业观念发生了深刻的变化，职业理念逐步与国际接轨，职业能力渐渐与国际同步，职业素质不断提升。一些专家把此归结为以下十大变化。

（1）人的职业属性由单位人转向社会人；

（2）人的职业信仰由对企业忠诚转向对职业忠诚；

（3）人的职业认知由身份社会转向能力社会；

（4）人的职业偏好由干一行爱一行转为爱一行干一行；

（5）人的职业由封闭型转向开放型；

（6）人的职业薪酬由按劳分配转向多种分配方式并存；

（7）人的职业能力提升由阶段性培训转为终身学习；

（8）人的职业选择由组织分配转为"双向选择"；

（9）人的职业考核由模糊评议转为量化证据；

（10）人的职业发展由人力资源扩张转为人力资本提升。

2. 就业观念的变化

孟庆伟在《三十年我国职业理念的十大变迁》中提到，正确的职业观念在于热爱你的职业，不断提升专业知识，不把高薪作为唯一标准，而是具有良好的职业道德，尽力发掘自己的最大潜力。

就业观念指的是人们对就业岗位、就业方式的认识。在传统的就业观念里，被动就业和身份意识特别突出。随着国家就业政策和产业结构的调整，就业渠道和就业方式的多元化，今天的就业观念有了巨大的变化。

（1）由被动接受选择转为主动选择或"双向选择"；

（2）由把就业当作谋生手段转为把就业作为价值的自我实现；

（3）由择业标准相对单一转为择业标准更加多样化；

（4）由一步到位转为先就业后择业；

（5）由一般意义上的就业转为择机就业、自由职业、自己创业等多种就业方式；

（6）由一次就业为主流转为多次就业成时尚。

3. 创业观念的变化

创业观念是人们对创业形态、创业方式、创业价值的一种评价和认识。创业观念随着改革开放的深入逐步被人们所接受，但在当代大学生中还存在许多认识误区。

（1）过于留恋传统的就业方式。认为就业岗位应与所学专业、学历文凭、工资待遇相对应，过高地估计了大众化教育时代大学生群体的"特殊性"和"优越性"，他们宁愿待业也不主动创业，甚至为了所谓的面子宁愿失业也不愿创业；

（2）畏难情绪严重。认为自己没经验、没基础、没机会、没人帮，创业谈何容易，尤其怕冒险、怕失败；

（3）没有充分的准备。对所涉足行业没有足够的调查，自身能力不足，并且这山望着那山高，盲目创业。

（三）职业生存方式的新变化

1. 就业方式的变化

由传统的"统包统分"到"自主择业""竞聘上岗"。"从一而终"是计划经济时期典型的职业生存状态，基本上没有择业、下岗、失业等词汇。如今这一切发生了翻天覆地的变化，特别是近几年来大学生就业难的问题，更是引起了社会的广泛关注。

2. 职业地位获得途径的变化

在今天的职场上，个人的职业发展、职业社会地位的获得，越来越多依赖于知识、技能、态度、观念等纯粹的自身条件，而不是家庭出身、社会背景等外在因素。

3. 职业流动方式的变化

在传统的职业模式中，一个人的职业一生很少发生变动，即使有变化也是在组织内部，职业发展的主动权在组织手中，职业生涯管理的责任主要由组织承担，人们更注重工作的安全感。而在新的组织环境中，由于上升的空间受到限制，雇员们更加频繁地在组织的不同部门间流动、在不同组织和不同专业间流动，流动模式更加多样化。

4. 职业心理契约的变化

在传统的企业中，组织有一个稳定的、可以预测的环境，组织结构基本稳定，个人和组织是伙伴关系。现代企业面对新技术发展和全球化进程，在组织形式、经营战略和运作模式等方面有了根本性的变化，雇员和组织的关系更多地变成了价值交换关系，个人需要进行更多的自我职业生涯的管理。

5. 职业成功标准的变化

传统的职业生涯成功的标准是沿着"金字塔"式的组织结构向上爬，担任更高的职位，承担更多的责任，获得更多的财富。而现在职业生涯成功的标准有了很大的变化，其更多地强调职业生涯的目标是心理成就感，希望工作丰富化，具有灵活性，并渴望从工作中获得乐趣。与传统职业生涯目标相比，心理成就感更大程度上由自我主观感觉认定。

6. 职业形态的变化

今天，在传统的固定职业中有相当一部分职业正在被临时性工作、项目分包、专家咨询、交叉领域的合作团队或者自由职业者所代替。现在越来越多的工作正在由那些并没有在相关公司拥有固定职位的人来完成，他们通常是自我雇用的独立个体，在需要时以顾问或独立专家的身份提供上门服务，或者受雇于承担了分包任务的公司。

审视

职业探索是个人职业生涯规划中非常重要的部分，也是职业生涯发展中一个十分重要的阶段，它有利于个体提高自身专业技能和综合素质以适应外界环境的迅速变化。大学阶段，职业探索应该包括通过学习、认识实践等所了解和掌握的资料及信息，培养个人的职业需要、兴趣和能力，以便对未来的职业发展目标确立更加明确的方向。

问题探索

人的职业选择往往带有很大的偶然性。探索职业包括了解职业世界的层级、认识组织类型、了解企业文化与组织架构。打开视野，探索多个方向发展的可能性，同时需要关注地域、职位、行业、企业等方面的问题。如何结合当下与未来条件，根据长远目标、阶段目标和当下需求来选择职业，是值得我们深入思考和探索的问题。

拓展思考

不同的职业意味着不同的发展机会和发展空间，不同的工作岗位意味着不同的生活方式。很多毕业生在进入公司后，会被分配到一些自己不是很适合、又不擅长的岗位，或者用学生的眼光看待企业，接受不了企业的规章制度。你如果遇到这种情况，要怎么办呢？请你想一下你未来的工作画面。

第二节 职业环境认知与分析

学习目标

（1）了解职业环境认知的含义及意义。
（2）掌握职业环境认知的内容。
（3）正确评价职业环境，树立积极的职业心态。

案例分析

成功属于有心人

小王是某城市一所大学旅游管理专业的学生。他心中一直有个梦想，就是成为一名知名导游，带领来自不同国家、地区的游客，游览祖国的名山大川，为我国的旅游业贡献一份力量。小王是个有心人，他一直在为心中的这个理想而努力。因他所在的城市是全国旅游城市，每逢上网查阅资料，他都要了解一下当前的城市发展情况。一次，小王从新闻中得知所在城市的政策对旅游业的发展特别有利，这更坚定了他成为知名导游的信念。他认为，除了要具备过硬的专业素质外，供职于知名的旅行社也很重要，只有到知名的旅行社工作，才能给自己赢得更多的机会。从此，他开始了实现自己梦想的生涯规划。

每逢假日小王都到大型国际旅行社去实习，每次实习都能给他一些启发，使他对自己的能力和不足有了更加深刻的了解。为了弥补自己的不足，他到图书馆查找资料，学习各种知识，同时还通过各种渠道关注当前的国家政策和城市经济的发展情况，经常买一些旅游方面的资料进行研究，为今后当一名知名导游打基础。有了在学校时的这些积累，毕业后小王很快就被一家知名旅行社录用了，他又向心中的理想靠近了一步。现在的小王已经是业界小有名气的导游了。

小王通过对自己的了解、对环境的认知，有规划地一步一个脚印地提升自己的素质和能力，缩短自己与职业目标之间的距离，所以说，成功是属于有准备的人的。

制定个人职业生涯规划时，要分析环境条件的特点、环境的发展变化情况、自己与环境的关系、自己在环境中的地位、环境对自己提出的要求，以及环境对自己的有利条件与不利影响等。只有对这些环境因素有充分了解，才能做到在复杂的环境中趋利避害，做到"知己知彼，百战不殆"，职业生涯规划才具有实际意义。

一、职业环境认知的概念

职业环境认知是生涯规划的重要前提之一，它既包括国内大的社会环境，又包括我们生活和工作过的城市环境和校园环境，除了硬性条件之外，还有我们生存的时代、制度、政策、人脉等软性条件。比如我们每个大学生所处的家庭环境不同，不同的大学其校园环境也不同，我们生活的不同城市也有不同的文化、传统和政治经济环境，我们所处的时代也有明显的时代特征，我们所处时代中的行业、企业和职业也在不断地发生变化，等等。这些都是在我们进行自我生涯规划之前必须了解的。

（一）职业环境认知的含义

职业环境认知是指某职业在社会大环境中的发展状况、技术含量、社会地位、未来发展趋势等。大学生进行职业生涯规划时，要认真进行职业环境分析。

（二）职业环境认知的意义

职业环境认知的意义在于通过职业环境分析，弄清职业环境对职业发展的要求、影响及作用，对各种影响因素加以衡量、评估并做出反应。

随着经济的发展和科技的进步，社会职业结构会发生变化，新的职业会出现，还有一些职业会衰退，或是有些职业虽然存在，但其相关属性或内涵已经发生了变化。是否能预测一种职业的发展趋势，是否能预测职业内涵的演化，对一种职业是否有深刻的认识将关系到我们能否在把握社会环境变化的基础上，为自己人生的发展找到或创造适宜的职业平台，有效地规划职业生涯。如果你希望抓住机遇，建立明确的职业目标，有效降低机会成本和选择的风险，那么深入的职业环境分析是必不可少的重要一环。

社会发展趋势对于目前所从事的职业有何影响和需求？你选择的这个职业是不是社会越来越需求的职业？在此行业里，企业是否具有竞争力和发展机会？你如何让自己在选择的职业中保持核心竞争力？可能的风险是哪些？我们可以通过有效的职业环境分析得到启示或答案。

二、职业环境分析的内容

（一）社会环境分析

社会环境是指社会的政治、经济、科技、文化等环境，通过对这些宏观因素的分析，了解国家或地区的政治、经济、文化建设，特别是国家政策，包括人事政策、劳动政策等。社会变迁，比如知识经济和信息化社会的发展，就会对人的职业生涯发展产生很大的影响；社会价值观会随着社会的不断发展和进步而发生不同程度的变化，从而会影响社会对人的认识和对职业的要求；科学技术的发展会带来理论的更新、观念的转变、思维的变革、技能的补充等，这些都是职业生涯规划中不可或缺的要素。

1. 政治环境

影响职业选择的政治因素包括：政治体制、经济管理体制、人才流动体制和政策等。如现行的户籍制度、住房制度、人事制度和社会保障制度等，这些因素都会对职业的选择和发展产生重要的影响。一切社会制度都服从并服务于政治制度，政治制度制约职业的地位，政治舆论影响待遇的标准，政治信念影响劳动态度。比如同一个国家的同一种职业在社会发展的不同时期有不同的社会地位，这是社会的经济制度与政治制度的变异性在职业地位上的反映。作为大学生，要特别关注以下两个方面。

一是大学生就业政策。大学生就业政策是国家为实现一定时期的路线、方针而制定高层次人力资源配置的行动准则，体现了一定时期社会发展的需要，是大学生就业过程中所应遵循的基本规范。我国大学生就业制度经历了一个不断发展和改革的过程，有关的政策也做过相应的调整。不同历史阶段有着不同的政策，政策体现着一定的导向性、调控性和约束性。

二是劳动法律法规。大学生要了解和关注劳动法律法规，对就业法律法规了解得越多，就越能增强自己的就业能力，避免在职业生涯规划方面犯错误。比如，2008 年 1 月 1 日开始施行的两部法律对大学生就业将产生极大的影响，它们分别是《中华人民共和国就业促进法》和《中华人民共和国劳动合同法》。

2. 经济环境

经济环境是影响职业选择和职业发展的重要因素，我们可以从市场经济和知识经济两方面来了解经济环境的特点。

市场经济是一种经济体系，在这种体系下产品和服务的生产及销售完全由自由市场的自由价格机制所引导。我国目前正处于社会转型时期，整个社会的职业在质和量上都有很多变化。职业发展在量上的表现包括两个方面：一是职业变动增加。市场经济的激烈竞争使人在一生中可能要进行多次职业转换，这就使得许多人不可能像过去那样．走出校门，找到一份直至退休的工作。二是工作方式多元化。越来越多的新型工作方式在我国社会出现，传统的"朝九晚五"不再是社会唯一认可的工作方式，比如灵活就业、弹性工作制等正成为年轻人向往的工作方式。职业发展在质上的表现也包括两个方面：一是人们的职业选择自由度提高。个人可以自由选择职业，大学生毕业时不再实行国家分配，而是实行双向选择的自主择业和创新创业。二是个人能力成为获得职业的重要因素。随着自主择业就业改革的不断深化，要求大学毕业生不仅要有良好的职业能力，还要有较强的心理承受能力和市场竞争意识。

知识经济通俗地说就是"以知识为基础的经济"，从内涵来看，知识经济是经济增长直接依赖于知识和信息的生产、传播和使用，它以高技术产业为第一产业支柱，以智力资源为首要依托，是可持续发展的经济。知识经济时代职业分工越来越细，新职业层出不穷。现代科学技术运用到职业领域中的周期越来越短，使得职业的专业性越来越强。职业专业性的增强，促使新职业对从业人员的素质提出越来越高的要求。因此，我们必须有竞争意识，树立终身学习的理念，对于大学生而言更要养成学习的习惯，积累更多知识，培养从业素质，以适应时代和职业发展的要求。

3. 科技环境

科技环境指的是企业所处的社会环境中的科技要素及与该要素直接相关的各种社会现象的集合。粗略地划分科技环境，大体包括四个基本要素：社会科技水平、社会科技力量、国家科技体制、国家科技政策和科技立法。

社会科技水平是构成科技环境的首要因素，它包括科技研究的领域、科技研究成果门类分布、先进程度和科技成果的推广与应用三个方面；社会科技力量是指一个国家或地区的科技研究与开发的实力；国家科技体制是指一个国家科技系统的结构、运行方式及其与国民经济其他部门的关系状态的总称，主要包括科技事业与科技人员的社会地位、科技机构的设置原则与运行方式、科技管理制度、科技推广渠道等；国家科技政策和科技立法指的是国家凭借行政权力与立法权力，对科技事业履行管理、指导职能的途径。

4. 文化环境

选择职业也要考虑文化环境。文化环境是影响人们行为、欲望的基本因素。它主要包括教育水平、教育条件和社会文化设施、一个国家或地区的社会性质、人们共享的价值观、人口状况、教育程度、风俗习惯、宗教信仰等各个方面。在良好的社会文化环境中，个人能力受到良好的培养，从而为职业发展打下良好的基础。

一个人生活在社会环境中，必然会受到社会价值观念的影响，大多数人的价值取向，甚至都是为社会主体价值取向所左右的。一个人的思想发展、成熟的过程，其实就是认可、接受社会主体价值观念的过程。社会价值观念正是通过影响个人价值观而影响个人的职业选择。

（二）行业环境、企业环境及目标岗位分析

1.行业环境分析

行业环境分析主要是对目前所从事行业或将来想从事的目标行业的分析。其内容包括行业现状、行业目前的优势与问题、行业发展前景预测、国际国内重大事件对该行业的影响、行业发展趋势如何等。在分析行业环境时，一定要结合社会大环境的发展趋势。由于科学技术的飞速发展，会使某些行业逐渐萎缩、消亡，更有许多极具发展前途的朝阳行业不断出现、发展起来。一个行业的扩大或缩小，直接影响着其劳动力的吸纳数量、劳动力质量以及薪酬水平。如IT电子、建筑房产、生物化工、医疗保健、物流等行业，近几年发展迅速，需要大量人才，故大学生进入这些行业就业相对较为容易，薪酬水平也相对较高。分析行业环境时还要注意国家政策的影响，对某一行业国家态度是扶持、鼓励，还是限制、制约，要尽量选择那些有前景、发展空间较大的行业。如我们近年来狠抓环境保护，推行可持续发展战略和清洁生产工艺，实施蓝天碧水工程，保护生物多样性，在农业生产中控制化学制品的使用，开发"绿色食品"，环保产业在人民日益觉醒的环保意识中如初升朝阳，充满生机，环境保护设备生产、环保技术咨询等行业为人们提供了大量就业岗位。

在就业形势日益严峻的今天，分析行业状况，进一步了解某行业在国民经济中的地位、形势以及发展趋势，了解行业的人才供给变化、平均工资状况等，不仅对学校的人才培养，而且对大学生职业生涯规划设计都具有重要的指导意义。

2.企业环境分析

企业环境分析一般包括单位类型、企业文化、发展前景、发展阶段、产品服务、员工素质、工作氛围等。企业是从业者生存和发展的土壤，每个企业都有自己的发展目标、运作模式，了解企业的基本情况便于自己以后迅速适应新环境。科学的职业生涯规划一定要把个人的发展与组织的发展结合起来考虑。总的来看，企业都强调团队合作精神、人际交往能力、动手实践能力、责任心、敬业精神等，有外事工作的企业或者外资企业还要求外语口语能力等。

企业文化是在一定的条件下，在企业生产经营和管理活动中所创造的具有该企业特色的精神财富和物质形态。它包括企业愿景、文化观念、价值观念、企业精神、道德规范、行为准则、历史传统、企业制度、文化环境、企业产品等，其中价值观是企业文化的核心，企业文化由三个层次构成：①表面层的物质文化，称为企业的"硬文化"，包括厂容、厂貌、机械设备、产品造型、外观、质量等；②中间层次的制度文化，包括领导体制、人际关系及各项规章制度和纪律等；③核心层的精神文化，称为"企业软文化"。包括各种行为规范、价值观念、企业的群体意识、职工素质和优良传统等，被称为企业精神。若一个人的价值观与企业文化有冲突，难以适应企业文化，这决定了他在组织中难以得到发展。

因此，企业文化是个人在制定职业生涯规划时要考虑的重要因素。

3. 目标岗位分析

岗位，也称为职位，是在一个特定的组织内，由一个特定的人在一定的时间内担任的一个或数个职位。岗位和职业的区别主要在于范围不同，职业是跨组织的，而岗位是在组织内的，职业的具体化就是岗位。例如，某大学生所学的专业是会计，其职业生涯规划目标是在某公司工作三年后当上会计主管。会计主管就是这个公司的具体岗位，而这位同学从事的是会计职业。目标岗位分析的内容主要有如下几个方面。

（1）目标岗位名称。

（2）目标岗位说明，包括职业的定义和性质，重点描述从事该职业所要完成或达到的工作目标，以及该职业的主要职责权限等。

（3）工作内容，详细描述该职业所从事的具体工作，应全面、详尽地写出完成工作目标所要做的每一项工作，包括每项工作的综述、活动过程、工作联系和工作权限，以及在不同阶段所用到的不同工具和设备。

（4）任职资格，包括学历要求、专项培训、经验要求、能力要求、人格要求等。

（5）工作条件，包括工作场所、环境舒适程度、危险性等。

（6）就业和发展前景，包括该职业目前的就业情况、薪酬和福利，以及从事该工作后下一步的发展前景。

（三）地域环境分析

就业地域的选择要把握两个原则，即匹配性和动态性。

匹配性要注意两个方面：一是与自己喜欢的行业匹配；二是与自己的能力和素质匹配。如果你对某一行业有强烈的从业兴趣，应该寻找能实现自身职业发展抱负的地区。此外，你要了解自己的竞争实力，"热门区域"的"热门行业"势必吸引很多竞争者，你能否从众多择业者中脱颖而出，如果不能，是否愿意放弃行业理想？假如即使放弃行业理想，也难以找到一个合适的单位，自己该怎么办？当前一些大学生就业难，部分原因是对自己的就业区域定位过高，不了解自己，不愿意重新定位。

按就业地域的动态性可将学生分为三类：一是某一地域的坚定选择者，这类学生以本地生源居多，不愿意离开本地；二是某几个地域的坚定选择者，这些学生有几个就业地域可选择，除了这几个地域外，其他地域一概不考虑，相对于某一地域的坚定选择者而言，有几个地域选择的学生，具有更大的灵活性，职业选择更加广阔；三是无地域偏好者，只要职业合适，有发展空间，对地域无强烈要求，这类学生在大学毕业生中占极少数。从有助于更好求职的角度来看，第二类对大学生更合适。在确定就业地域时，应该多一点选择，这样可以拓宽择业的范围。某些时候，还要发扬"第三类"精神，只要职业能适合自身发展，可以完全抛弃原有的地域思维定式。因此，大学生选择就业地域应该是动态的，要根据某地能提供的具体职业发展机会和空间，适时进行调整。

（四）学校环境分析

学校环境是指所在学校的教学特色与优势、专业选择、社会实践经验等。随着近些年来各校的扩招和扩建，面对严峻的就业情形，很多大学毕业生抱怨找不到专业对口的工作。一方面，因为大学教育并非完全按照社会所需设置专业，职业发展受到市场供需的影响；另一方面，专业太宽泛而职业太精细，导致较难找到绝对"专业对口"的工作。因此，大学生在做职业生涯规划时，不必太苛求自己，可以尝试向边缘化方向发展。以医学专业为例，毕业生可选择的就业面还是非常广的，如果性格外向、乐于与人沟通，可以尝试做医疗方面的销售；如果思维敏捷，乐于挑战，可以尝试应聘医学专业杂志社或相关咨询岗位等。一个专业大致可以对应五种职业：技术、销售、媒体、咨询及支持服务。

此外，在制定职业生涯规划时，还要考虑究竟是成为无所不晓的通才，还是成为精通某一领域的专才。正确的选择是不可一业不专，亦不可只专一业。不可一业不专是指自己必须拥有某项有效专长、胜任某种职业，必须在某个领域具有足够的竞争力，尤其是随着社会分工的精细化，只有精通某个领域才能在社会上更好地立足，更好地谋求自身的发展。但是又不能走向另一个极端——只专一业。当今社会职业岗位更新换代非常快，如果除了专业之外没有别的专长，当你的专长得不到社会的认可时，也很难拥有足够的就业机会。只有不断关注社会的发展变化，不断补充新知识，才能拥有新的专长，具备多项竞争力，才能轻松应对将来可能出现的变化。

（五）家庭环境分析

家庭对职业选择的影响因素很多。从家庭的外显特点来看，包括家庭经济水平、父母的职业、父母的教育水平、人际关系网络等；从家庭的内部关系来看，包括父母对子女的职业期望、父母对工作和家庭冲突的调节、父母的教养方式、父母与子女的情感依恋等。这些因素既可能给子女职业发展提供帮助，也可能形成阻力。

不同家庭背景的学生，由于各种影响因素对个体作用程度有所不同，其职业期望与职业选择也明显不同。由于我国传统观念的影响，子女与父母之间依赖与被依赖、控制与被控制性较强。受其不同情况的影响，大学生在职业选择中的表现是不尽相同的：有的学生缺乏自主的勇气，依赖于父母的经验，选择什么样的职业由父母做主；有的父母怕子女缺乏经验，生活阅历浅，控制子女的择业行为，不允许其自己做主；有的父母是支持和鼓励子女主动选择，自己做主，并提供参考意见。这几种影响方式，对大学生职业选择所产生的结果是不同的。也有的大学生因为父母的从业境况或能力欠缺等原因，通过较有影响的亲友做主或征求其意见，根据其认同与否来决定自己的去向。

因此，家庭环境是大学生进行职业生涯规划时必须要考虑的一个外部因素。

三、职业环境认知的原则

（一）真实性原则

"真"就是要做到信息准确无误。当你面对大量的需求信息时，要善于对比鉴别，辨别其真伪，去伪存真。"实"就是搜集的信息要具体。如用人单位的地址、环境、生产规模、发展前景、人员构成、生活待遇、联系人、联系电话、网址、电子信箱等方面。此外，还需了解清楚用人单位需要的是什么学历、什么专业、什么素质的人才，在生源地、性格、性别、相貌、外语水平等方面有无特殊要求等。

大学毕业生应当警惕一些过时的或虚假的信息，以免浪费巨大的人力、财力或时间成本。尤其应当防止"陷阱"性信息导致毕业生误入传销圈套之类的恶性事件发生。总之，一定要了解清楚信息来源，确保真实性。

（二）适用性原则

一方面要明确收集信息的目的，有了明确的目的，信息收集才有方向、才有针对性；

另一方面，信息纷繁复杂，并不是每一条信息都适合自己。因而，大学生必须准确认识自身的专业、特长、能力、性格、气质等方面的因素，明确自己所需信息的范围，做到有的放矢，增强就业信息的适用性，避免时间和成本的浪费。

（三）系统性原则

将各种相关的、零碎的信息积累起来，然后分析、加工、整理及分类，形成一个能客观地、系统地反映当前就业市场、就业政策、就业动向的就业信息链，为自己的信息分析和择业提供更可靠的依据。

（四）计划性原则

收集信息有计划性是指根据事先拟订的计划收集不同类型的企业或公司的信息，并根据自己希望就业的地区，有重点地收集，避免大海捞针。

审视

职业环境可以从自然环境、社会环境、企业环境三个维度去分析。职业环境无疑是个人职业生涯发展的外部约束条件，只有充分认识外部条件的影响，趋利避害，自己的职业定位才会更加合理和现实，自己的职业生涯规划才能得以发展和实现。

问题 探索

环境对个人的职业有着直接或间接的影响，它左右着人们所从事的行业，有可能改变人生的发展轨迹。作为大学生，如何在大学阶段充分认识职业世界，是值得我们深入思考和探索的问题。

拓展 思考

生涯人物访谈能够让我们深入地了解一个职业，如果让你进行一次生涯人物访谈，你打算访谈谁，都问些什么问题？

▶ 第三节　职业意识与职业适应

学习 目标

（1）如何树立正确的职业意识？
（2）提升自我职业适应能力。

案例 分析

成功就业

小李是某大学机械工程专业大四毕业生，成绩很好，做事认真，就是比较腼腆、缺乏自信。找工作时，多家公司通过简历看到他的成绩都给了面试机会，但是同宿舍想找工作的同学都顺利签约了，只有他迟迟未能如愿，很伤心，也很不理解为什么成绩不如自己的同学都能找到工作，自己为什么找不到。这样的求职过程使他对自己未来的求职方向越来越迷茫、越来越缺乏自信，一到面试就头脑一片空白。

后来，他找到学校就业中心的指导老师寻求帮助。在深入交流后，指导老师发现他求职失败主要有两方面原因：一是性格内向，缺乏自信，导致一面试就紧张，无法展现自己的优势；二是缺乏正确客观的自我认知，找不到自己的职业定位。于是，指导老师引导他寻找自己的成功故事、发现自己的优势，从而克服自卑情绪，并帮助他提升面试的技巧，提升自信。在职业探索过程中，他认为自己来自于偏远的农村家庭，非常想要用学到的知识建设家乡。实际上，在之前求职过程中，他更多关注的也是家乡的企业。经过一段时间努力，他增强了自信、不再自卑，对自己的职业方向更加清晰。后来，有一家建筑公司招聘，恰好这家公司近期的一个项目是在他的家乡建设高速公路，虽然条件很艰苦，待遇也一般，但他依然投递了简历，非常自信地参加了面试，特别诚恳地希望能到该公司并且参与这个项目。最后，他成功签约。

通过这个故事我们看到，作为毕业生，仅仅学习好是缺乏竞争力的，你不仅要有"职业人所独有的自信魅力"，还要确切知道自己想要什么，想从职业中获得什么，只有这样，你工作起来才会快乐，才会更有成就感和幸福感！

一、树立正确的职业意识

工作是人生的一部分，有人终其一生，却不知为何工作。为了生存而工作，这种工作只是个人的谋生手段。而将自己的幸福理想与人生价值融入工作中并以兴趣为动力、以感恩回报为责任时，我们的生活态度和职业意识才会积极主动、生机勃勃，职业才会发展成事业，个人才能体会到事业带来的成就感和幸福感，从根本上说这才是人生价值和人生终极目标与理想的实现。

（一）树立正确职业意识的意义

1. 职业意识影响择业人的择业意向

职业意识决定着择业者对职业的认识、对职业的评价。每个择业者都是自觉不自觉地以某种就业观指导自己选择职业的行为。生活和环境的不同，导致人们产生了不同的择业方向、不同的职业行为。有人择业方向正确，有人进入误区；有人在职场中成绩卓著，有人却毫无作为，甚至屡次在择业竞争中失败。

2. 职业意识影响职业人的从业态度

职业意识对从业态度有着特殊的影响。一个职业人积极性的高低和完成任务的好坏，在很大程度上取决于他的职业意识。职业伦理学研究表明，先进生产者的职业态度指标最高。做任何事情，其成败进退，与职业人所采取的态度密切相关。严谨客观、精益求精的从业态度，使职业人有强烈的使命感，从而能打造"敬业、乐业、专业"的个人职业信誉品牌。反之，从业态度不端正，就会过分追求短期利益，不知爱惜自己的名誉、前途，甚至置道德与法律于不顾。确立正确的职业意识是职业人做好本职工作的前提。

3. 职业意识影响职业人的创业效果

在职场中有两类人：一类人踌躇满志，觉得自己是一步登天的淘金者；另一类人踏踏实实，从小事做起。事实证明，有些人由于不切实际的幻想，最终赔上自己的未来，而有些人则在脚踏实地中迎接瓜熟蒂落、水到渠成。对待任何事情都有积极和消极两种方式，用不同的观念去对待，对职业人的驱动力也就不一样，自然会得出不同的结果。具有积极的职业意识的职业人随时能准确地抓住机遇，不断寻求新的发展。

4. 职业意识影响职业人的专业行为

正确的职业意识是"全心投入、尽职尽责"的前提。职业无高低贵贱之分，不论从事的是何种职业，都要全身心热爱，全身心投入，对本职工作应该保持积极乐观的态度和高度负责的精神，而不应该以对本职工作没兴趣为借口得过且过，也不应该以本职工作经济效益低为托词，消极怠工。有位思想家说过，你在哪个位置，就应该热爱这个位置，因为这里就是你发展的起点。对一个喜欢自己的工作并认为它很有价值的人来说，工作便成为生活中十分愉快的部分，只要对自己的工作发自内心地热爱，即使是在平凡的岗位上也能创造出奇迹来。

（二）树立正确职业意识的方法和途径

1. 树立正确的职业观和发展观

所谓职业观是指人们对职业的认识、意向以及对职业所持的主要观点。职业观的形成不是偶然的，而是经历了一个由幻想到现实、由模糊到清晰、由摇摆到稳定、由远至近的产生和发展的过程。它是个人对职业的根本观点，是个人的世界观、人生观、价值观在职业问题上的反映，也是社会对从事某种专业工作的人员较为恒定的角色认定。社会生活中职业化程度越高、职业地位越巩固的职业，人们对其从业者的角色认定也越明确。

正确认识职业是树立正确的职业意识并进行职业定位与职业生涯规划的基础条件。在社会需求的推动下，新的职业不断产生，过时的职业不断消亡。正是这种巨大的社会需求，给人们提供了一个职业平台，人们通过实现自己的职业目标，来一步一步满足自己的需求，实现生命价值。可以说，人的需求是分层次来实现的。

从中国人力资源开发网有关工作价值观的调查结果看，当代职业人更注重的是在工作中人的较高需要的实现。工作已不再是为自己的生存和安全所需要，他们更认同在工作中发挥自己的潜能和价值，得到他人、企业和社会的认可和肯定，也从中得到爱、美等永恒价值的享受。自我实现是人们对完成与自己能力相符的工作的渴望，来源于对自己潜力充分发挥的强烈内在需要。有研究人员曾对2000多位"著名的成功人士"进行调查，发现他们不仅是为谋生的目的而工作，还是出于个人对某一领域问题的强烈兴趣和自我价值实现而孜孜以求、忘我工作，他们的职业成功是与他们的强烈兴趣和事业成功需求紧密相连的。

2. 树立正确的人生观和幸福观

一个人的人生价值包含自我价值和社会价值。自我价值是个人作出贡献后社会对其存在的肯定，其核心是自尊、自信和自爱。社会价值是指一个人对别人的有用性，取决于能不能给别人带来物质利益和精神利益，一个人对他人和社会越有用，就越有社会价值。一个人通过努力满足自己的物质生活和精神生活的需求的同时，也为社会作出贡献，这就是实现了自我价值和社会价值，也只有这样，我们的人生才会真正的幸福，才会大放异彩。因此，我们要充分发挥人的主体性，既要关注现实生活本身的意义，又要引导人们对于理想生活的追求，这就是一种立足于现实生活的终极人生关怀。

幸福是人生价值实现的一种生存状态，是人们在为理想奋斗的过程中或在实现了预定目标和理想时感到满足的状态和体验。任何人获得的任何一种幸福都是需要在全部或部分被满足的时候得到的。幸福是建立在集体主义基础上的，人们的幸福生活，不仅包括物质生活，还包括精神生活，个人幸福依赖于集体幸福。幸福不仅在于享受，还在于劳动、创造和付出，幸福是人生的最终追求。人生目标一旦被漠视，人格便会堕落，社会便会倒退。

3. 树立正确的目标与理想

人生的目标与理想是指人的内部生理与心理需要、外部社会组织与自然环境需要同时得到满足并达到和谐统一。有目标和理想的人才能主宰自己。历史证明，具有明确目标与理想的人，总是领导和影响那些没有目标与理想的人，你若是没有自己的目标与理想，你便会只存在于别人的目标与理想当中。

在人生当中，我们首先要真正了解自己，知道自己需要什么，要做什么，然后找到目标与理想，并把理想与自己的工作结合起来，这样的人生才富有意义和价值，才能实现自我价值，才能培养出积极主动、自动自发、目标明确的职业精神。确立的人生目标和理想，不应是抽象和空洞的，而是必须以某种具体方式得以实践。职业是我们理想的具体实现方式，是实现我们人生价值的最重要的方式，也是我们在世界上的身份。职业的选择实际上就是对自己目标与理想的认可，所以在人的目标与理想当中最重要的就是职业目标。

二、提升职业适应能力

职业适应能力是指从学生角色到职业角色的过渡过程中，主动调节自己的行为以适应环境变化，满足新的角色期望，使自己逐渐达到所从事职业的职业要求，完成职业活动，并且能够利用环境使自己达到较高的职业发展目标的综合能力。这种综合能力主要包括职业规划能力、自主学习能力、人际交往能力、承受挫折的能力等。因此，我们要学会如何提升职业适应能力，为实现自己的职业目标和事业发展做好准备。

（一）职业适应的必要性

1. 职业生涯环境复杂多变

随着时代的发展，我们所处的大环境越来越立体，从传统的点与点之间的连接进化到线与线构建的网络，再到万物互联的时代，工作环境也趋向复杂化、多样化。职业生涯的发展不再是单一的、确定的，这些现实的变化迫使职场人士提升职业生涯适应力，使其以主动、开放、乐观的态度去关注职业生涯、探索自我、建立职业自信。

2. 职业生涯适应能力薄弱

众多研究表明，职业生涯适应能力与离职倾向之间具有负相关性，且对离职倾向有预测作用。曾经有一项关于"求职者'跳槽'意愿度"的调查，从调查结果看，职场人士的"跳槽"意愿总体呈逐年上升趋势。对于"跳槽"的原因，排在前五位的分别是：薪酬福利不满意、职业发展遇瓶颈、企业发展不佳、对企业文化和管理方式不认同，以及个人原因（家庭、婚育、健康等）。一项类似的调查显示，更多人将"跳槽"原因聚焦于公司是否能够满足自己的期望发展目标。调查还表明，职场新人的适应能力是比较薄弱的，虽然他们能够敏锐地察觉到自身与环境的适应性程度，但面对不适应的现状，首选方案是寻求新的职业环境。如此看来，大学生职业生涯适应能力的培养需求非常迫切。

（二）如何提高自我职业适应能力

大学生在校学习的过程中难以接触到真实的工作环境和社会环境，造成其初入职场时角色转换不顺利，适应力发展断层，影响了他们在职场的工作表现，也给企业增加了育人成本。要想提高大学生的职业生涯适应力，就要从真实的职业环境入手，找到已有知识能力与岗位胜任力的正确连接方式，增强大学生心理抗压能力。具体来说，包括以下三个方面。

1. 环境适应能力

环境适应能力主要体现在以下四个方面。

（1）办公环境适应能力。办公环境指的是工作的地理位置、自然环境、办公设备设施配备、办公用品配置等。对办公环境的适应表现为职工对自己上班的通勤距离、通勤时间能够接受，对自己所处的工作环境感到满意，能够在目前的环境中顺利地完成工作。

（2）人际交往适应能力。人际交往指的是在日常工作中能够积极与团队成员、横向部门同事、上下级间形成有效的沟通与配合。对人际交往的适应表现为能够以目标为导向寻求工作上的合作或配合，不过度情绪化，掌握沟通技巧与人际交往限度，让自己和其他工作伙伴都处于一个心理舒适的状态。

（3）工作节奏适应能力。工作节奏指的是工作的速度、效率与时间的安排。在一个组织当中，只有当工作节奏相对一致的时候，才能形成合力，提高运营生产效率。对工作节奏的适应表现为察觉到组织内部的工作节奏，能够顺利加入正在进行的工作，按照现有的节奏持续推进手头工作。

（4）企业文化适应能力。企业文化指的是企业内部的价值观。个体价值观与企业价值是否统一决定了个体能否长久地服务于企业。寻求个体与企业价值观的匹配，最佳调节时间是在职业探索和职业选择阶段。个体进入企业后，若无法适应企业价值观，其工作将难以顺利开展，心理压力也会与日俱增，最终只能重回职业探索阶段，开始新的职业选择。

2. 知识迁移能力

知识迁移能力包括理论迁移能力和实践转化能力。大学课堂主要的任务是传授专业知识，理论多而实践少，造成学生学而不知所用，无法将自己所学的知识转化成解决实际问题的能力。

在企业就职后，许多职场新人无法运用自己所学的知识应对岗位的工作内容，其原因并非其缺乏专业能力，而是缺乏将理论转化为实践的能力，缺乏知识技能迁移应用的能力，造成社会上对高校教育的误解。其实，只要增加学生感性认知的经验，提升学生迁移和转化知识的意识、思路和方法，就可以很好地解决这个问题。

3. 心理承受能力

许多大学生在初入职场时都对未来的生活充满了期待和向往，但他们对社会和自我的认知不够准确，也不够全面，同时也不能深刻地意识到社会的易变性和复杂性。初入职场的大学生以自己单元化的视角去审视多元化的社会，显然无法获得全面、真实的信息反馈，当其面对环境变化、发展受阻、人际复杂等职场危机的时候，他们就会出现沮丧和焦虑的情绪，对工作逐渐失去热情，甚至"躺平"。职场新人很可能在频繁的"跳槽"中迷失自己，产生"习得性无助"。而良好适应者在关注自我、探索未来、冲破障碍的过程中，能够始终以积极乐观的态度审视负面事件。

审视

　　树立正确的职业意识能够让我们在工作中感受到幸福、动力和成就感，其对职业发展、事业成功、实现人生价值和理想具有非常重要的意义。在大学期间，应该了解学生角色与职业角色的差异，主动调节自己的行为，有意识地进行职业素养训练，提升职业适应能力，以便在毕业时尽早完成从大学生到职业人的转换，使自己具备较高的职业发展的综合能力。

问题 探索

　　随着时代发展，新职业层出不穷，这些新职业正在引领广大新行业步入发展的新起点、新阶段。大学生如何认识新业态、了解新业态、走进新业态，是值得我们深入思考和探索的问题。

拓展 思考

　　大学生就业不能到大四才开始考虑这个问题，而应在读大学的第一天就开始探索自己的生涯发展和职业问题。那么，你将在大学期间做哪些事情提前为自己的就业做准备呢？

第五章

生涯决策理论与实务

思维导图

生涯决策理论与实务

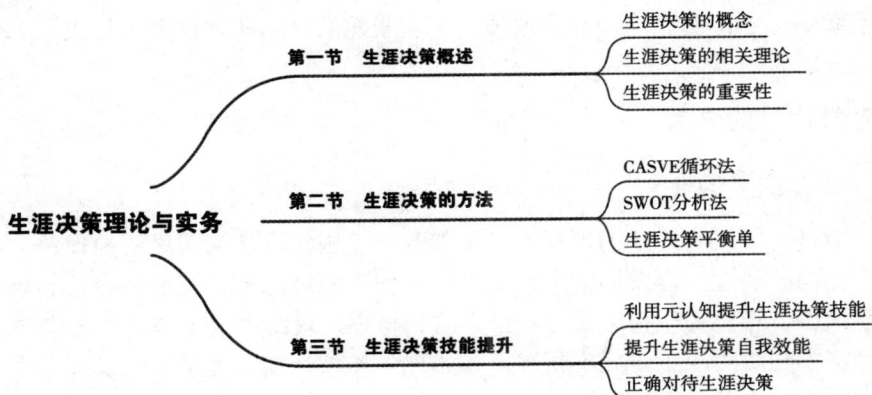

第一节　生涯决策概述
- 生涯决策的概念
- 生涯决策的相关理论
- 生涯决策的重要性

第二节　生涯决策的方法
- CASVE循环法
- SWOT分析法
- 生涯决策平衡单

第三节　生涯决策技能提升
- 利用元认知提升生涯决策技能
- 提升生涯决策自我效能
- 正确对待生涯决策

▶ 第一节　生涯决策概述

学习目标

（1）了解生涯决策的概念及其相关理论。

（2）了解生涯决策的方法。

（3）明确生涯决策在生涯规划中的重要作用。

案例分析

重新选择

　　有一位同学，他曾经一心想考研究生，准备读完博士找所大学教书。为此，他每天"朝八晚十"背着各科考研辅导资料去图书馆自习。大四的时候，他听同学说考公务员有前途，而且可以顺利获得某市的户口，于是他转考公务员。在政府机关工作一年以后，他发现自己确实不适合目前的岗位，便辞去了工作，后来陆续换了几个工作仍不满意，最后决定重新考研。

现实生活中有许多这样的大学生，在校期间对自我和职业世界一无所知，在找工作时一味蹭热度，随波逐流，只关注所谓的热门职业，但因为不清楚这些热门职业所处的行业环境、工作内容以及用人要求等，导致盲目选择了不适合自己的职业，最后不得不重新选择。

存在主义大师萨特说："我们的决定，决定了我们。"另一个类似的说法是"一个人是其所有决定的综合"，这说明个体因为自己的决定，而决定了自己的一切，包括随着决定而来的荣辱苦乐，也因为自己的决定，不仅能感觉到自己的存在，体验到自己存在的价值，同时构筑了自我现实的状态。的确，人生实际上是一个不断选择的过程，我们现在就读的学校、所学的专业，实际上就是过去选择的结果。我们现在所做出的选择，又在继续决定着我们的未来。

在面临职业选择时，如何选择自己的职业？如何在选择前理性分析和感性体验？如何在选择后不后悔、不徘徊？这种能力被视为生涯成熟的一个非常重要的标志，人们通常称之为生涯决策能力。

一、生涯决策的概念

（一）生涯决策的含义

生涯决策是一个较为复杂的过程，最早起源于英国经济学家凯恩斯的理论。生涯决策是指一个人在面临职业生涯发展方向问题时，如何谨慎地思考、仔细地分析和研究各项资料，客观地评价、预测每一种选择可能带来的利与弊，最终确定生涯发展方向的历程。

随着经济学领域对决策研究不断深入和心理学领域认知心理学不断发展，生涯决策的概念在不同时期含义的侧重有所不同。如杰普森（Jepsen）等人认为生涯决策是一个复杂的认知过程，在这个过程中，决策者综合考虑各种影响生涯选择的因素和信息，以综合所有可能的选项，在此基础上分析每种选项的发展前途，最终做出决策、公开承诺职业行为；盖特（Gator）认为生涯决策是决策者首先综合分析众多职业信息，从中筛选出所有可能实现的生涯目标，然后结合实际情况，经过对比分析最终确定目标的过程；《教育大辞典》将生涯决策定义为人们根据自身特点和社会需要做出合理的职业方向的抉择过程，内容包括个人的价值探讨和澄清、关于自我和环境的使用、谋划和决定过程。总之，生涯决策是一个循环过程，而不单单是一种结果，它是个系统工作，贯穿整个职业生涯活动的始终。

（二）生涯决策的要素

生涯决策的过程涉及复杂的个性心理和各种各样的行为，通过分析现有的各种决策理论、类型和模式，我们发现，每个人面对的生涯决策的情境虽然不同，但做出任何一个合理决策，都需要考虑和分析决策的目标、选择、结果、评价这四大要素。

1.目标

目标是指生涯决策要达到的目的，这也是决策行为之所以存在的根本。大多数情况下，如果你问一个人他的职业目标是什么，他可能会告诉你他要在多长时间内获得多少收入，取得多高职位。但实际上，职业生涯目标的内容却远远超过这些，它包括外生涯目标和内生涯目标。外生涯是指从事一种职业时的职务目标、经济收入、工作内容、工作环境、工作时间、工作地点等因素的组合及其变化过程。内生涯是指从事一种职业时的知识、观念、能力、经验、成果、心理素质，以及内心情感等因素的组合及其变化。在职业规划与生涯发展中，外生涯和内生涯是性质不同的两类内容，而且都很重要。因此，我们在设定职业目标时，就需要同时考虑这两个方面。

2. 选择

通往一个目标时，有很多路径可以选择，换言之，在达成目标的过程中有多种途径，采取哪一种途径就是做出选择的过程。生涯决策的重要前提就是你有选项，而这里可能的选择是指那些吸引你的潜在职业。有很多职业可能适合你并且能够让你有所成就，但你首先需要有一些明确的方向、一些备选项，才能明晰自己努力的方向。找出职业选项的方法有很多，如职业兴趣测评、生涯幻游、生涯人物访谈、阅读职业类书籍等，都可以让你获得相关信息，可以纳入你的未来职业清单。

3. 结果

结果是指每一种选择所衍生出的附加物。如这些职业选择所体现的价值观、所要求的职业技能、职业前景的正负面后果、职业选择对你和重要他人的影响等。

4. 评价

评价是指对选择后的结果进行合理评估。评估这种选择结果给你和父母、伴侣、家庭、朋友等带来的影响，可以从职业前景、个人发展、社会关系、情绪、健康等方面进行评估，考虑各方面的积极和消极影响。你可以找出最佳选择，再找出次优选择。需要注意的是，新的信息可能会改变你的职业决定。工作上的抉择并非一劳永逸，你对各种职业前景的喜好程度也不会一成不变，也许在不久的将来，原先的第二、第三选择会变成你的最佳选择。你的性格和你所处的环境都会变化，最初对备选职业的排序也需要随之更改。

二、生涯决策的相关理论

（一）生涯决策的难为

决策是人类成长的重要里程碑之一，大多数决策都有预测的成分，都具有不确定性和风险。

决策难为的根源一：对选择的不确定感。很多人在做决策时常担心自己做出的决定从长远来看不一定明智。行业趋势会变、职业种类会变、工作环境会变、领导同事关系会变，在这些变化中，我们无法确定所选择的一定比所放弃的好，担心自己会犯错、会后悔。研究发现，大学生的生涯不确定感包括了许多对个人的不确定与对环境的不确定。大学生还处在生涯探索阶段，对自己的兴趣、性格、能力和价值观缺乏清晰认识，对工作世界也不甚了解，因此难以进行生涯决策。

决策难为的根源二：对选择项目的难舍。如果我们同时为几个选择感到焦灼和难舍，选择 A 就失去了在 B 选项上的获益，选择 B 就失去了在 A 选项上的优势。"鱼和熊掌"难以兼得是个体做决定时最大的压力源。很多时候，生涯决策的好坏是凭借内心去评判的，如果能在决策时仔细梳理自己究竟想要什么，考量这些因素的重要程度以及选择方案满足这些因素的概率，那这种难舍就会降低。

决策难为的根源三：对选择结果的责任。自主决策意味着要对决策的结果负责。很多人为了避免承担责任，把决策的权力交给"上天"或他人。殊不知，人在逃避责任的同时，也逃离了自由，失去了感受学习、生活、成长的自由。事实上，不得不在各种行动方案之间做出选择，是为自由而付出的代价。因此，享受自由的人注定要做出选择。

（二）影响生涯决策的因素

影响生涯决策的因素纷繁复杂，对于陷在生涯选择泥沼中的个体而言，这些因素并不是清晰可见的。总体来说，影响生涯决策的因素包括以下几个方面。

1. 个人因素

个人因素包括以下三个方面。

（1）心理特征因素。自我评估、职业评估和环境评估的内容及结果直接影响着个人的职业决策，其中自我评估主要是对个体心理特征的评估，起着决策的定向作用。个体的心理特征是一种稳定的特性和倾向系列，包括兴趣、能力、价值观和性格等。

（2）个人背景因素。每个人的人生是独一无二的，个人所经历的生涯事件的差异，会对职业决策产生影响，这体现在不同性别、年龄和教育背景，以及不同的家庭环境和成长环境等方面。

（3）进行决策时的即时状态。在决策过程中会面临诸多障碍，这些障碍会影响即时决策。职业决策最终定位在行动执行上，职业目标的设定与执行受职业规划观念的影响和制约，同时又反过来影响职业决策方式。目标设定是否合理、有效，目标执行是否成功，都影响个体继续探索相关知识的动力，以及产生积极与否的评价。

2. 家庭和成长环境因素

每个人的成长环境和经历对其生涯决策都有影响。

无论是年轻人还是老年人，无论是家庭成员还是与其关系重要的人，都会干扰有效决策的形成。每个人所成长的环境对职业生涯发展都有影响。对于大学生而言，问题可能来自家长。首先，教育方式的不同，造成他们认知世界的方式不同；其次，父母是学生最早观察模仿的对象，学生必然会得到父母职业技能的熏陶；最后，父母的价值观、态度、行为、人际关系等对个人的职业选择起到直接或间接的影响。

朋友和同龄群体对个人职业选择的影响也是很大的。他们的职业价值观、职业态度、行为特点等不可避免地会影响个人对职业的偏好，如在选择从事某一类职业的机会及变换职业的可能性等方面。

3. 社会环境因素

社会环境中的工作价值观、政治经济形势、产业结构变动等因素，无疑都会在个人职业选择上留下深深的烙印。不同的社会环境给予个人的职业信息是不同的，社会的、经济的、历史的和文化的力量都能够干扰个人有效决策的制定。在当今知识经济社会，对相关职业信息的收集，对日新月异的职业环境的了解，都会影响个体对未来职业世界的认识。同时，用人单位对毕业生的素质和技能要求，以及用人单位的发展情况也会影响个体的职业决策。

4. 机遇

机遇也对生涯决策有很大影响。机遇是随机出现的，具有极大的偶然性。同时，机遇具有必然性，对于不同的人来说，同样的机会只为那些有准备的人敞开大门。

总而言之，这四个方面的因素会使决策变得困难，但它们很可能是许多决策过程中的一部分。有效的生涯决策者应该逐渐发展出一套策略，用以克服干扰决策的这些因素。

三、生涯决策的重要性

决策制定至关重要，因为评定我们的生活是否有效率的指标之一就是个人决策所采用方式的质量。我们的重点在于决策是如何做出的，尤其对于重大的生活决策而言。生涯决策对于个体而言是一项重大的决策，会对未来的若干年产生长期影响。

（一）生涯决策决定了个人未来事业发展的方向

对于大学生来说，第一次职业选择很大程度上决定了决策者未来事业发展的方向。错误的选择会使决策者付出巨大的时间和机会成本。在大学学习过程中，大学生不断学习如何做事、用何种方法做事，但大学生要意识到在择业的关口更重要的是能否选择去做正确的事，也就是说大学生是不是能够进入自己真正适合的职业领域，否则，工作的每一天都可能是沉闷或痛苦的，即便做出很大努力也没得到太大的成绩。再想回到自己真正感兴趣的工作领域时，却发现自己已经对原来的工作经验产生了很强的依赖，如果辞职重新选择别的行业或职业，很可能意味着放弃现在积累的一些专业知识、行业背景和人际关系，这将会付出极高的机会成本。因此，科学的职业决策能够降低择业中的机会成本，提高大学生自身的竞争力。

（二）生涯决策有利于个人把握机遇

在面对机遇做决定时，很多情况不允许人们在选择上花费太多的时间。所以，事先在职业选择上花费一定时间是必要的。因为机遇往往稍纵即逝，一旦错过，很可能是终生遗憾。所以，我们在进行职业生涯决策的时候要迅速、果断、实际地做出选择。良好的生涯决策可以让我们给自己精确定位，及时掌握适合个人特征的各类职业信息，从而利用科学的决策方法和技术，快速制定适合个人发展的职业生涯决策。

（三）生涯决策有利于生产要素的双向优化配置

在制定职业生涯决策时，人职匹配是关键。人选择职业，同时职业也在选择人，这就要求人们进行职业生涯决策时，要整合个人信息和职业信息，使之实现优化配置，既符合个人的个性特点、职业目标，也符合职业要求和客观实际。在理性分析各类信息的基础上，达到生产要素的双向优化配置。

审视

生涯决策对个人的生涯发展具有决定性意义。合理有效的生涯决策有利于提高学习动力，让自己拥有更好的学习方法；有利于科学地规划自己的成长与发展，挖掘自己的潜能；有利于建立科学的择业观，让自己顺利实现就业；有利于在以后的职业竞争中更有竞争力；有利于自我价值的实现。

问题探索

生涯决策最重要的目的是"培养当事人提升为自己生命决策的能力和负责的责任心"。我们一生中会做多次的生涯决策，所以，如何在每一次生涯决策中培养自己的"决策能力和为决策负责的责任心"是值得我们深入思考和探索的问题。

拓展 思考·

有人说："走自己的路，让别人去说吧，但关键是怎样走；走自己的路，无论别人说什么，关键是走的路是否正确。年轻人要记住选择和努力一样重要！"你怎样理解这句话呢？

▶ 第二节　生涯决策的方法

学习 目标·

了解并掌握生涯决策的 CASVE 循环法、SWOT 分析法、生涯决策平衡单法，并能运用合适的生涯决策方法进行生涯决策。

案例 分析·

"难为" 的职业抉择

小林是某大学中文系大三学生。她乐观开朗、热情健谈，喜欢结识新朋友，人缘好，对人和事通常都有细致的洞察力，喜欢独立做决定，很有责任感，擅长写作，学业成绩优秀，多次获得奖学金。她最大的梦想就是周游世界，最大的职业梦想是成为精英。她做过一些测评，如 MBTI 的人格类型是 ESFJ，霍兰德职业兴趣与能力倾向量表的结果是社会型，价值观量表中显示她看重的是职业中的社会交往，认为工作的目的和价值在于能和各种人交往，建立比较广泛的社会关系，甚至能和知名人物结识。因此，她想从事跟人打交道的工作，最好能运用自己的中文写作特长。经过考虑，她觉得中学教师、行政秘书和人力资源专员这三种工作都可以作为自己的选择，而她父母的意见是当中学教师工作稳定，也能照顾家庭，希望她当教师。究竟哪一种职业更适合自己的发展，且能平衡各种关系，她难以做决定。

职业生涯决策是人生必经的阶段，大学毕业生也必须面对这一人生关键的环节。只有拥有一个好的职业，才能充分发挥自己的聪明才智，成就一番事业。针对当前大学生职业选择中存在的随意性大、被动就业的问题，如果大学生能掌握一些有效的职业决策方法，则能更有利于做出明智的职业生涯决策。

生涯决策绝非一个即时的职业选择结果，而是一个非常复杂的职业决策过程。其包括了从初步确定可能的职业生涯道路、搜索职业生涯信息、比较各种可能选择的职业生涯道路，到最终选择一条适合自己的职业生涯道路的决策过程。这一决策受个人的人格特征、职业兴趣、价值观、教育背景、职业信息获取途径、独立程度、人际关系及家庭背景等因素的影响。

职业生涯决策的具体方法较多，而且我们在进行职业生涯规划与决策时也可以创造出一些新的、适合自己的独特方法。对于大学生而言，要做出一个较为明智的职业生涯决策，首先需要了解职业生涯决策的相关方法，目前较为常用的主要方法有以下几种。

一、CASVE 循环法

（一）CASVE 循环模型

在进行重大决策时，为了减少风险，尽可能充分地考虑决策所涉及的多方面因素，我们推荐使用计划型决策方法。它由五个阶段组成，分别是沟通（communication）、分析（analysis）、综合（synthesis）、评估（valuing）和执行（execution），按每个阶段英文单词首字母大写缩写，组成 CASVE 循环，如图 5-1 所示。

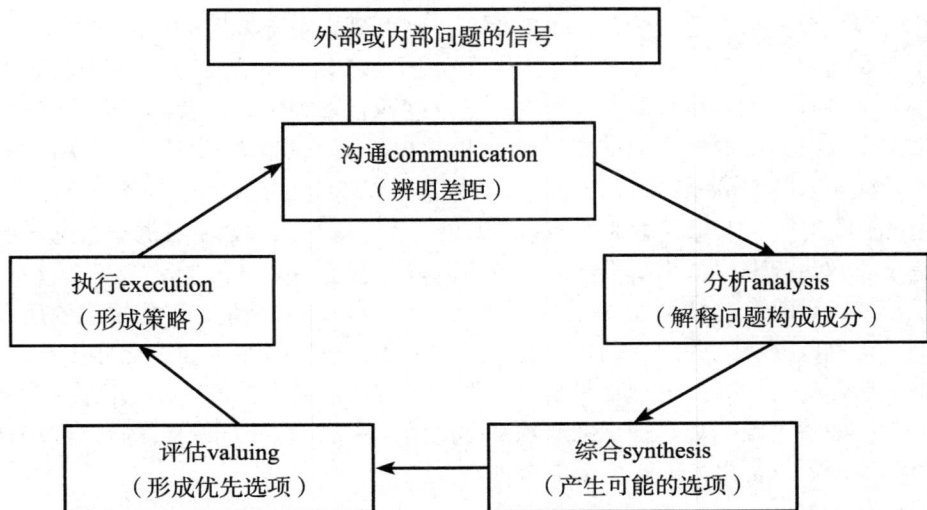

图5-1　CASVE 循环的五个阶段

1. 沟通阶段

沟通阶段包括内部和外部的信息交流，通过交流使个体意识到理想和现实之间存在的巨大差距。为了提高在沟通阶段的技能，如确定现实与理想之间的差距，你还可以培养渐进放松和想象的技能，以便对差距形成更清晰的图像；与最近经历过重大生涯转变的人交谈，特别要关注他们当时的感受；找出当你处于决策制定的沟通阶段时生活中的重要他人的角色及影响。作为一名大学生，你可以尽可能多地积累知识和能力，发展自己的兴趣爱好等，这些有助于你更好地定位自己，发现自己在哪一方面更有潜力。具体可以从以下几点做准备：在基础课程、学生工作、体育运动、课余活动等方面发展你的兴趣和技能；学会熟练地查询相关信息，了解不同的职业和职位；跟你的父母、朋友、老师和已经工作的前辈讨论你对于职业的兴趣；参加一些与求职有关的小组讨论，自我测评，了解自己的优势；努力学习，提高学习成绩。

2. 分析阶段

分析阶段是通过思考、观察和研究，对兴趣、能力、价值观和人格等自我认知以及各种环境认知进行分析，从而更好地理解现存状态和理想状态之间的差距。自我认知部分要了解的内容主要包括：兴趣——我喜欢做什么？能力——我擅长做什么？价值观——我看重什么？性格——我适合做什么？环境认知部分要了解的内容主要包括：每一个选择处于什么样的环境？会带来什么样的生活？需要付出什么样的努力？比如对于考研来说，需要付出什么努力、花多长的时间准备、读研之后的生活是什么样的、研究生毕业之后的求职情况如何？而对于找工作也需要了解每一份与职业相关的信息。

为了提高分析阶段的技能，找出问题的所有原因，要确保你对自己有足够的了解，确保你对各种选择的信息不存在偏见，没有受到外界不恰当的影响。如你可以写一篇自传，描述你生活的重要因素；寻找各种选择的正式和非正式信息之间的差异；找出能把你的个性与各种可能的选择联系起来的主题和分类，例如霍兰德代码。

3. 综合阶段

综合阶段主要是加工上一阶段提供的信息，从而确定消除差距的行动方案。其核心任务是为了解决问题，我可以做什么。通过分析阶段，我们对自我的各方面都有了很多了解，每一个方面都分别对应着很多职业。首先，把这些职业都列出来，就会得到一个范围很广的选择列表；其次，选取其中的交集，就得出一个缩小的职业选择范围；再次，把最可能从事的职业限定到 3～5 个；最后，可以问自己："假如我有这 3～5 个选择，是否可以解决问题，消除现实和理想状态的差距？"如果可以，就进入评估阶段选出最适合的选择，如果还是不能解决问题，就需要重新回到分析阶段了解更多信息。

为了提高综合阶段的技能，可以寻找各种资源，找出能够满足你最低要求的所有可能，列出清单；将有共同特点的选择归在一起，建立分类；确定每个选项中让你在对它进行评估时产生重要差异的因素；进行"头脑风暴"和"右脑活动"的练习；找出限制某一选项使用的因素，如费用或距离，把这些选项从你的清单中删除。请牢记，综合阶段需要缩小你的选择清单，最终得出 3～5 个最佳选项。

4. 评估阶段

评估阶段是选择一个职业、工作的阶段，是一个做出决定的阶段。该阶段对于综合阶段得出的 3～5 个职业进行具体的评价，评估获得该职业的可能性，以及这个选择对自身及他人的影响，从而进行排序。

第一步是评估每种选择对问题解决者和他人的影响。考虑职业选择的因素，要从生理、职业、能力、社会、情绪、健康等方面入手，考虑各方面的价值取向因素，考察每一个选择对自己和对父母、伴侣、朋友、家庭所带来的积极和消极影响。通过评估，力争找出对个人和社会都有利的、有价值的选择。

第二步是对综合阶段得出的各种选择进行排序。将在沟通阶段所确定的现实与理想状态最好的那个职业方向排在第一位，次好的选择排在第二位，依此类推。值得注意的是，一旦第一选择因为某些原因不能成功，在评估阶段中排在后面的那些选择也是恰当的备选方案。

澄清你的价值观，并公开、一贯地按照你的价值观行事，这是评估阶段解决重要问题的技能。为此，你可以尝试以下途径：明确你的家庭或文化背景以及你最亲密的人最为看重的价值观；考察你最看重的价值观彼此之间的匹配和冲突情况；回顾你从前做过的重要决定，看看你的价值观如何影响决策；考察在先前的生活决策中，你所考虑的最重要的因素；考察你所确定的每一个选项如何影响你的各种生活角色，如学生、孩子、工作者、公民等；与他人讨论，看他们对你所确定的选项的评价是否与你相似。

5. 执行阶段

执行阶段是一个"实施自己的选择"的阶段，前面的步骤只是确定了最适合的职业，还不能带来职业选择的成功，在这一阶段个体将根据计划把思考转换为行动。在执行阶段，需要制订计划，进行实践尝试和具体行动。如果生涯问题没有解决，可以再次回到沟通阶段，重新开始一次 CASVE 循环，直到生涯问题被解决。

执行阶段包括形成手段与目标的联系，以及确定一系列逻辑步骤以达目标。考虑评估阶段得出的结果，把第一选择作为目标重新构建，然后关注那些有助于达到目标的具体的、积极的事物。对于大学生而言，可以制订一个获得教育和培训的计划，也可以通过继续教育、志愿者经历、兼职工作等获得更多关于如何实施选择的相关经验，以及采取其他具体步骤实施一个有计划的行动方案。

为了提高执行阶段的技能，如制定计划以实现你的第一选择，可以了解有关规划的概念，如里程标、时间线、流程图、预算等。运用每个概念来制订实施第一选择的计划；将你的计划以叙述的形式写下来并把它解释清楚，用图表和曲线来展示；与你生活中的重要他人一起检查你的计划，吸纳他们有用的建议来改善计划。

CASVE 循环是一个不断循环的过程。在执行阶段之后，个体回到沟通阶段，进入再循环阶段。执行阶段是一个"了解自己是否已经做了一个好的选择"的阶段，通过此阶段进一步确定已经选取的选择是否是好的，即现实与理想状态间的差距是否已经被消除。如果 CASVE 循环的问题解决过程是成功的，那么原先在沟通阶段体验到的消极情感就会转化为积极情感，个体将为实施一个确定的选择而形成并执行一项行动计划。如果反馈不理想，再继续进行新一轮的循环，直到问题得到解决。如果你觉得卡在某一阶段或不确定如何推进，还可以和从事生涯服务的专业人士讨论一下，或者与那些跟你处境相似的人一起分享各自在 CASVE 循环每一阶段的观点和体验。

（二）运用 CASVE 循环法进行生涯决策的步骤

运用 CASVE 循环法来分析你的职业生涯决策，并按如下步骤真实记录。

1. 沟通

沟通的内容：

_____。

确认差距：

_____。

2. 分析

（1）澄清自我认知，回答以下几个问题。

我想要什么？

_____。

我的兴趣在哪里？

_____。

我擅长什么？

_____。

我做事有什么特点？

_____。

我从过去的经历和各种测验中学到了什么？

_____。

（2）澄清职业认知，明确以下问题。

我的工作内容是什么？

_____。

我所受的教育能跟上时代发展的脚步吗？

_____。

我的职业前景如何？

_____。

我的生活方式能适应职业发展的要求吗？

_____。

3. 综合

先扩大细化——识别各种可能的选项，也就是识别各种可供自己选择的职业有哪些。

_____。

再缩小具体化——在扩大细化的基础上，缩小潜在的选项，选出 3～5 项比较符合自我特征的职业。

_____。

4. 评估

为消除沟通阶段识别出的差距，我们将对综合阶段选出的 3～5 项比较符合自我特征的职业方向逐一评估或评价。评价过程需要我们从如下方面对每种选择进行代价和收益的判断或权衡，即我们获得该职业的可能性，以及未来若从事这种职业可能带给自己、家人诸多方面的影响，包括正面影响及负面影响。

选项 1 职业名称：_____的评估结果

（1）该职业选择带给个体自身的代价和收益：

_____。

（2）该职业选择带给重要他人的代价和收益：

_____。

（3）该职业选择带给文化群体的代价和收益：

_____。

（4）该职业选择带给整个社会的代价和收益：

_____。

选项 2 职业名称：_____的评估结果

（1）该职业选择带给个体自身的代价和收益：

_____。

（2）该职业选择带给重要他人的代价和收益：

_____。

（3）该职业选择带给文化群体的代价和收益：

_____。

（4）该职业选择带给整个社会的代价和收益：

_____。

后面的选项以此类推：选项 3……

5. 执行

我们需要针对评估阶段做出的选择，制订计划或策略来执行该选择，让职业选择变为现实。

行动策略：职业名称为 _____。

二、SWOT 分析法

（一）SWOT 分析法概述

SWOT 分析又称为态势分析，是一种重要的理性职业决策方法。它是由旧金山大学的管理学教授韦里克（Weihric）于 20 世纪 80 年代初提出来的，最初经常被用于企业战略制定、竞争对手分析等场合，后来运用于生涯探索中，成为一个常见的客观分析自我与环境较为直观的方法。该方法重点就是进行自身和外部环境的分析，明确自身的优势和劣势，以及外部环境的机遇和威胁。SWOT 是四个英语单词首字母大写的缩写，即 strength（优势）、weakness（劣势）、opportunity（机会）和 threat（威胁）。一般来说，优势和劣势从属于个人自身，而机会和威胁则来自外部环境（包括组织环境和社会环境）。SWOT 分析要求正确识别出优势与劣势、机会与威胁，发挥优势，抓住机会，明确发展方向。

（二）生涯决策的 SWOT 分析法步骤

SWOT 分析法应用于生涯决策的过程中就是基于对个体自身的优势和劣势进行分析，同时对个体所追求的职业环境因素和各种可供选择职业的前景进行分析，最后综合自身优势和劣势，认清周围的职业环境和前景，从而做出正确的职业目标选择，具体步骤如下。

1. 明确职业生涯发展方向和职业发展目标

SWOT 分析是基于目标的，首先要对备选的生涯发展方向进行全面、深入的分析比较；然后权衡利弊，综合考虑；最后依据现实条件下的"满意原则"确定一个最合理的职业生涯发展方向。对于一个即将毕业的学生来说，这个目标越具体越好，要明确在什么时间内，找到一份什么工作，满足什么条件。

2. 分析环境

分析环境既要分析家庭环境、学校环境、社会政治环境、经济环境、法律环境、科技环境、文化环境、劳动力市场等对拟选职业的影响，还要分析拟选职业在社会大环境中的发展状况、技术含量、社会地位、未来趋势等信息。另外，也要分析拟选职业所属行业信息、所属地区信息、所属企业信息。

3. 分析个人的优势和劣势

每个人都有自己的价值观、性格、兴趣和能力。通过列表，找出你认为自己所具备的很重要的优势和对你的职业选择产生影响的劣势，然后再标明这些你认为对你很重要的优势和劣势。

（1）优势分析。

在 SWOT 分析表里，列出你自己喜欢做的事情和你的长处，主要包括以下几个方面：一是你学习了什么？你从专业学习中有什么收获、接受过什么培训、自学过什么、有什么独到的想法和专长？你所学的专业也许在未来的工作中并不一定用到，但在一定程度上决定了自身的职业方向，因而尽自己最大努力学好专业课程是实现理想职业目标的前提条件之一。二是你曾经做过什么？即自己已有的人生经历和体验，如在大学期间担任学生干部、曾经参与或组织的实践活动、取得的成就及积累的经验、获得的奖励等。经历是个人宝贵的财富，往往从侧面可以反映出一个人的素质、潜力，因而备受用人单位的关注，不可掉以轻心。在自我分析时，要善于利用过去的经验来推断未来的工作方向。三是你做过的事情中最成功的是什么？你可能做过很多事情，其中最成功的是什么、为何成功、是偶然还是必然、是否是自己能力所为？通过对其分析，你可以发现自我性格方面的优势，比如坚强、果断、智慧超群，以此作为个人深层次挖掘的动力之源和闪光点，这也是职业规划的有力支撑。

（2）劣势分析。

劣势是相对于优势而言的，是一个人所欠缺的地方。找出劣势，对于战略规划意义重大。劣势分析主要是分析经验与经历中所欠缺的方面，尤其是落后于竞争对手的方面。欠缺并不可怕，怕的是自己还没有认识到或即使认识到而一味地不懂装懂。正确的态度是：认真对待，善于发现，努力克服和提高。劣势分析主要包括以下几个方面：一是性格弱点。如不善交际、感情用事等。人无法避免与生俱来的弱点，必须正视自己的不足，并尽量减少其对自己的影响。例如，一个独立性强的人会很难与他人默契合作，而一个优柔寡断的人绝对难以担当组织管理者的重任。卡耐基曾说："人性的弱点并不可怕，关键要有正确的认识，认真对待，尽量寻找弥补、克服的方法，使自我趋于完善。"找出自己的弱点并想办法克服，非常有助于自我提高。二是经验或经历中所欠缺的方面。例如，学管理专业，却没有当过学生干部，至今没有管理经验；学中文或新闻专业，没有到报社或杂志社实习过，缺乏实践经验；学市场营销专业，没有营销策划和实践体验，等等，这些都是经验或经历的欠缺。三是你曾经印象深刻的三件失败的事是什么、为何失败、是偶然还是必然、是否是自己某方面的能力或经验不足造成的？

4. 识别外部环境的机会和威胁

分析外部环境的机会和威胁，是 SWOT 分析的重要部分之一。不同行业（包括行业内的不同公司）都面临着不同的外部机会和威胁，所以找出这些外界因素对成功找到一份适合自己的工作非常重要。

（1）机会分析。

机会分析是指分析个体不可控但有利于职业选择和发展的可以利用的外部积极因素。宏观上包括国家经济形势、产业政策、法律法规、各产业发展态势、行业趋势等；微观上包括搜集到的来自各企业、政府部门、人才市场、学校或学长们提供的有利信息。在进行机会分析时尤其要关注自己新产生的过高增长预期与自己专业或自身优势有关的边缘型、复合型职业领域，还有国家强烈倾向的人才政策等利好信息，因此对机会的分析需要宽广的视角。具体可以包括以下几个主要方面：一是对社会大环境的认识与分析。当前社会政治、经济、科技、文化发展趋势是否有利于所选职业的发展，具体在哪些方面有利？二是对自己所选职业的外部环境分析。所选职业在本行业中的地位和发展趋势如何，市场竞争力如何？有无职位空缺，需要具备哪些条件，目前哪些因素对自己有利？三是人际关系分析。哪些人对自己的职业发展会起到帮助作用？作用如何，能持续多久，如何与他们建立并保持联系？

（2）威胁分析。

威胁分析是指分析外部环境中个体不可控但可以弱化的潜在的消极因素。包括人才市场竞争激烈、人才需求饱和、所学专业领域增长过缓甚至衰退、新的低成本竞争者、人才需求方过强的谈判优势、不利的政策信息、新提高的职业门槛等；行业是否萎缩、单位是否重组或改制、有多少人和自己竞争这个职位、目前有哪些因素对自己不利？你需要对所处环境和以后所选择单位的各种内部危机进行分析。我们应该看到，若能对威胁有所预防，就等于先确立了一定的优势，普遍存在的各类威胁也能成为我们参与社会竞争的有利工具。

5. 制定职业发展策略

SWOT 分析之后需要使用 SWOT 战略进行行动定位，即基于 SWOT 分析结果，将优势转换成机会（S-O 策略），应用优势去化解威胁（S-T 策略），把劣势转换成机会（W-O 策略），在劣势与威胁中采取应对措施（W-T 策略）。

（1）S-O 策略。

本策略着重考虑优势因素和机会因素，目的在于努力使这两种因素都趋于最大化，是最理想的策略。比如，英语基础很好，将来从事外贸工作，就可以在今后继续加强这方面的优势，让它成为各项素质中最具有竞争力的要素。这应该是四大策略中最重要的，因为很多劣势是难以弥补的，与其着重于加长短板，还不如突出优势。

（2）S-T 策略。

本策略着重考虑优势因素和威胁因素，目的是努力使优势因素趋于最大、威胁因素趋于最小，是一种内部取向策略。也就是说，要利用自身优势将外部威胁对个体职业发展造成的不利影响降到最低。如应届毕业生因为缺乏工作经验而往往被一些大型企业拒之门外，如果你不仅具备丰富的专业知识，而且表现出良好的沟通能力和团队合作能力，具有创造性且敢于展现自己，就极有可能被该企业破格录取。

（3）W-O 策略。

本策略着重考虑弱点因素和机会因素，目的是努力使弱点趋于最小、机会趋于最大，是一种内外取向兼顾的策略。如虽然学校一般，专业偏冷，但目前就业市场上对复合型人才的需求旺盛，只要自己综合素质足够好，弱点因素的影响甚微。

（4）W-T 策略。

本策略考虑弱点因素和威胁因素，目的是努力使这些因素都趋于最小，是一种应付组织危机的策略。通常是个体面临内忧外患的危险时，制订一套防御性计划以克服内在劣势，同时回避外在威胁，即在内外困境中尽可能减少不利影响。

个体通过考察自己周围的职业环境，认清自身的优势和劣势，以及周围职业环境的机会和威胁，就可以构建出自身的 SWOT 分析方法模型，从而能够制订出恰当的职业目标，同时还能清晰地认识到自己的不足和外在威胁，从而为提升自己提供良好的现实依据。

6. 重新评估

对内外环境和职业发展策略进行评估，尽可能做到客观和理性，减少非理性因素影响，使评估更现实、科学、可行。

7. 确定职业规划要点

根据 SWOT 分析，对未来职业发展规划中需要注意的问题和所要做的事情进行归纳和列举，明确职业发展规划中的具体内容，制定出一个连贯的、切实可行的个人职业策略。

三、生涯决策平衡单

（一）生涯决策平衡单概述

平衡单决策法由詹尼斯（Janis）和曼（Mann）于1977年设计。当我们面临多种选择时，每种选择对我们都会产生不同的影响，决策平衡单把这些选择可能产生的影响放到统一的框架中进行分析，引导个体认真思考每种选择对自身和他人造成的精神和物质方面的得失，并按照重要性给每个因素赋予权重，之后对每个选项给出分数。然后依据其在利弊得失上的加权计分排定各个选项的优先顺序，以执行最优先或偏好的选项。该方法主要用于在若干个职业中进行选择时，确定一个最合理的职业发展方向的情况。

（二）生涯决策平衡单步骤

运用平衡单决策法进行职业生涯决策的步骤如下。

1. 列出可能的职业选项

首先需在平衡单中列出有待深入评价的潜在职业选项3～5个。要做出良好的决策，就得有多个选项，而且这些选项最好不是抽象的，而是具体的。生活中，很多人在工作了10多年之后才发现有一份职业很符合自己的兴趣，但这时候再调整就非常有难度，如果在工作的早期多对比、多选择，那么找到的职业会更加适合。所以，职业选择的过程是先由少变多，再由多变少的过程。要想对所有的职业都有深入的了解，是一个不可能完成的任务。必须以细致的方式描述出职业特征和个人偏好的特点，明确几个符合自己实际情况的可供选择的选项。

2. 判断各个职业选项的利弊得失

这主要集中于四个方面进行评估，分别是自我物质方面的得失、个人精神方面的得失、他人物质方面的得失、他人精神方面的得失。

（1）自我物质方面的得失，包括收入、升迁机会、工作稳定性、工作环境的安全、休闲时间、对健康的影响、就业机会、足够的社会资源等。

（2）个人精神方面的得失，包括兴趣的满足、能力的满足、价值观的满足，生活方式的改变、成就感、自我实现的程度、挑战性等。

（3）他人（父母、师长、配偶等）物质方面的得失，包括家庭经济、家庭地位、与家人相处的时间等。

（4）他人（父母、师长、配偶等）精神方面的得失，包括成就感、自豪感、依赖等。

生涯决策采用的维度一般为个人维度、职业维度和环境维度三个方面。个人维度主要考虑的因素有：符合气质与人格特征、符合职业兴趣、符合自我价值观、符合特殊能力、适合所学专业、对健康的影响、休闲时间等；职业维度主要考虑的因素有：职业地位与声望、收入、工作环境、职业资格、职业资历、就业竞争、职业发展空间、人际关系扩展、职业风险、职业压力等；环境维度主要考虑的因素有：行业因素、地域社会经济因素、可借助的人脉资源、符合家庭期待、得到师长同学认同、减少家庭经济负担等。值得注意的是，在使用上述维度和因素进行个人职业生涯决策时，必须与个人的实际情况相结合，维度可以统一考虑选用某种模式，但相关的因素则需要依据个人情况进行确定。以上提供的因素只是参考，每个人可以选择部分因素进行评估，也可以选择全部因素进行评估，还可以增加一些因素进行评估。

3. 为各考虑项目赋予权重

对个体而言,每个项目的价值是不同的,个体可以主观地给每个项目赋予权重(如1～5),其权重越高,说明你越重视该要素,5为最高权重,表示"非常重要",3代表"一般",而1代表"最不重要"。对自我需求和价值观的准确了解,是给价值观和考虑因素指定权重的前提。

4. 给各考虑项目评分

决策者为每个项目赋予数值,代表得失程度,"＋""－"号分别代表得和失,分值在－5到5分之间,其中5代表"完全满足",0代表"不知道或无法确定",－5代表"完全不满足"。

5. 核对与调整

决策者在得出所有职业的全部因素得分后,再对分数进行审核与调整。

6. 计算总分

逐一计算各个职业选项的"得"(正分)与"失"(负分)的加权计分和累加结果,并计算各个生涯选项的总分。将每个原始分与其权重值相乘,得出的值为权重分,即原始分 × 权重＝权重分。计算每个职业的各因素的合计分,注意将正分和负分分别计算求和。

7. 排序

决策者依据各职业选项在总分上的高低,排定优先次序。职业选项的优先次序即可作为咨询者职业生涯决策的依据。

8. 再评估

有必要的话决策者可以再调整自己的决策平衡单,直到认可评估结果。

在使用决策平衡单的时候,其目的不仅在于得出最后的排序,填写过程也很重要。因为列举各项考虑因素、给各项价值观分配权重,以及给各项选择打分的过程,本身就是在帮助个人疏理自己的思维。这样一个仔细思索和反复推敲的过程,可能比单纯得出一个结果更为重要,更能够帮助个人做出适合于自己的决策。

审视

每个人面对职业生涯决策的情景虽然不同,但是目的、选择、结果、评价这四个要素是每一个决策者不可或缺的。在整个生涯决策的实施过程中,职业生涯决策方法将会帮助你分析职业生涯选择方案,帮助你尽可能使自身因素和社会条件达到最大限度契合,能够使职业生涯规划更具有实际意义。

问题探索

生涯决策的前提是"自我探索和职业探索"。没有前期认真、深度的"自我探索"和"职业探索",不了解自己的"兴趣、性格、技能、价值观",不了解职业环境的现状和要求,就没办法进行科学理性的"生涯决策"。大学生如何根据个人优势特质和职业要求,结合社会的发展趋势,选择职业发展方向,做出生涯决策,是值得深入思考和探索的问题。

拓展思考

毕业时假如你有两个择业选择，一个是回到父母身边从事一份比较稳定的工作，但是个人发展空间小；另一个是天南海北地出差，有很大的发展空间。你会如何选择呢？为什么如此选？

▶ 第三节 生涯决策技能提升

学习目标

（1）了解生涯决策的元认知技能，学会运用元认知技能提升生涯决策技能。
（2）掌握提升生涯决策自我效能的方法。
（3）正确对待生涯决策。

案例分析

"纠结"的选择

小倩是某高校电子信息工程专业大三的学生，这段时间同学们都忙着准备考研，她也很着急。考本专业吧，自己实在是不喜欢，跨专业考研，又没有信心，而且找不到合适的方向。回想当初高中毕业选专业时，小倩没有太多的想法，爸爸说现代社会高科技人才有发展前途，于是她没有考虑自己的兴趣和性格，选择了现在的专业。到大学学习了一段时间以后，才发觉自己并不喜欢这个专业，就像走错了路，想要回头已经不太可能，只好在这条路上走下去。小倩的老师觉得她的学习成绩不错，也看好她，她的成绩虽然不是最好的，但也比较突出。面对考本专业的研究生，她对自己很有信心，但感觉自己真的不喜欢这个专业，实在不想读。虽然小倩知道自己不喜欢本专业，但对自己喜欢什么却不太明朗，只是隐约记得小时候有过学新闻专业的想法。她曾想过报考新闻专业的研究生，但是招生人数太少，竞争非常激烈，不敢尝试。而对本专业可以选择的就业方向，她了解得也并不多，可是想起要继续再读三年的研究生就感到非常郁闷，还是不想读。

不管是拒绝继续读本专业的研究生，还是跨专业考新闻专业，小倩都无法做出决定，根本的原因是她对很多信息都不了解。在缺乏全面了解的情况下，想做出决定必然会觉得很恐慌，会更多地感受到风险。只有全面了解各方面的信息，掌握科学的决策方法，面对选择和冲突时，我们才不会那么纠结。

我们经常发现，在生涯决策过程中，有些人似乎对自我认知以及各种选择的信息都有很好的了解，但做出的决策却很糟糕，他们在不停地"纠正错误"。还有一些人，他们做了大量测验以了解自己的兴趣、性格、价值观和技能。在以上两种情况下，尽管他们都在提升自我认知和职业认知方面投入了大量的精力，但其效果都被糟糕的生涯决策能力削弱了。生涯决策能力决定了一个人的生涯成熟度，提升自己的生涯决策能力要比给你一个选项更重要。

一、利用元认知提升生涯决策技能

（一）元认知技能概述

元认知概念由弗莱维尔（Flavell）于 20 世纪 70 年代提出，他将元认知定义为"反映或调节认知活动的任一方面的知识或者认知活动"，即对认知的认知。所谓元认知就是对认知的认知，其实质就是人对认识或认识活动的自我意识和自我监控。

元认知包括三方面的内容：①元认知知识，即个人对于影响认知过程和认知结果的那些因素的认识，包括关于认知主体的知识、关于认知任务的知识，以及关于认知策略的知识；②元认知体验，即伴随认知活动而产生的认知体验，是个体对认知活动的有关情况的觉察和了解；③元认知技能，即个人在认知活动过程中对自己的认知活动进行积极监控和调节，是认知主体对认知活动进行调节的技能。在元认知领域有三种特别重要的技能：自我对话、自我觉察和自我监控。

1. 自我对话

要想成为一个有效的生涯问题解决者，你必须对自己能做出积极的评价，要有认为自己在这个领域能胜任工作和有能力的自信。这样积极的自我对话有助于决策者产生一种积极的期待，并强化积极的行为。例如，完成一个决策行为后鼓励自己："决策真英明"。消极的自我对话会在生涯决策过程中产生问题，因为它影响了信息加工的效率和有效性。例如，"我永远也无法做出生涯决策"或者"什么对我来说最好，我更相信别人的判断，而不是自己的判断"，像这样的消极自我对话会破坏有效的问题解决。有时，我们会为自己规定很多"应该"，如"我应该是一个优秀的决策者""这对我应该很容易"等，这些消极的对话会阻断决策过程，或者在系统中制造"噪声"或使其"静止"，从而使任何有效信息的使用都变得几乎不可能。

2. 自我觉察

自我觉察包括对外部世界的觉察和对自己内心世界的觉察。对外部世界的察觉是指能觉察到周围事物的细微变化，能设身处地地去理解他人，与他人体会到同一种感觉，用他人的方法去认真思考，并能接受他人的观点，做出正确的判断。对内心世界的觉察是指能了解自己是什么样的人，相信什么，了解自己在现实生活中所扮演的角色、潜在能力和将来要去承担的角色及要达到的目标。

成为一个优秀的生涯问题解决者意味着能够清楚地认识到自己就是任务执行者，优秀的生涯问题解决者和决策制定者能够监督和控制在他们的决定中的内外部影响。自我觉察能够帮助决策者平衡自身利益和他人利益，做出正确决定。

3. 自我监控

自我监控是在自我对话和自我觉察的基础上，形成随时监控和反馈的习惯。正是由于具有自我监控能力，个体才能进行自我审视与反省。在个体自我发展和自我实现的过程中，无论是目标的树立、方向的确立、计划的制订还是具体行为和行动的采取、实施、调整、控制，其中每一步骤的顺利完成都是以个体一定的自我监控与调节为手段的，实际上也都是个体自我监控能力的具体表现。因此，在这个意义上，可以说自我监控是个体自我发展和自我实现的根本保证。

（二）提升生涯决策的元认知技能

1. 改变消极的自我对话

通过了解和探索我们对生涯决策制定的惯有思维方式，对它们进行分析，我们会发现，它们常常会伴随一些绝对化、糟糕至极和过度概括化的不合理信念，例如"我永远不会对销售有兴趣""如果我做不了一个好的职业决策，我这辈子就完了""所有的好工作都要求数学学得好"……这样的想法都体现了思想观念上的束缚和僵化，缺乏弹性，最终阻碍个人长久健康发展。我们也可以通过一些生涯观念量表帮助我们找出解决生涯问题的方法，进而提升生涯决策能力。

改变我们不合理的想法，建立积极的自我对话，可以通过以下四个步骤进行：①找出消极观念或陈述；②挑战这些想法和陈述的合理性、有用性和真实性；③改变消极观念，将之转变为更为积极的想法或陈述；④按照新的方式行动，这些新的方式与改变后的新想法或新陈述相一致和对应。如"没有一个学习或工作领域是我感兴趣的"这样一个绝对化的不合理信念，其结果往往是使个体发现和运用自我知识信息来解决生涯问题的过程中断。通过以上四个步骤我们能重构一个合理的更有建设性的信念："我还不能完全确定我所喜欢和不喜欢的，也许我需要更多的生活经验来让我真正了解自己的兴趣所在。我可以通过各种全职或兼职的工作、志愿工作或业余活动来获取更多的生活经验。"这是一种更积极的思考，因为它保证了将来发现新兴趣的可能性，指出获取新经验的途径。

与此同时，我们还可以通过一些途径训练自己积极自我对话的能力，如阅读那些力求提高自尊和增加自信的自助书籍，或通过寻求专业生涯咨询师的帮助。

2. 增进自我觉察

优秀的决策者能够觉察出何时需要获取更多信息，以便更好地了解存在的差距或各种选择，他们也能直觉地知晓何时已经准备好进行选择和承诺。例如前面所描述的 CASVE 循环中，在每一阶段结束时稍作停顿，问一问自己"是否已经完成了这一步，准备好进行下一步了？"这一点非常重要。

自我觉察还能让我们充分体验到与生涯问题相关的所有情感，如希望、期待、焦虑、愤怒、受挫、不确定和怨恨。体验到这些情绪不是要我们被这些情绪所淹没，而是接受它们，认清其来源，并找出应对措施。曾经有一个学生在 CASVE 循环中陷入困境，后来她将焦点放在"究竟是什么使她愤怒"上，从而摆脱困境。通过关注那些感受，她最终决定从事环境保护工作，因为正是湿地和沿海森林的消失令她感到愤怒。

3. 发展自我控制技能

良好的问题解决和决策制定需要了解何时继续前进、何时停下来继续收集更多信息，还需要对决策中的强迫性和冲动性给予认真的权衡。强迫性导致穷思竭虑和永无止境地信息加工，而不采取任何行动；冲动性导致在问题解决中不断尝试、犯错。两种方法总体而言都会导致糟糕的结果。

与此同时，我们能通过学习自我控制技术管理影响我们行为的各种因素。例如，当父母质问我们为何不选择本专业相关工作时，学习用从 1 数到 10 的方法来避免情绪的爆发；或是在工作面试前，我们练习做深呼吸来放松自己；或是当我们感到自己在为生涯的不确定而担忧时，在头脑中想象一个能让自己平静的场景。

4. 提高一般问题解决能力

优秀的生涯问题解决者都清楚所要解决的具体问题。有时，生涯问题会和个体的一些其他问题纠缠在一起，难以区分。决策制定者需要将这些事情分开，以便能使用最有效的技能和知识来解决面临的问题。人们有时试图通过生涯决策来解决人际关系问题，如"我要从商以使父亲高兴，虽然我对此毫无兴趣"。更好的方法是将进入何种职业领域的决策与如何改善与父亲的关系的决策区分开，然后再看每种决策下的选择会如何相互影响。

总之，提升元认知技能要求我们将注意力集中在生涯决策的过程上，而不是做决策这一事件上。用运动来比喻，我们的注意力不是在赢得比赛（事件）上，而是放在加强我们的力量、注意营养和健康、注意风险、避免错过练习机会（过程）等方面。因为对于比赛过程的这些方面，我们有更多的控制力。当我们有了良好的生涯问题解决和决策制定技能之后，我们不仅能很好地进行比赛，而且能控制比赛节奏，甚至可以赢得比赛。

二、提升生涯决策自我效能

生涯决策自我效能的研究源于乔普森的职业决策理论和班杜拉的自我效能理论。正式提出生涯决策自我效能概念的是泰勒和贝斯，这一概念是职业自我效能理论在职业决策阶段的具体运用。他们从社会学习和认知行为理论出发，依据班杜拉的自我效能结构提出了职业决策自我效能概念。他们认为，个体在知觉成功执行任务能力即自我效能感上的差异，可以用来解释为什么有的人在职业决策时比其他人有更多的困难。了解不同个体在职业决策时对自我效能的期待，即个体需要成功做出职业决策时的信念程度，可以帮助人们有效理解和解决职业决策的困难，他们对职业决策自我效能的研究和给出的定义被目前该领域研究者广泛接受，即"职业决策自我效能是决策者在进行职业决策过程中对自己完成各项任务所必需的能力的自我评估或信心"。

生涯决策自我效能包括五个部分：①了解自己的能力、职业兴趣、与职业有关的需要和价值观，以及自我概念等的自我评价能力；②获得职业信息的能力；③将个人的属性与工作特点进行匹配的目标筛选能力；④做出职业决策后，对决策实施的职业规划能力；⑤解决或应付在职业决策过程中所遇到的问题或障碍的能力。

可以从以下几方面提升生涯决策自我效能。

一是经常对自己的成功经验进行总结，训练积极的归因方式。一般而言，个体成功的体验越多，自我效能就越高；相反，如果体验的失败次数越多，自我效能就会越低。我们可以通过积累成功经验，如记录每一次正确选择的历程，并与其他人讨论这些经验，增强对成功经验的感受，形成正向的自我效能感。还可以把成功经验与自己的兴趣、价值观、人格特征等进行整合，扩大职业探索的范围。此外，成功经验对效能的影响还受归因方式的左右，因为外界机遇这种不可控的因素导致的成功不会增强效能感，自我准备不足这种可控因素导致的失败，也不一定会降低效能感。因此，平时要注意训练自己的积极归因方式，如把求职中遇到的问题归因于外部因素，诸如简历没有做好、没有充分准备等，这样的归因方式有利于增加个体心理弹性，从而提高职业决策自我效能。

二是寻找有效的替代经验。效能期望还源于观察他人的替代经验，他人的榜样示范可以提供给个体许多有效的策略和方法，方便个体获得更多的信息，从而提高自我效能。特别是当观察者和榜样具有一致性时，能激发个体采取更多的努力，增强自己的信心，也能更好地吸收和借鉴榜样的经验。例如你和室友的学习、工作经历差不多，他能够找到一份不错的工作，你的内心就会涌起一种信念，相信自己也可以。因此，平时可以经常留意与自己有相似经历或者背景并已经找到理想工作的人士，通过资料的收集或者亲身采访了解他们的成功经验。

三是保持良好的情绪状态。人的情绪与生理状态会影响自我效能的形成，身处紧张危险的外界环境或面临较大压力时，会高度唤醒我们的情绪，降低我们的实际表现水平。长期焦虑的人很容易形成恶性循环，影响自我效能感。例如在初次面试时，因为紧张没有通过，下次面试时会再次焦虑，再次导致失败，形成习得性的失败和无助，陷入恶性循环之中。在职业选择过程中可以通过自我暗示、积极的自我对话等技术帮助自己处于良好的情绪状态中。如果出现负面情绪，可以通过放松训练、情绪转移、情绪宣泄等情绪管理技术，有意识地采取合适的方法调节自己的情绪。

四是适时寻求他人言语劝说。言语劝说的关键在于两点，一是切合实际，缺乏事实基础的言语劝说效果不大，比如找工作时可以采用摆数据的方法，将近几年的就业率和升学率清晰地呈现在眼前，效果更佳；二是强调权威，劝说人对个体越权威、越重要，劝说效果越佳，我们可以向一些自己心中的权威人士寻求鼓励、肯定、意见和建议。

三、正确对待生涯决策

决策与风险并存，没有所谓完美的决策，立足现在看未来，去面对一个信息有限的决策过程。我们要做的就是在有限的信息下，做出一个对于当下来说最合理的决策。生涯决策必须是在充分认识自身的条件与相关职业环境的基础上才能得以实现，"知己知彼"做得越透彻，职业定向的客观性、有效性就越强。把握自我和把握职业，尊重自己和尊重职业——这就是生涯决策的精髓。尽管在做生涯决策时会遇到许多困惑和困难，但要做出适合自己的选择，还是有据可循的。

个人对职业最直接的衡量标准是适合的才是最好的。我们在做职业生涯决策时的依据和出发点其实是自己。关于这一理念的诠释，肖建中提出了"四大黄金准则"：一是择己所爱，即在进行生涯决策时，要考虑到自己的兴趣；二是择己所长，能力对于职业生涯的重要性是不言而喻的，任何职业都要求从业者掌握一定的技能，具备一定的能力条件；三是择己所利，即在生涯决策过程中追求职业选择的预期收益最大化；四是择世所需，就是要使自己的选择符合社会需求。

【审视】

生涯决策不是"一次定终身而不能调整的"。任何生涯决策都是一个阶段内的人生方向和目标的选择，但随着"个人能力的提升、机会的增加、社会的变迁"等多种因素，我们还会根据这些情况做出下一次人生生涯方向决策。所以，在大学阶段，正确认识职业生涯决策、学习有效提升生涯决策的能力，是我们实现自我发展的重要内容。

【问题探索】

成功，除了努力以外，更需要方向，很多人会选择不断地换跑道、换环境、换工作或是拼命地劳碌奔波，有时不妨暂时放慢脚步，想一想这条路真的是我想走的吗？真的是我该走的吗？真的是我适合走的吗？如果走错，甚至走反了方向，不但到不了目的地，反而会离理想与抱负越来越远，甚至一败涂地。如何让自己成为一个忙而不"茫"，忙而不"盲"的大学生，是值得我们深入思考和探索的问题。

拓展思考

请畅想一下大学毕业后一年、三年、五年的自己是个什么样子，每天都在做哪些事情，身边都围绕着哪些人？

第六章

职业生涯规划理论与实务

思维导图

职业生涯规划理论与实务

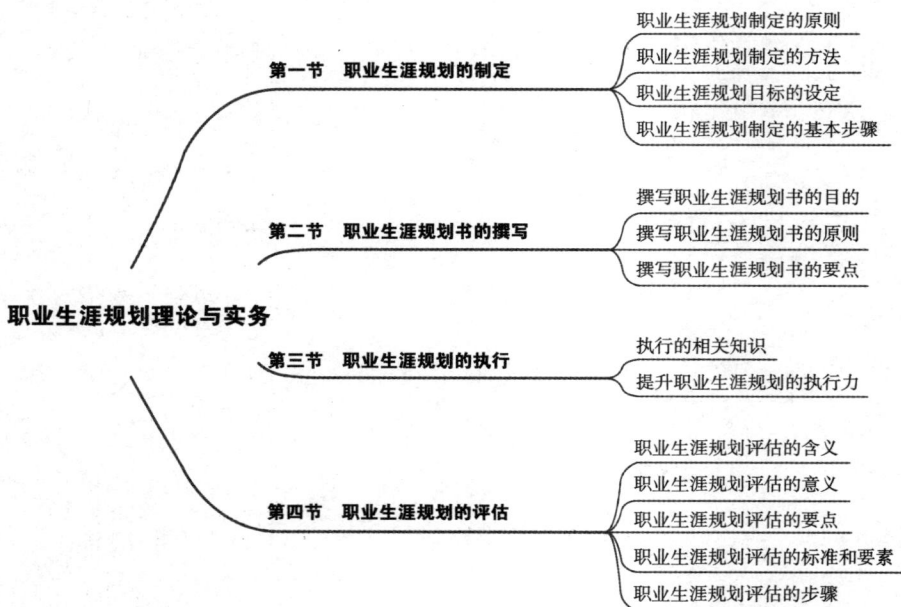

- **第一节　职业生涯规划的制定**
  - 职业生涯规划制定的原则
  - 职业生涯规划制定的方法
  - 职业生涯规划目标的设定
  - 职业生涯规划制定的基本步骤

- **第二节　职业生涯规划书的撰写**
  - 撰写职业生涯规划书的目的
  - 撰写职业生涯规划书的原则
  - 撰写职业生涯规划书的要点

- **第三节　职业生涯规划的执行**
  - 执行的相关知识
  - 提升职业生涯规划的执行力

- **第四节　职业生涯规划的评估**
  - 职业生涯规划评估的含义
  - 职业生涯规划评估的意义
  - 职业生涯规划评估的要点
  - 职业生涯规划评估的标准和要素
  - 职业生涯规划评估的步骤

▶ 第一节　职业生涯规划的制定

学习目标

（1）掌握职业生涯规划制定的原则。

（2）掌握职业生涯规划制定的方法。

（3）掌握职业生涯规划目标的设定及基本步骤。

案例分析

<h1 style="text-align:center">毛毛虫找苹果</h1>

有四只毛毛虫，各自去森林里找苹果吃。

第一只毛毛虫跋山涉水，终于来到一棵苹果树下，但它根本就不知道这是一棵苹果树，也不知道树上长满了红红的可口的苹果。当它看到其他毛毛虫往上爬时，就稀里糊涂地跟着往上爬。

第二只毛毛虫爬到了苹果树下，它知道这是一棵苹果树，问题是它不知道大苹果会长在什么地方，遇到分支的时候，就选择较粗的树枝继续爬，最后找到的是全树上最小的苹果。

第三只毛毛虫知道自己想要的就是大苹果，并且研制了一副望远镜。开始爬树前就先利用望远镜搜寻了一番，找到了一个很大的苹果。但毛毛虫爬行缓慢，当它抵达时，苹果不是被别的虫捷足先登，就是苹果已熟透而烂掉了。

第四只毛毛虫可不是一只普通的虫，做事有自己的规划。它知道自己要什么苹果，也知道苹果怎么长大。因此当它带着望远镜观察苹果时，它的目标并不是一颗大苹果，而是一朵含苞待放的苹果花。它计算着自己的行程，估计当它到达的时候，这朵花正好长成一个成熟的大苹果，它就能得到自己满意的苹果。结果它如愿以偿，得到了一个又大又甜的苹果。

其实我们的人生就如毛毛虫，而苹果就是我们的人生目标——职业成功。爬树的过程就是我们的职业生涯。毕业后，我们都得爬上人生这棵"苹果树"去寻找未来，完全有规划的职业生涯注定是要失败的。

一、职业生涯规划制定的原则

与个人特质相匹配的职业生涯规划能促使一个人走向成功之路，与个人特质不匹配的职业生涯规划可能使一个人面临曲折的职业生涯之路。因此，在制定职业生涯规划之前，应明确职业生涯规划制定的几个原则。

1. 职业相关性原则

职业相关性原则是指与个人兴趣、爱好、已具备的职业技能及目标职业基本任职条件具有相关性。

2. 可操作性原则

可操作性原则是指制定的职业生涯规划要具有实现的可能性，而不是脱离实际的纸上谈兵。制定完职业生涯规划后，可通过以下几方面判断是否具有可操作性。

（1）是否与自我认知相符。职业生涯规划的目标是否与自己的兴趣、性格、能力和价值观相符，自己是否愿意从事目标职业并为了达成职业目标而不懈努力，自己是否坚定职业目标选择。

（2）是否与社会需求相符。社会需求包括行业需求、职业需求、组织需求和家庭需求等。制定职业生涯规划时应充分考虑社会需求，由于大部分学生从互联网上了解相关职业信息，缺少实际工作体验，对具体的工作或岗位只有感性认识，缺乏理性认识，容易忽视社会需求，这样制定出来的职业生涯规划将失去真正的意义。

3. 时间坐标原则

时间坐标原则是指职业生涯规划的目标和行动必须划分到不同的时间段内去完成。每个规划目标都要有两个时间坐标：开始的时间坐标和预期实现的时间坐标。如果没有明确的时间限定，就很容易使职业生涯规划陷于无限期的空谈中。

4. 系统性原则

系统性原则是指将职业生涯发展整个历程作全程考虑，同时将职业生涯规划实施当成一个系统工程，并纳入个人发展战略之中。

5. 发展性原则

发展性原则主要是指在制定职业生涯规划方案时，要充分考虑变化发展性因素，如目标或措施是否依照环境、组织及个体的变化而做调整，调整跨度及范围有多大，目标或措施是否有弹性或缓冲性。

6. 个体性原则

每个学生个体能力、性格、职业发展愿景不同，所处的组织环境也有所差异，所以个人的职业目标也不同，在进行职业生涯规划时，不能"拿来"其他人的职业发展模式和职业规划，要因人而异。职业发展目标以及接近与达到目标的措施必须清晰而明确，实现目标的步骤也应直截了当。

二、职业生涯规划制定的方法

制定职业生涯规划的方法有很多，大学生对自己的职业生涯进行规划时，可以参考以下方法。

（一）按部就班法

按部就班法是指大学生根据学校人才培养定位、专业人才培养目标和具体教学计划等来制定职业生涯规划的方法，并依据自己知识掌握情况进行相应的调整。

（二）专家协助法

大学生制定职业生涯规划时可咨询辅导员、生涯规划课教师及职业生涯规划师，这些职业生涯规划的专业人士，能够结合相关经验和知识，给大学生一些有关职业适应、发展等方面的专业咨询、辅导、判断、建议和解决办法。

（三）自我规划"5W"法

"5W"法是指通过自问自答的方式，进行自我认知、环境分析和职业认知，从而确定初步的职业生涯规划方案，具体操作可参考如下方法。

依次问自己以下5个问题：

（1）Who am I？（我是谁？）

（2）What will I do？（我想做什么？）

（3）What can I do？（我能做什么？）

（4）What does the situation allow me to do？（环境支持或允许我做什么？）

（5）What is the plan of my career and life？（我的职业与生活规划是什么？）

通过回答上述问题，找到它们的共同点，你就有了初步的职业生涯规划。请独立思考，按顺序回答下列问题。

我是谁？

回答的要点：面对自己，真实地写出每一个想到的答案。

我的性格是 _____。

我具备的能力有 _____。

我的理想是 _____。

我想要的未来是 _____。

别人眼中的我是 _____。

我想做什么？

对于这个问题，你可以回忆一下孩童时期你想做什么工作，随着年龄的增长有哪些变化等进行认真排序。

我幼儿时期想做的工作是 _____。

我中学时想做的工作是 _____。

我的父母希望我做的工作是 _____。

我一定要做的工作是 _____。

我能做什么？

这个问题是对自己能力与潜力的全面总结，一个人的职业定位最根本的还要归根于他的能力，职业发展空间的大小取决于自己的潜力。对能力的认知可以通过回顾"成就事件"来获取，对潜力的挖掘可以从对事的兴趣、做事的韧性、处理事情的判断力及知识结构是否全面、是否及时更新等方面考量。

我幼年时比较有成就感的一件事情是 _____。

我中学时比较有成就感的一件事情是 _____。

我大学时比较有成就感的一件事情是 _____。

我认为我能做成的事情还有 _____。

别人认为我能做成的事情是 _____。

环境支持或允许我做什么？

我的家庭支持或允许我做什么？ _____。

我的学院支持或允许我做什么？ _____。

我的学校支持或允许我做什么？ _____。

我所在的城市支持或允许我做什么？ _____。

我的职业与生活规划是什么？

认真比较上述答案，将内容相同或相近的答案用一条线连起来，你会得到几条连线，而不与其他连线相交的处于最上面的线，这可能就是你最应该去做的事情，你的职业生涯就试着以此为方向。在此方向上以三年为单位，提出近期、中期与远期的目标；再在近期的目标中提出今年的目标；将今年的目标分解为每季度目标、每月目标、每周目标、每天目标。当然，计划往往赶不上变化，每晚睡觉前可以对照自己的目标进行反省，总结当日得失，确定明天的目标与方法，第二天稍加温习就可以投入行动了，日积月累，你的目标一定会实现。

三、职业生涯规划目标的设定

对自己生活比较满意的人有一个共同的特点：他们都致力于实现一个其实际能力难以

达到的目标。生涯规划既是一个人实现人生目标的时间表，也是一个人实现日常生活中无数更小目标的时间表。实施生涯规划可以合理地分配精力，在一个特定的时间范围里充分利用脑力和体力，使注意力集中于特定目标。

职业生涯规划目标的设定要兼顾自己的外在和内在职业生涯目标。外在职业生涯目标侧重于职业过程的外在标记，包括职业工作的内容目标、职务目标、工作环境目标、经济收入目标、工作地点等物质目标；内在职业生涯目标侧重于职业过程中的知识与经验的积累、理论的提升、能力的提高、内心的感受等非物质目标。

职业生涯规划目标还可以分为人生目标、长期目标、中期目标和短期目标。人生目标是指整个职业生涯的规划，时长40年左右，是规划个人至退休或退休后的发展目标；长期目标是指5～10年的规划，主要设定较长远的目标；中期目标一般为2～5年内的目标与任务；短期目标是指2年以内的规划，主要是确定近期目标，规划近期完成的任务。

四、职业生涯规划制定的基本步骤

职业生涯规划制定的基本步骤分为自我评估、环境评估、确定职业发展目标、选择路线、制订计划并实施、评估和调整。

（一）自我评估

自我评估简单来说就是对自己作全面分析，分析、认识及了解自己，这是实施生涯规划的重要一步。自我评估是指对个人的兴趣、特长、性格、学识、技能、智商、情商、逆商、财商、健商等方面进行评估，以及对个人的组织管理、协调、活动等能力进行评估分析。

（二）环境评估

环境包括社会环境和单位环境。社会环境包括政治、经济、文化、社会价值观；单位环境包括单位状况、发展战略、管理制度、领导者素质和价值观。

环境评估包括对社会环境的评估和对单位环境的评估。环境因素对个人职业生涯发展的影响是巨大的，它为每个人提供了活动空间、发展条件和成功的机遇。

（三）确定职业发展目标

要依据明确的职业目标去规划自己的学习和实践，为实现职业目标进行积极准备和付诸实际行动。人生的职业目标有短期目标、中期目标和长期目标之分，并且在一定的时期内，要依据社会环境等客观实际情况的变化进行一些必要的调整，使职业目标更接近实际。大学生在校期间，应尽快确定自己的职业目标，并做到长期、中期、短期职业目标的有机结合，明确自己要在哪方面成才，在哪个领域成才，要朝哪个方向去努力，等等。职业目标问题不解决，不仅会影响个人职业生涯规划，也会丧失个人成功的机会。

（四）选择路线

经过自我评估、环境评估，并且在确定未来职业目标的基础上，就要根据自己的价值观、理想、成就动机等对自己以后从事的职业做出选择，规划职业生涯路径。通常有"纵向""横向""网络""双重"四种职业路径可供选择，依据大学生个人的特点，可以选择在变换工作的同时提升在组织层级中的传统"纵向"职业路径；可以选择积累阅历、扩大知识技能面的跨职能边界进行工作变换的"横向"职业路径；可以选择纵向、横向相结合的"网络"职业路径；可以选择凭自己的能力为组织作出贡献，从而赢得更好的待遇、应有的认可，即不必成为管理者而只做技术、管理专家的"双重"职业路径。当然，职业生涯路线也可能出现交叉与转换，可以根据自身的情况与环境来决定。

（五）制订计划并实施

当思想上确定了目标，行动便成了关键的环节。行动计划是指落实目标的具体措施，主要包括工作、训练、教育、学习等多方面的措施。行动计划由长期计划和短期计划两部分组成。长期计划即人生目标，它的实现有众多不确定因素。但我们有必要根据自身实际和社会发展趋势，不断地设定新的短期可操作的目标。大学生有机会接触很多信息，这就需要在长期计划的指导下，选出适合自己的信息，每天都要向着既定的目标前进。

（六）评估和调整

大学生正处于人生观、价值观的形成阶段，社会经济、文化也都在发展变化，种种不确定因素可能会使原本制定好的规划设计与实际情况产生偏差，这时就需要对设计做出及时而准确的修订。修订的内容主要包括：生涯机会的重新评估、职业的重新选择、职业目标的修订、计划和措施的变更等。在这期间要做到谨慎判断、果断行动。谨慎判断就是无论变化多大，都要在理清来龙去脉后再做判断；果断行动就是要在判断后立即采取行动，重新修订自己的生涯规划，从而保证职业生涯健康顺利发展，最终实现人生的职业理想。

审视

职业生涯规划与制定是大学生在大学期间结合自我认知、环境分析和社会职业认知，为实现人生职业理想而确定的职业定位、职业目标、实施计划和实施策略。职业生涯规划与制定的目的是激发大学生潜能，提升大学生个体综合素质，增强就业能力，为就业、择业或创业奠定良好的基础。

问题探索

职业生涯规划制定方法中的自我规划"5W"法是一种简单、快捷的规划方法，学生可根据自身具体情况，依次回答相关问题，通过分析相同或相近的答案，进行自我认知、环境分析和职业认知，提出近期、中期与远期的目标，再在近期的目标中提出学期目标，最终将学期目标分解为每季度目标、每月目标、每周目标、每天目标。

拓展思考

结合自身情况，拟定一份宏观的职业生涯规划。

▶ 第二节　职业生涯规划书的撰写

学习目标

（1）掌握撰写职业生涯规划书的原则。

（2）掌握撰写职业生涯规划书的方法。

案例 分析

有一个非常著名的关于目标对人生影响的跟踪调查，调查对象是一群智力、学历、环境等条件都差不多的大学生，调查结果如下。

3%的人有清晰长远的目标；

10%的人有清晰短期的目标；

60%的人目标模糊；

27%的人没有目标。

30年后的跟踪结果发现：

3%的那批人，总是朝着同一个方向不懈地努力，后来几乎都成了社会各界的顶尖成功人士，他们中不乏百万富翁、行业领袖、社会精英。

10%的那批人，不断完成预定的短期目标，生活状态步步上升，成为各行业的专业人士，如医生、工程师、高级主管等。

60%的那批人，他们能安稳地生活与工作，但都没有什么特别的成绩。

27%的那批人，长期在失败的阴影中挣扎，他们的生活过得很不如意，常常失业，并且抱怨他人、抱怨社会、抱怨世界。

确立目标是制定人生规划的关键，目标对人生有巨大的导向作用。一个人能否成就一番事业，很大程度上取决于有无正确而恰当的人生目标。

一、撰写职业生涯规划书的目的

通过撰写职业生涯规划书可以帮助我们梳理职业生涯规划，帮助我们树立明确的职业发展目标，提醒我们运用科学的方法，采取切实可行的措施，实现职业目标；通过撰写职业生涯规划书可以促使我们更加注重发挥个人的专长，不断开发自我潜能；通过撰写职业生涯规划书可以帮我们评估并明确现有的资源，了解现状与目标达成之间的差距，制定生涯发展策略，有效克服职业生涯的发展阻碍。职业目标达成的过程是职业竞争力不断塑造，职业素质不断提升的过程。

二、撰写职业生涯规划书的原则

职业生涯规划书的撰写是为实现职业生涯目标服务的，在撰写过程中应遵循以下原则。

（一）独特性

职业生涯规划书一定是根据自身实际状况而量身定做的，别人的成功路径和模式并不适于自己。

（二）可行性

可行性体现在两个方面：一是职业生涯目标的可行性，即目标的设定是否建立在现实条件的基础上；二是职业行动计划的可行性，即行动计划是否是自己可以实现的。

（三）阶段性

撰写职业生涯规划书时应该根据自己的年龄阶段设计不同的内容，以适应每个发展阶段的特点，使每个阶段都能充实度过，并逐步达成阶段性目标，从容过渡到下一个阶段目标，进而实现自己的人生目标。

（四）预见性

当社会、经济、政策、市场等方面出现新情况时，要根据自我发展、社会变迁以及其他不可预测的因素，主动适应各种变化，及时评估、灵活调整，不断修正、优化自己的职业生涯规划书。

（五）一致性

在调整职业生涯规划书的过程中要坚守规划目标的持久性和一贯性。短期的目标有可能需要调整，目标的调整修正应和长远的人生目标始终保持一致，使整个规划始终围绕自己的人生目标而展开。

（六）客观性

职业生涯规划书中的内容必须是实事求是、毫无虚构的。其中不仅要包含对自身优势的分析，同时对不足之处也要有透彻的剖析。

从哲学角度来看，上述的理论是解决"干什么""为什么要干""怎么干"这三个最基本的问题，这三个问题解决好了，整个职业人生就会比较顺利。

三、撰写职业生涯规划书的要点

（一）自我认知

生涯规划是一个自内向外的过程，即首先要理清自己期望达成的生涯目标是什么，自己具有哪些职业特质，然后去寻找、调适自己的生涯发展行动。这里的"内"一般包括认知自己的职业兴趣、性格、价值观、职业能力等；"外"是自我认知时适当考虑他人的评价内容，比如同学、朋友、师长以及领导的意见。

（二）生涯环境认知

1. 家庭环境认知

其主要分析自己的家庭经济状况、家人职业、家庭社会关系网、家人期望等。需强调的是，对这些环境的分析都要与自己的职业生涯发展相联系，而不是纯客观地分析。

2. 学校环境认知

其主要分析学校特色、专业学习、实践经验等。可从探索对象与发展平台两个角度去分析学校环境。

3. 社会环境认知

其主要分析就业形势、就业政策、竞争对手等。在撰写职业生涯规划书的时候，主要选择与自己的职业生涯发展密切相关的环境和事件加以分析，不需要把所有的事情都论述清楚。其关键是要对这些环境和事件有自己的分析与思考，而不仅仅是陈述或摘录事实。

4. 职业环境认知

对于职业环境的认知要遵循从宏观到微观的渐进性，如从行业、职业，到单位、岗位等。宏观的环境因素为小环境提供了发展背景，而对于职业的探索，只有具体到较微观的部分（如某个岗位、某个专业方向），才是比较有效的、有导向性的。

（三）生涯决策

通过深度的"自我探索"和"专业探索"之后，了解自己的"兴趣、性格、能力和价值观"，结合社会的发展趋势，选择和决定个人未来主要的生涯（专业／职业）发展方向。

（四）生涯执行

根据目标需求，确定行动计划。行动计划选择要以职业生涯发展目标为准绳，在制订行动计划时，必须根据自己的职业生涯发展目标以及自己与目标之间的差距，有的放矢，有针对性地采取行动，使自己的每一步行动都朝目标近一点。

（五）评估与调整

社会环境、家庭环境、职业环境、个人成长以及一切不可预测的变化，都将对个人的职业生涯产生影响，这就需要我们对职业生涯规划书进行评估和调整，在调整中优化，在优化中提升。

审视

在了解了职业生涯规划的步骤和内容之后，就可以根据自己的实际情况撰写职业生涯规划书。职业生涯规划书可以采取表格式、文本式或档案式。文本式与表格式职业生涯规划书的写作内容相同，包括职业生涯自我分析与评估、职业生涯机会评估等内容，当然在具体内容（如选择的职业兴趣、性格等测评工具）方面可以有所不同。档案式职业生涯规划书是由多个表格构成，其内容可以更为详细，所使用的评价工具可以更多、更具体，可以在整个大学期间不断补充。一份规划就是一个人的成长历程。

问题探索

自我认知和环境认知是制定职业生涯规划的一项基础工作，进行自我认知和环境认知的方法有很多种，每位同学可根据自身情况使用不同的工具进行自我评估和环境评估。

拓展思考

根据职业规划目标思考个人对自我认知的探索，包括兴趣、性格、能力、价值观等。

▶ 第三节　职业生涯规划的执行

学习目标

（1）了解执行的相关知识。
（2）掌握职业生涯规划执行力提升的方法。

案例分析

小李同学是辽宁工程技术大学硕士研究生一年级学生，本科期间曾任班长、学院学生会副主席等职务，曾获得国家级奖学金、学校一等奖学金、校辩论赛冠军、优秀学生干部、省级优秀毕业生等。在别人眼中，小李平时生活有规律、做事有计划、学习有目标。

当问及小李是什么原因让她取得如此多的成绩时，她说："自己还未踏入大学校园时，就规划了自己的大学生活，进入大学校园后，严格执行规划方案，大二和大三时根据自己的实际情况和阶段性目标达成情况，调整了部分规划方案，严格执行调整后的方案，本科毕业时，我实现了所有规划方案中的目标。"

人生需要规划，规划需要执行。

一、执行的相关知识

（一）执行和执行力

执行主要有两种含义，一种是指完成计划，这是一个狭义的解释。另一种是指如何完成任务的学问和策略，这是一个更加宽泛的解释。

执行力指的是贯彻战略意图，完成预定目标的操作能力。执行力包含完成任务的意愿、完成任务的能力、完成任务的程度。对于大学生而言，执行力就是大学生完成预定的学业目标以及执行自己的职业生涯规划的能力。执行力培养的关键是培养执行力思维及心态，把执行力思维充分渗透于头脑中，从而深刻影响操作时的各类行为。

（二）执行理论的要素

执行理论包含了六个要素 PCRDFI：计划（plan）、沟通（communicate）、风险评估（risk-evaluate）、实施（do）、反馈（feedback）、改进（improve）。

1. 规划

规划是一切执行的开始。没有良好周密的规划，任何执行都将出现纰漏，最终达不到既定目标。

2. 沟通

沟通是良好执行的必要因素。有效的沟通是良好执行的保证，执行人借助沟通来全面理解执行的目标，而发布指令者要借助沟通来了解执行人的执行方法，借以预测执行的结果，并予以指导。

3. 风险评估

风险评估可以看作是计划的一部分。正确地预测和评估风险并预备相应的回避措施，是成功执行的重要因素。

4. 实施

实施就是付诸行动。实施过程中需要执行人勤勉用心，努力控制各种风险。执行过程中的常见错误是忘记自己的责任所在，降低任务的完成标准，主观、想当然地认为这样就可以了，而不是努力地超过预期的任务，努力地提交超出预期的结果。

5. 反馈

反馈就是与相关人分享执行过程和结果的信息。反馈的意义不只是了解和有所交代，更重要的是让大家分享信息，便于以后的行动和决策。越是重要的事情，关心的人就越多。反馈的技巧在于简洁、明了、突出结果。

6. 改进

改进是总结经验和教训的过程，目的在于更好地执行。

二、提升职业生涯规划的执行力

职业生涯规划的执行力就是完成职业生涯规划目标的操作能力。结合大学生职业生涯规划的特征，要想做到提升职业生涯规划的执行力，应做到以下几点。

（一）经常回顾规划

大学生在日常生活中，要时刻牢记自己的职业生涯规划，为了避免自己忘记重要的学习目标和时间表，可以将职业生涯规划的内容放在自己经常能看见的地方，如写在日历上，时刻提醒自己。

当做出一个对学习和生活极其重要的决定时，要考虑职业生涯的构想和行动计划，并确保正在仔细考虑的决策与自己的本意要相符。有的情况下，可能有一些重要的诱因，能获得短期内的收获，但从长期考虑有损失。比如，很多大学生在毕业后是继续学习还是就业犹豫不决，这时就应拿出自己的规划表好好看一下，明确自己的本意和设想，这样可以避免出现随大流的盲目行为。

（二）正确认识自己

虽然在制定生涯规划时，学生已对自己进行了全面地认识，但这还不够，还要对职业生涯规划在操作过程中可能会遇到的困难有充足的心理准备。因为每个人在规划实施的开始对自己的惰性可能认识不足，当一个人从一种无计划的、无序的状态向一种规范的、有序的状态转变时，不可能一下子就能完全进入状态，其中会有一些反复，甚至会遇到计划执行不下去的情况。在这种情况下，职业生涯的制定者要及时进行反思，在自我认知的基础上，找出其中的原因，甚至要对规划做一些调整，逐步向前推进，因为有时急于求成反而会适得其反。

（三）通过自我激励提高执行力

当个体有一个远大的、自己愿意为之付出努力的目标以后，就会集中精力、心无旁骛地投入其中，即使遇到一些困难和挫折，也会全力以赴地去克服，不达目的誓不罢休。具备优秀执行力的大学生不只是能够做出自己的职业生涯规划和行动计划，更应确保具体的行动计划保质保量地完成。要认真对待，注重各方面细节，用更高的标准来要求自己，严格履行职业生涯规划的各项指示及要求，确保将规划落到实处，不能简单应付差事，更不能抱有差不多、凑合等想法，否则再优秀的规划也只是纸上谈兵。还要掌握时间管理的方法，改变不执行、不作为的不良习惯，自动自发地提高执行力。不要总是找借口，要从自身出发，不断加强学习、更新观念、不断分析、认识并提高自己。

（四）与同学、朋友、家人等讨论自己的职业生涯构想和行动方案

向亲朋好友公开自己的职业生涯规划，往往能督促自己行动。大学生可以与同学、朋友、家人共同讨论自己的职业生涯构想和行动方案，并询问实现该构想的途径，提升对规划的执行力。如果计划只是自己知道，往往在遇到困难时容易退缩，心理上也没有压力。反之，如果事先将自己的设想告诉同学、朋友和家人，先征求别人的意见和建议，再采取行动，一方面，可以集中集体的智慧，帮助自己设计最优的策略和方案；另一方面，可以

对自己进行约束，增加责任心及激励力量。

（五）对职业生涯规划实施动态管理

计划要和现实结合起来，要实施动态性管理，否则会缺乏灵活性，从而导致计划落空。职业生涯构想和行动规划要适时做出相应的变动，目标和策略也应随之改变。大学生在职业生涯规划执行的过程中要善于观察各类环境条件及外部信息，掌握相关事物的发展态势，积极预测可能会出现的问题并提出针对性策略，将原则性和灵活性有机结合，机智地处理所遇到的问题。

（六）通过写生涯日记的方式来反思自己的行动

写生涯日记是以一种反思的形式来促进学生的自我管理，它不仅可以帮助学生及时总结、反思自己的行为，还可以将学生整个学习、生活过程如实地记录下来。学生可以从中看出自己的奋斗历程，从中找到自己的进步和不足，从而不断地从稚嫩走向成熟。

审视

生涯规划的实施与执行把实现职业目标的过程变成行动，把行动变成结果，从而保证职业生涯规划的实现。职业生涯规划的执行就是大学生把生涯规划行动方案转变成自身的实际行动，在行动中进行自我认知、环境认知、职业认知。

问题探索

执行能力的强弱直接影响生涯目标能否实现，学生在大学期间通过参加学生社团、社会实践、专业实习等实践活动，提升自己的执行力。

拓展思考

请根据个人职业生涯规划目标，思考如何拓展个人的交际能力。

▶ 第四节 职业生涯规划的评估

学习目标

（1）了解职业生涯规划评估的意义。
（2）掌握职业生涯规划评估的原则。
（3）掌握职业生涯规划评估的程序。

案例分析

在高中时就善于做学习规划的小李考入了自己理想的大学，就读专业是自己的目标专业。进入大学后，她确立了自己的职业目标——硕士研究生毕业后到科技公司应聘技术岗位。

遵循全面发展的原则，以考取硕士研究生为目标，小李一入学就对本科阶段的学习、工作、生活等方面做了详细规划，并严格执行，有了高中学习规划的成功基础，小李畅想着自己美好的未来。但小李真正进入大学之后发现，大学生活跟自己以前想的不一样了。大学更接近社会，这也让小李接触到了一些很现实的东西。大学一年级，基础课学习任务重，自己还自学了一些其他专业知识，同时承担着班级和学生会的大量工作，又参加了一些社团活动。她觉得每天都在机械地学习、工作和生活，感觉很累，而且一年后，成绩不理想，工作效果不突出，与全面发展自己的愿望还有很大差距。

她总结了自己一年的经验和教训，认真评估了本科阶段的计划，采纳了父母、班主任、同学对自己的部分建议，对原计划做了调整，重新规划了学习和工作计划。目前小李已是硕士研究生二年级的学生，距职业目标近在咫尺。

一、职业生涯规划评估的含义

职业生涯规划评估是指个体根据内外环境的变化，不断审视和调整自我，修正策略和目标的过程。职业生涯规划评估过程可以确保个体职业生涯规划的有效性。人们只有在具体的工作实践中，才能更清楚、更透彻地进行自我认知和定位，才能真正知道自己喜爱什么职业，自己适合从事什么职业。很多人都是在经过一段时间的职业尝试和寻找之后，才知道自己适合从事的工作，这段时间可能长达十几年。

二、职业生涯规划评估的意义

（一）改进职业生涯规划的重要环节

不论职业生涯规划目标是否实现，其成功或失败的经验或教训都可以成为改进和完善下一个生涯目标的依据。在职业生涯规划中，自觉地评估职业生涯规划，总结经验和教训，可以修正和完善自我认知，纠正长远职业目标与阶段职业目标的偏差。

（二）继续完成职业生涯规划的必要前提

职业生涯规划包含一系列长期、中期和短期的计划，彼此之间存在着紧密联系，已完成的目标是新目标的前提和基础。如果前一目标的遗留问题没有被发现和解决，必然会对新目标造成不良影响。

（三）激励自己继续前进的动力

通过评估与修正可以极大地增强个体实现职业目标的信心。当职业生涯规划中的短期或中期目标顺利完成时，通过评估可以使个体看到完成的效果，感受成功的喜悦，提高个体的自信，为下一阶段目标的完成创造良好的心理氛围。

三、职业生涯规划评估的要点

职业生涯规划评估的要点主要包括抓住最重要的内容、分离出最新的要求、关注最弱点。

根据管理学中的"木桶理论"找到自己的"短木板"，然后想办法修正。"短木板"可能存在如下差距。

（1）观念差距。观念陈旧会导致行动失效。

（2）知识差距。积累的知识仍有欠缺。

（3）能力差距。面对不断改变的环境，个体的能力应努力提高。

（4）心理素质差距。要具备良好的心理素质。

四、职业生涯规划评估的标准和要素

职业生涯规划评估可采用 360 度测评方式进行，其标准和要素如下。

（一）自我评估

自我评估是以个人的价值观念及个人知识能力水平为标准进行的，评估要素包括下列几方面。

（1）自己的才能是否充分施展？

（2）是否对自己在企业发展、社会进步中作的贡献满意？

（3）是否对自己的职称、职务、工资待遇的变化满意？

（4）是否对处理职业生涯发展与其他人生活关系的结果满意？

（二）家庭评估

家庭评估主要以父母、配偶、子女和其他家庭重要成员为主，以家庭文化为标准，评估要素包括以下两点。

（1）是否能够理解？

（2）是否能够给予支持和帮助？

（三）企业评估

评估者可分为上级、同级和下级。以企业文化及企业总体经验的结果为标准，评估要素包括以下四点。

（1）是否有下级、同级同事的赞赏？

（2）是否有上级的肯定和表彰？

（3）是否有职称、职务提升，或同职务责、权、利范围的扩大？

（4）是否有工资待遇的提高？

（四）社会评估

社会评估包括社会舆论和社会组织的评估，以文明程度及社会历史进程为标准，评估要素包括以下两点。

（1）是否有社会舆论的支持和好评？

（2）是否有社会组织的承认和奖励？

五、职业生涯规划评估的步骤

（一）重温生涯目标

重温生涯目标的方法包括：经常回顾自己的构想和行动计划；把自己的构想和任务方案放在可以经常看见的地方，时刻提醒自己；当自己要做出一个重要决定时，考虑自己的构想和行动计划，并确保当下的决策与自己的本意相符；经常想一想自己正在做的事是最想做的事吗？自己真的适合做这个职业吗？是否能如期完成目标？

（二）分析实际情况与设定目标的吻合程度

判断实际行为效果与期望值的偏差，研究导致失败的原因。

（三）运用结果修正、完善目标

采取及时、适当的纠正措施，调整策略，改变行动。

自省和过程监督是十分重要和必要的。应有意识地回顾得失，检查验证职业生涯规划的执行效果，并有针对性地提出解决方案，纠正偏差。保证至少每一季度做一次检查。

通过评估和调整，应该达到以下目的：对自己的长处和优点充满自信；对自己的发展机会有一个清楚的了解（我知道自己什么地方还有待改进）；找出关键的有待改进之处；为这些有待改进之处制订详细的行动改变计划；实施自己的计划，确保取得显著的进步和成就。

总之，职业生涯规划是一个动态发展的过程，有效的职业生涯规划需要反复修正职业生涯目标以适应环境的改变，同时可以作为下一次规划的依据。

审视

随着社会经济和文化的发展变化，以及个体人生观、价值观的变化，会导致已经设计好的规划与实际情况不相契合，我们应及时对职业生涯规划进行评估，将不合时宜的内容进行修正，调整生涯规划实施计划，按新的路径执行生涯规划。

问题探索

本章探索了职业生涯规划与制定、职业生涯规划书撰写的原则和要点、如何执行生涯规划以及生涯规划的评估，掌握上述知识点，就可以制定与个人相符的职业生涯规划。

拓展思考

根据本章知识内容，撰写一份个人职业生涯规划书。

第七章　职业生涯发展理论与实务

思维导图

职业生涯发展理论与实务

第一节　提升职业生涯发展能力
　　正确认知职业生涯发展能力
　　科学确立职业生涯发展所需的职业能力
　　职业生涯发展能力提升的基本方法
　　大学生核心能力提升技巧

第二节　用创业思维构建发展模式
　　创业思维、精益创业及效果逻辑的内涵
　　职业生涯发展模式的特征及形式
　　运用创业思维构建自身职业发展模式
　　用创业思维构建职业发展模式需注意的问题

第三节　职业生涯发展的自我管理
　　自我管理存在的问题
　　自我管理的方法和工具

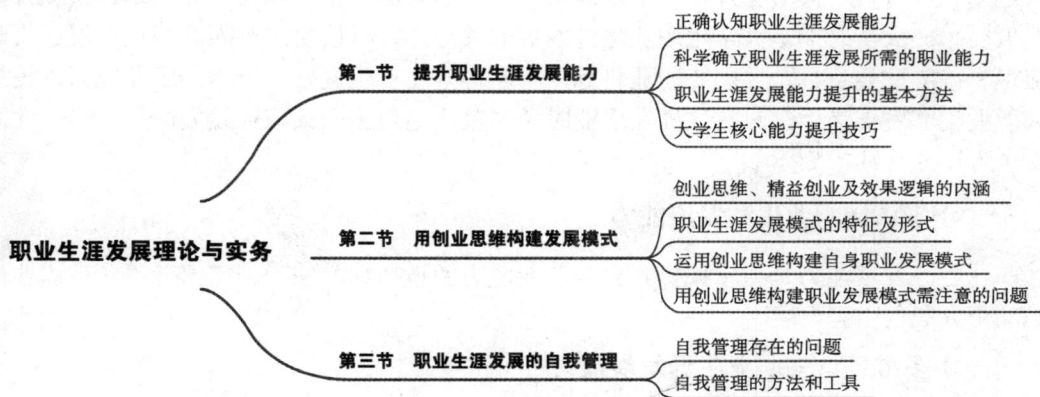

▶ 第一节　提升职业生涯发展能力

学习目标

（1）了解职业生涯发展能力。

（2）确立自身所需的职业生涯发展能力。

（3）掌握职业生涯发展能力提升的基本方法。

案例分析

同样的大学，不同的人生

　　小刘和小李是大学同班同学，四年的大学生活即将结束，毕业后的他们注定将面临不同的人生。高考结束后，小刘认为上了大学终于可以放松了，他开始沉迷网络游戏，经常整夜不睡觉，由于睡眠不足，上课经常瞌睡，不能集中精神听课，逐渐跟不上老师授课进程，开始逃课，大四了他还有 10 多门课程未通过考试，面临延迟毕业，内心悔恨不已。而小李在一入学就为自己制定了学习和职业规划，随着对所学的计算机专业不断深入了解，他的职业目标越来越清晰，在大一下学期时就将软件工程师作为自己的职业目标，并力争工作 5 ~ 10 年后创立自己的软件公司。为加强自身对软件工程师职业认知，在暑假他积极去软件企业实习，与高级软件工程师及企业老板进行深入交流，对软件工程师及创业者所需的职业能力有更清晰的认识。大二一开学，他自学软件开发、网页制作等知识来提升自己的专业能力，同时报名参加学校组织的创业大赛，提升自身的创业能力。通过一年的努力，他具备独立开发网站及小型软件的能力，成立自己的软件开发工作室，招募创业队友，开始自己的创业实践之路，并赚到自己人生的"第一桶金"。小李在毕业时因具备较强的专业能力和创业能力，被一家全国知名软件企业录用，与小刘形成了鲜明的对比。

这个案例告诉广大学生，在大学期间每个人都需要围绕个人职业生涯规划不断提升职业发展能力。大学时期是大学生职业生涯发展的关键期，直接决定个人的职业发展。大学生应尽早确立职业目标，并围绕职业目标，不断提升职业生涯发展所需的职业能力，挖掘个人职业生涯发展潜力，只有这样在毕业时才能坚实地迈出个人职业发展的第一步，才能实现个人职业生涯规划。

一、正确认知职业生涯发展能力

职业生涯发展能力是指掌握提升自身职业能力的技巧和方法，并懂得运用各种职业能力推动个人职业生涯发展。

（一）多维度认知职业生涯发展能力

1.认知我国职业能力分类实质

我国职业能力主要分为三类：第一类能力是倾向 / 天赋，每个人都有特殊才能，但未被开发而荒废（潜能）；第二类能力是技能，是指经过学习和练习而培养形成的能力；第三类能力是自我效能感，是个人对自己的能力，以及运用该种能力将得到何种结果所持的信心和把握程度。

2.认知职业生涯发展关键能力

德国在 20 世纪率先提出职业生涯发展关键能力的概念，其主要是指一种普遍的、可迁移的，在个人的职业生涯、个性发展和社会活动等各个方面起关键作用的能力。它包含与专业不直接相关的知识和技能，即在不同场合下做出判断与选择的能力，以及处理生涯中不可预测的各种变化的能力。

3.认知职业咨询机构对职业生涯发展能力评价

国内某知名职业咨询机构通过长期职业咨询服务，总结出当代最容易让人获得职业成功的十种职业生涯发展能力，分别为逆向思维能力、考虑问题的换位思考能力、制定长期发展目标的能力、简洁的书面信息编写能力、信息资料收集能力、解决问题的能力、超强的情绪调节能力、岗位变化的承受能力、勇于挑战的能力、积极寻求培训和实践机会的能力等。

4. 认知企业招聘所需的职业能力

通过对企业招聘人员及求职学生的调查得出，企业对应聘者有如下要求：沟通能力、积极主动性、团队合作精神、领导能力、学业成绩、人际交往能力、灵活性／适应能力、专业技术、诚实正直、工作道德、分析和解决问题的能力等。其核心思想就是关注大学生在校期间思想品德和礼仪修养、学习能力、社会实践和任职经历等三个方面的表现，其中思想品德和礼仪修养对应工作道德、诚实正直、积极主动性等要求，学习能力对应学业成绩、专业技术等，社会实践和任职经历对应沟通能力、人际交往能力、灵活性／适应能力、团队合作精神、领导能力、分析和解决问题的能力等。

总之，一个人职业生涯发展成功与否不是由一种或几种能力所决定，而是由多种能力共同决定的。一个人具备的能力越全面越强大，其职业生涯发展走得越远，离成功越近。此外，一个人不仅要具备自身职业发展需要的能力，还要具备灵活运用多种能力的能力，从而推动个人职业生涯高效发展。

（二）认知职业生涯发展能力提升特点

不论是身体的运动能力，还是专业技能、组织能力、沟通能力等，都需要经过不断学习或训练，才能熟练地掌握。在个人职业生涯发展进程中，不同阶段对同一种职业能力的要求也表现出较大差异。有计划地提升个人职业生涯发展所需的能力，能够有效帮助我们实现个人职业目标，提升职业发展潜能，易于职业生涯规划阶段性目标的实现。

此外，有些人因缺乏有效的职业规划，各种职业能力提升没有与自身的职业生涯目标相结合，整个过程中充满盲目性，采取了自以为不错的"广撒网"策略，结果浪费大量的个人精力和时间，因而对提升个人就业择业帮助有限。

二、科学确立职业生涯发展所需的职业能力

科学确立个人职业生涯发展所需提升的能力，要以个人职业生涯规划为中心，以个人职业目标为导向，结合个人职业偏好类型，选择个人职业生涯发展所需提升的相关能力。制定完善合理的职业生涯规划是提升个人职业生涯发展能力的前提。

在进入大学之前我们的职业目标还不够清晰，进入大学之后我们可以运用职业锚理论，初步选择 3～5 个职业作为自身职业目标。随着自身对社会和自我认知的深入，自身的职业生涯规划能力不断提高，职业目标越来越具体，在大学毕业之前必须明确自身的优先职业目标及备选的职业目标。在确立职业目标的过程中，可以进行科学的霍兰德职业兴趣类型测试，确立自身职业偏好，并通过参加校园文化活动和社会实践验证自身职业偏好是否准确，将精准的职业目标与模糊的职业偏好结合在一起，确保职业目标与自身潜在的能力、职业兴趣、职业性格相匹配。

明确职业目标之后，还要充分发挥职业生涯人物访谈法的作用，选择业绩突出、多年来一直从事相关工作的 3 名以上的生涯人物分别进行访谈。这个阶段的访谈和职业规划的生涯访谈不同，这个阶段属于实施阶段，在访谈的过程中我们舍弃职业性格、职业兴趣、工作价值观等内容，充分访谈该职业所需的职业能力、所需职业能力的培育方法、所需职业能力的程度等方面内容，再现该职业所需能力的种类、程度、相互关系、提升办法等一系列问题。对访谈的结果进行统计分析，按照重要程度列表，与自己当前所具备的能力对比并找出差距。作为大学生，在校期间还要积极参加职业实习，对遴选出来的各类职业能

力进行实践验证，使在工作中检验、确立的职业能力更加全面和精准。

三、职业生涯发展能力提升的基本方法

职业生涯发展能力提升需要科学的学习和训练方法，可以通过日常不断累积和短期集中训练得到有效提升。要将职业生涯发展能力提升融入学习、工作、娱乐及休闲等日常生活中，把生活中遇到的各种问题与能力提升相结合，勤于思考，及时总结。不断探索自我，挖掘潜能，不分时空，尽可能多学习由主到次的相关能力，保证职业生涯发展能力水平不断提高。

（一）参加职业生涯发展能力专题学习培训

专题培训有助于人们了解对应的职业能力的本质内涵、核心内容、实践方法、提升路径等。参加职业发展能力提升专题培训，在短期内对自身职业发展能力的短板具有快速提升作用。个人职业生涯发展基本能力学习和培训要设置期限，一些基本操作的能力需要在较短时间内掌握，如 PPT 制作能力、图片处理能力等，设置 3～5 天期限；一些关键能力需要长期不断学习提高，如组织领导能力、科学研究能力等，不必设定期限，但每天都要去提升。职业生涯发展能力中的自我管理能力必须优先提高，自我管理能力是所有能力中的核心能力，做好自我管理能力提升能够提高自我行动力，进而提高职业生涯发展能力的学习和训练效率。

（二）参加职业生涯发展能力实践锻炼

社会实践是大学生课外学习的一个重要途径，更是大学生自身培育职业生涯发展所需能力的重要途径。大学实践锻炼主要包括社团组织工作、校园学生活动、专业实习、社会实践等方面，其中参加学生组织和社团是锻炼职业生涯发展能力的重要方式，也是学生自我能力探索的一个重要途径。参加学生组织和社团能够帮助学生正确认识自己的职业发展倾向，认清自己是适合与物打交道的现实型工作者，还是适合与人打交道的社会型工作者等，并及时调整个人职业生涯规划。参加专业实习将所学的专业理论知识通过实践得到强化，能够使学生快速提升专业能力，熟悉专业工作环境，提前认知专业能力对职业发展的推动作用。个人社会实践能够提前锻炼自身解决问题的逆向思维能力、考虑问题的换位思考能力、制定长期发展目标的能力、简洁的书面信息编写能力、信息资料收集能力、解决问题的能力、超强的情绪调节能力、岗位变化的承受能力等职场所需的能力，从而提升职业成功的"关键能力"。学生参加实践锻炼虽然能够锻炼多种能力，但要把握好度，个别学生热衷于参加社团，每天忙于应付社团活动，事务性工作缠身，很少对个人的社团工作进行思考总结，过犹不及。过度参加社会实践还会影响自身学习安排，占用大量学习科学文化知识的时间，导致学业困难，其不仅不能推动个人职业生涯发展，甚至还会阻碍个人职业生涯发展。

（三）注重职业生涯发展能力日常积累

时间是有限的，我们不可能有很多时间去锻炼各类职业能力，注重职业生涯发展能力日常积累是提升个人职业发展能力的基本方法。大学生要注重日常积累，认真安排好大学期间每一天的生活、学习和工作，积极参加各类活动，努力学习科学文化知识。以日常积累提升个人语言表达能力为例，可在日常演讲比赛、家族聚餐、课堂回答问题、社团组织会议等公共场所积极发言，锻炼个人语言表达能力，不断积累，使个人语言表

达能力实现质变。

（四）制订实施职业生涯能力提升计划

职业生涯需要规划，同样职业生涯能力提升也需要规划，依据提升自身职业能力的需要建立切实可行的提升计划。大学阶段是职业生涯能力提升关键时期，学校具有培养学生多种能力的平台和路径，学生可以依据自身职业能力提升的需要选择个性化的个人发展模式。制订能力提升计划，要依据自身实际情况，与学习计划相结合。大学一年级重在提升学习能力，培养自学能力；大学二年级重在创新创业能力的培养，创新型人才是企业最受欢迎的人才；大学三年级重在专业能力的培养，在专业技术方面为自身职业发展打下坚实的专业基础；大学四年级重在提升职业规划能力，事关个人前程，需进一步学习相关职业规划理论知识。组织领导能力、人际交往能力、团队协作精神、阅读写作能力、语言表达能力等基本能力的提升计划要贯穿大学始终，不断地积累提升。

四、大学生核心能力提升技巧

大学生在提升组织领导能力、人际交往能力、团队协作精神、阅读写作能力、语言表达能力等基本能力之外，更要提升创新能力、专业能力、职业生涯规划能力、自主学习能力及就业能力等五大核心能力。

（一）创新能力提升技巧和方法

合格的大学毕业生一定要具有创新能力。21世纪，创新创业已经成为社会发展的主题，任何行业、任何领域的发展都离不开创新。大学是科学创新的场所，具有丰富的创新资源和平台，是培育创新能力的最佳场所。培养创新能力首先要与自身所学专业相结合，实现二者相互促进，并确立创新的方向和领域。高校里提升创新能力的途径很多，如结合专业知识和职业目标积极参加相关的创新大赛，以大赛提升自身的创新能力；积极参加专业教师的科研团队，加入相关科技创新项目研究，以科研提升创新能力；认真参与企业生产实习，了解和观察企业在生产管理及技术方面存在的难题，提出新技术或新方法，解决企业难题，以社会实践提升创新能力；选择与专业方向和职业目标相关的学生科技创新社团，积极参与社团组织的创新活动，以科技创新社团提升创新能力；参加相关领域专家和学者主讲的创新报告会，并就自己在创新能力提升过程中遇到的问题，展开交流研讨，以创新交流提升自身创新能力；加入学生创新团队，通过团队合作交流，共同提升创新能力，以创新团队提升创新能力；注重培养自身的创新意识，结合自身学习工作的特点，创新学习和工作方法，勇于突破传统的工作，掌握创新思维原理，由应试教育的思维定式向创新思维模式转变，以培养创新思维提升创新能力。

（二）专业能力提升技巧和方法

专业能力是企业招聘时重要的评测考核指标，是企业决定是否录用的重要参考条件之一。专业能力培养要与自身职业目标相统一，一些学生的职业目标是"跨界"，不想在本专业领域就业，这样会增加专业能力提升难度。因此，确立自身专业能力时必须考虑其是否与职业目标相统一，如果不能有效地统一，我们就要拓展专业能力培养范围，或者改变自身的职业目标。学校设置的教学课程计划都是经过科学研究制订的，意在为专业能力打下坚实的基础，大学生必须从"专业概论"开始，认真学习每一门课程，学透每一个专业知识点。注重专业实习实践，做到理论与实践相结合，提高活学活用专业理论知识及实践动手能力；注重专业能力提升与创新及学术能力培养相结合，依托创新及学术能力促进专业能力提升；在企业实习过程中注意调查企业生产情况，注重调查产品和生产技术的不足，通过解决实际问题提升专业能力；注重参加专业知识能力提升培训，学会专业能力提升的技巧和方法，提高专业能力提升效率；注重积极拓宽专业知识面，在规定的学习课程之外，要自学相关专业知识，掌握专业发展现状和未来的发展趋势，选修与专业能力和职业目标相关的选修课，扩充专业知识；注重参加学术讲座和报告，跟踪学术前沿，丰富专业前沿知识。

（三）职业生涯规划能力提升技巧和方法

科学合理的职业生涯规划能够让我们少走弯路，节约时间和资源，快乐工作，幸福生活，易于实现自我梦想。

1. 注重职业生涯规划理论知识学习

大学生要依托高校职业生涯课程提升职业生涯规划能力，学习职业生涯规划理论知识，进行职业生涯规划实践探索。业余时间积极自学职业生涯规划理论知识，给家人、亲戚、朋友进行案例分析，注重职业生涯规划理论知识的日常积累。

2. 积极参加职业生涯规划社会实践活动

在校期间经常参加与个人职业目标相关企业的生产实习，在实习过程中积极开展职业访谈，与身边的同学、朋友经常性地交流职业生涯规划理论知识及现实案例，提升职业生涯规划能力。随着个人职业生涯规划能力的不断提升，需要定期进行自我探索、职业认知、生涯决策等环节的操作，不断修正我们的职业生涯规划书，从而更好地制定自身的职业生涯规划。

3. 接受职业生涯规划咨询机构的指导服务

高校一般设有职业生涯规划咨询机构，为学生提供咨询指导服务，大学生应充分利用学校咨询指导资源，与专业指导教师进行职业生涯规划理论知识交流，寻求专业教师提供理论指导，提升自身职业生涯规划能力，并请专业指导教师对自身职业生涯规划进行指正。毕业后还可以参加社会上专业机构举办的专题培训，或咨询专业机构获得专业指导。

4. 不断进行职业生涯规划自我反思

养成职业生涯规划自我反思习惯，定期对自我职业发展状况进行总结、对职业能力提升状况进行分析、对职业生涯规划存在的问题进行排查，及时发现职业生涯规划中各类问题并进行有效整改，从而提升个人职业生涯规划的可行性。

（四）自主学习能力提升技巧和方法

科技发展迅速，网络技术不断进步，知识更新速度不断加快，"活到老、学到老"成为必然，自主学习能力成为提升职业生涯发展的重要能力之一。

1. 学会培养学习兴趣

兴趣是学习的重要动力源泉，只有对知识充满兴趣，才能全身心地投入学习过程中，从而把被动学习转换成主动学习。为保证学习目标的完成，可将总目标分解成多个小目标，在不断完成一个个小目标中，逐渐完成大目标，不断激发自主学习兴趣，不断获得成功的幸福感，增强实现总目标的信心。在学习过程中积极参与解决企业生产中的实际问题，在解决实际问题的过程中，巩固所学专业知识，对知识价值产生新的认识，特别是能够享受解决问题带来的愉悦情绪，从而有效保持学习兴趣的稳定性。还应注重专业学术研究、发表学术论文、参加创新大赛、进行发明创造，进而不断激发学习兴趣。

2. 找到适合自身的学习方法和技巧

适合自身的学习方法能够提高学习效率，有效减少学习占用时间，由"苦"学向"乐"学转变。现在比较流行的学习方法主要有：间隔学习法，对于一定的内容，要在学习时间上安排一定的间隔，隔一段时间回顾前面学过的，然后再学新的；测验学习法，通过经常性测验检验自己是否真的掌握了相关的知识，清晰地掌握自己的学习程度，也能做到边测验边学习；联系学习法，运用思维导图等工具将知识点进行归类，让各知识点建立联系，使学习思路更加直观清晰；问题学习法，带着问题去学习有利于集中注意力，目的明确，效率高；网络学习法，一边看书本，一边听网课，相互印证，这更有利于自学。除此之外还有预习法、复习法、笔记法等传统学习方法。

3. 养成良好的自主学习习惯

良好的自主学习习惯是长时间逐渐形成的，一定要确立学习目标或任务，依据目标或任务，制订具体、明确、可行的学习计划，每天认真执行，逐渐形成自主学习习惯。在培养自主学习习惯过程中可以与优秀的人交流，共同开展学习活动，相互交流学习心得体会，通过他人推动自身自主学习习惯养成。还可以用记日记的方法来约束自己，邀请亲人、同事或朋友监督自己，用暗示法提醒自己，用激励法激励自己，从而促进自身自主学习习惯的养成。

（五）就业能力提升技巧和方法

要提高就业能力，应做到如下几点：第一是提高自主学习能力，养成终身学习的习惯，寻求适合自身的学习方法；第二是加强自身思想政治能力建设，经常学习政治理论知识，关心国家大事，关注时事新闻，提升政治鉴别力和社会洞察力；第三是加强自身品德修养建设，自觉树立和践行社会主义核心价值观，追求更有高度、更有境界、更有品位的人生；第四是积极参加学校社团及其组织的各类活动，提升发展性素质，提升自身社会适应能力、团体合作精神、工作态度、责任心、组织管理能力、人际交往能力等；第五是通过参加创新创业大赛、参与科研团队开展科学研究、创业实践等提升创新创业能力；第六是积极参加生产实习、企业科技革新工作；第七是提前参加学校或社会举办的各类型招聘会，熟悉企业招聘的要求和招聘流程，注重礼仪修养，掌握面试技巧。

审视

职业发展和能力之间有不容置疑的直接关系，能力是一个人能否就业、创业的先决条件，是能否胜任职业工作的主观条件。科学地提高自身职业发展所需的职业能力，能够使我们更易于接近成功，避免将有限的精力浪费在无用能力提升过程中。要清醒认识到职业生涯发展能力的提升不会一蹴而就，是一项长期积累、不断提高的过程，在这个提高的过程中还会面临各种各样的困难，重在坚持。五大核心能力直接决定个人职业生涯发展顺畅与否，对个人职业生涯发展起到至关重要的作用。

问题 探索

　　无论从事什么职业，总要有一定的能力作保证。能力种类繁多，如何科学地选择学习和训练个人职业生涯发展所需的能力，这是我们每个人必须认真思考和面对的问题。

拓展 思考

　　科学地提升职业生涯发展能力要掌握能力提升规律，要讲究方式方法。请好好思索并依据个人求职目标做好规划。

▶ 第二节　用创业思维构建发展模式

学习 目标

　　（1）了解创业思维、精益创业及效果逻辑的实质。
　　（2）熟悉职业生涯发展模式的特征及形式。
　　（3）学会运用创业思维构建自身职业发展模式。

案例 分析

落榜女孩创造的新人生

　　小孙是一名1990年出生在某乡镇的女孩，高考落榜后去某市一个加工厂打工，她从没有想过自己会成为一名年薪十几万的程序员。她最初在电池厂上班，负责电池正负极的检测，一天近10个小时重复做着不喜欢的事情，这不是她内心想要的生活。回想在高考后的那年暑假，她参加一家培训学校组织的夏令营，免费学习了计算机知识，激发了她对计算机的好奇心。2010年5月她从工厂辞职，那段时间，她不是在上课就是在打工。2012年底她意识到将来如果没有文凭，也不好找工作，就参加了一所大学的远程教育，2014年1月拿到了大专文凭后，她又报名参加了一所大学的专升本自考，2015年6月，她拿到了自考本科毕业证书和学士学位。她无意中看到的一个带薪实习的程序员的招聘广告，萌生了要去尝试的想法，经过努力她成功获得该岗位。

　　小孙的逐梦之路就是学习、工作、再学习、再工作循环的职业发展过程。她没有明确的职业目标，但是具有学习精神，能够通过不断学习储备资源，敢于冒险突破自我，不安于现状，敢想敢拼。她没有具体的职业生涯规划，但她以行动为导向，注重结果，从小目标堆砌成大目标，最终实现人生华丽的转身。

一、创业思维、精益创业及效果逻辑的内涵

（一）创业思维的内涵

　　创业思维顾名思义就是像创业者一样思考和行动，具体是指如何利用不确定的环境和资源来创造商机的思维方式。个人职业生涯发展过程也可看作是一个创业的过程，虽

然不是创办企业，却是自身开创一番事业。职业生涯发展过程就像一个企业的成长过程，从无到有，从弱到强，有成功，也有失败。因此，人们在职业生涯发展过程中，要培育自身的创业思维，使自身具有开创性的思想、观念、个性、意志、作风和品质。提升"机会识别与冒险能力""管理与决策能力"等与创业相关的职业能力，更好地推进职业不断向前发展。

（二）精益创业的内涵

从当前的创业实践过程来看，创业可分为传统创业和精益创业两种模式。传统创业认为创业需要通过商业计划、风险投资、产品开发、投放市场等逐步完成，具有可度量、可预测的确定性特点。精益创业认为用户需求和解决方案在本质上都是未知的，创业者无法完美地设计解决方案，具有不可度量、不可预测的不确定性。精益创业来源于互联网行业，原本是软件开发的一种新模式，由硅谷创业家埃里克·莱斯在其2018年的著作《精益创业》中首度提出。

（三）效果逻辑的内涵

效果逻辑和精益创业均为行动导向法，效果逻辑相对于精益创业思维模式更易于理解，其与因果逻辑不同，因果逻辑也称为预测逻辑，强调必须依靠精确的预测和清晰的目标。而效果逻辑是一种行为逻辑，属于非预测逻辑，强调通过行动来创造或发现机会，获得满意的效果。效果逻辑更有助于创业者开展创业实践，运用效果逻辑思维制定和调整自身职业生涯规划，可使职业生涯规划更切实可行，有效降低职业生涯规划风险，优化自身职业路径，易于实现职业目标。

二、职业生涯发展模式的特征及形式

（一）职业生涯发展模式的特征

每个人的职业生涯发展模式都不尽相同，不同时代也造就不同的职业生涯发展模式。在我国实施改革开放之前，一直处于传统职业生涯发展模式，主要表现为工作稳定、员工忠诚，职业生涯规划需求低。在改革开放之后，我国高等教育飞速发展，经历精英化、大众化阶段，正在进入普及化阶段，为我国经济发展培养了大量知识型人才，极大地推动我国经济由工业经济向知识经济转变。在个人主体意识觉醒、个性化特征日益明显的今天，就业市场环境总体变得十分复杂，市场竞争也更为激烈，人们的整个职业生涯规划发展模式发生了很大变化，最为普遍的是无边界职业生涯和易变性职业生涯，这两种职业生涯发展模式的特征表现明显。

无边界职业生涯发展模式的特征主要表现为企业人员流动成为一种普遍的现象，无论是工作组织、还是员工自身，他们所认定的工作契约都从长期发展型向短期交易型转变；易变性职业生涯发展模式的特征主要表现为个人的个性化特征和主体意识在知识经济时代得到了释放和强化，也就是说，职业生涯规划发展模式不再是由组织所领导，更多的是个人对自身职业生涯规划的管理，个人职业生涯规划出现了明显的易变性特征。此外，职业生涯成功与否的界定标准开始转向个人，也就是说，职业生涯给个人带来的工作满意度、价值实现度以及自我提升度是评价个人职业生涯成功与否的主要标准，而不再是由外界统一的标准和模式来界定个人职业生涯规划的科学性和合理性。

（二）个人职业生涯发展主要模式

当前我国个人职业生涯发展模式主要表现出无边界职业生涯和易变性职业生涯的特征，变换工作单位已经成为常态，个人职业生涯发展变得更加复杂多样，充满个性化特征。当前职业生涯发展模式主要有以下几种，大家可以依据自身实际进行借鉴，也可根据自身实际创新个人职业发展模式。

1. 个人和组织双赢职业生涯发展模式

双赢职业生涯发展模式要求个人全身心投入到组织工作中，在组织指定的工作岗位上开拓进取，创造出更多个人价值和工作业绩，推动组织不断发展，使组织产生更多社会效益和经济效益。随着组织内个人产生的巨大效益不断地堆积，组织将不断发展壮大，为组织内的个人创造良好的发展环境，提供更广阔的发展平台，不断提高薪资待遇，即组织反哺个人，从而构建个人和组织双赢模式，更好地激励个人的职业生涯发展。这种职业生涯发展模式职业稳定性强，在新兴行业、初创企业、发展迅速的企业中表现特别突出。

2. 复合型职业生涯发展模式

复合型职业生涯发展模式要求从多方面提升个人综合素质，在工作中能够成为多面手，广受组织领导的青睐。将自身打造成复合型人才，从而能够更好地推动个人职业发展。

3. 一专多能的职业生涯发展模式

一专多能是指在某一领域是杰出的顶尖人才，同时又在其他领域有相当程度的造诣。而复合型人才则是全面发展，整体素质非常高，虽然不是特别拔尖，但适应能力强，能胜任多个方面的工作，两者具有相当程度的重合。

（三）成功者的职业生涯发展特征

美国加利福尼亚大学一位教授曾对 1500 位不同行业的成功者进行调查研究，这些成功者包括创业者、科学家、政治家、专家学者、体育冠军等各个行业的杰出人物，调查结果发现他们存在着某些共同特征，这些共同的特征不是与生俱来的，而是能够从别人身上学到的，还可以通过后天培养训练形成。当代大学生学到这些成功人士的特征并不一定能成为职业发展的成功者，但这些特征确实能使个人职业发展得更好，值得大家学习和借鉴。以下是创业者、科学家、政治家、专家学者、体育冠军等各个行业成功者的职业生涯发展的共同特征。

1. 生活丰富多彩

真正的成功者并不是把工作作为生活的全部，他们能够把时间均衡地分配给工作、家庭、休闲及其他方面，每一方面都能做到丰富多彩。他们注重提高工作效率，掌握科学工作的方法，能够在有限的工作时间内高质量完成尽可能多的工作。他们更会合理安排家庭、休闲等日常生活，会时常和亲朋好友一起聚餐，一起外出旅行，和家人在一起享受家庭生活的温馨，过着健康而又愉快的生活。

2. 择己所爱的工作

成功者从事的职业一般都是他们真正喜爱的职业，他们追求的是从所从事的事业中获得发自内心的满足感，以及自我价值的实现，而不是一味追求如加薪、升职或享有权利等来自外部的奖励，他们更加重视精神上的获得感。

3. 坚定职业目标

成功之路并不平坦，也没有捷径可走，充满各种挫折和失败。成功者都有坚定的职业目标，他们都是历经各种艰难险阻，最后取得"真经"。他们敢于不断挑战失败，始终沿着职业目标的方向拼搏前进，绝不轻易放弃职业理想。

4. 注重取得的结果

只要不断积累工作经验，个人职业生涯发展就会不断进步。在工作中追求完美主义的人，会以高标准要求使自己脱颖而出，但过于追求完美主义会产生一些巨大的负面作用。真正的成功者不会总是为自己的失误悔恨不已，而是从中吸取教训，然后轻装前进。

5. 富有冒险精神

各行各业的成功者均具备敢于冒险的精神，敢于走出舒适区，向更高的个人职业发展目标发起挑战，即使失败也不会后悔。但还要清醒地认识到冒险不是冒失，在决定走出自我舒适区，向更高的职业目标迈进之前，需要进行充分的风险评估，制定详细的职业发展规划，做好应对风险的补救措施，从而提升突出自我的成功率，即使失败也能够保障基本的生活需要。

6. 善于挖掘潜力

大部分人认为自己能力有限，其实这是一种"自我限制"意识。这种意识是走向成功的最大障碍，没有激发自身的全部潜能，错过多次向前推进的机会，导致个人职业生涯发展停滞不前。而成功者则能够改变心态，不断尝试和突破自我心理认为的极限，挖掘出更多的潜力。

7. 懂得和自己竞争

成功者一般认为和自己竞争，要比击败对手更有意义，他们更希望今天的自己超越昨天的自己，他们是以实现自己职业梦想为最终目标，如果把战胜对手当作最终目标，无疑偏离了最初的职业梦想。

三、运用创业思维构建自身职业发展模式

传统职业生涯规划逻辑次序为"我是谁？我从哪里来？我要到哪里去？"主要强调分析自我的兴趣、性格、能力、价值观，对自己的过去进行回顾总结，确立职业目标，制定职业生涯规划，选择职业生涯发展路线。精益创业思维（以下简称创业思维）模式下的职业生涯规划的逻辑次序为"我的想法，我现在拥有的资源，我能做什么，创业团队的组成，新的想法和目标"，其主要强调现在想做的事，利用当下的资源我能做什么，我马上能够和谁可以合作，他们会给我带来什么样的进步，这些人和我一起合作以后，我的想法和行动发生了哪些改变。这两种职业生涯规划模式在逻辑次序上发生了明显变化，因此构建个人职业发展模式也有明显区别。结合成功者发展特征，运用创业思维及逻辑构建自身职业发展模式需注重以下的方法及策略。

（一）关注自身资源

创业思维要求关注自身现有的可以使用的社会资源，包括手段、工具、人际关系及物质资源等多方面优势，并积极利用现有资源确立个人职业目标、行动路径，做自己当前能够做的事。

（二）确立职业目标

创业思维模式下的职业生涯发展目标是多个随机的小目标自下而上逐步堆砌而成的人生目标，打破传统职业生涯规划中将总目标逐层分解为多个小目标的自上而下，不需制定长期目标，以中短期目标为主，主要依据自身现有资源确立行动路径及目标，确定各阶段的目标的方式。

（三）制定短期规划

传统职业生涯规划需制定长期、中短期多个计划，讲究逐层推进，环环相扣，而创业思维模式下职业生涯发展更加注重制定短期灵活的职业生涯规划，可酌情制定中期职业规划，不必制定长期职业规划。制定短期规划要紧紧围绕短期目标及现有资源，对职业发展目标的表述要清晰、明确。短期规划必须是近期内可以完成的，最好不要超过半年，执行难度也不应太高。

（四）频繁调整职业路径

创业思维要求在可承受风险的范围内采取行动，不去谋求超过自己承受能力的风险。因此可采用精益创业的"客户反馈""快速迭代"的技巧和方法，不断进行迭代试错，依据反馈结果，不断调整职业行动的路径，甚至可以改变自身的职业目标，直至找到正确的行动路径，实现自我职业生涯发展。因此，创业思维下的职业生涯发展路径调整频次更高，完成一个小目标可能需要多次评估、调整职业行动路径，评估调整成为常态。

（五）共建共享共赢发展

创业思维强调合作，与顾客、供应商、甚至潜在的竞争者共同创造未来的市场，创业思维构建的职业发展模式更加注重团队建设。在职业生涯发展过程中，创业思维不注重与其他职业者之间的竞争，注重自我发展，自我竞争，培育与其他潜在的职业者展开合作的职业发展理念，形成发展团体，共同进步，做到发展、共建、共享、共赢。

四、用创业思维构建职业发展模式需注意的问题

创业思维强调不去谋求超出自己承受能力的风险，对待风险小心谨慎，进行不断验证，安全稳定性好，但又显得魄力不足，在现实社会中创业机会或职业发展的机会稍纵即逝。创业思维还强调合作，与顾客、供应商、甚至潜在的竞争者共同创造未来的市场，这种合作的方式不注重强调团队构建模式，缺少竞争，容易造成一团和气、老好人心态等问题。因此，构建职业生涯发展模式要将创业思维与传统职业生涯规划模式有效结合起来，相互促进，既有目标，又兼具灵活性，适当地进行调整，降低职业发展风险，综合两者的优势推动个人职业生涯发展。

审视

作为大学生要运用创业思维对待工作，积极提升个人职业能力，展现坚韧不拔、干事创业的精神，运用创业者具有的思维构建个人职业发展模式，推动自身职业发展。

问题 探索

职场成功的决定因素是有效思维模式，要想成为优秀的职场人士，成为职场精英，我

们必须时刻选择"有效思维"模式，采取积极有效的行动。

拓展 思考

究竟是什么决定了人们在职场上的不同结果？为什么有的人会失败，有的人平庸，有的人优秀？智商、情商、学历、专业、态度、能力、性格、机遇等因素或多或少都会对我们的职场产生较大或巨大的影响。请好好思索并构建个人有效职业发展模式。

第三节 职业生涯发展的自我管理

学习 目标

（1）了解自我管理存在的问题。
（2）掌握自我管理的方法和工具。

案例 分析

清华厨师逆袭人生考上北大

小张出生在江西的一个小山村里，高二辍学后就到广州打工，打工的过程非常辛苦。但他在玩具厂打工的时候发现了英语的魅力，于是便有了学习英语的想法，不久有人介绍他去清华大学的食堂工作，于是他不考虑工资的高低毅然来到了北京，他觉得虽然自己是以一个食堂厨师的身份进入清华大学，但是只要通过自己的努力，将来也可能成为一名大学生。在清华大学的食堂工作，每天看到学生们来去匆匆，坐在餐桌上讨论问题的时候，他就幻想着自己要是一名学生该有多好。于是，他决定开始自学，自学的第一门课就是自己很喜欢的英语，确定好目标后，就开始努力工作和学习，他除了在食堂工作的时间外，剩下的时间都在学习英语。小张喜欢学英语，也喜欢说英语，在食堂打饭的时候，他经常用英语和同学们交流，同学们也很愿意和他交流，他和很多学生的关系也很好。他想成为一名大学生，于是他又开始学习其他科目，不会的题目就向学生请教，很多学生也非常愿意帮助他。最后，小张以非常优异的成绩考入北京大学国际贸易专业，被人们称为"清华英语神厨"。

有些人有超强的自我管理能力，在时间管理、目标管理、学习管理等方面能做到极致，虽然自身起点低，却可以成就不一样的人生。相反，有些人缺乏自我管理能力，虽然人生的起点高，但还是使自己走入歧途，对自身的职业生涯发展造成巨大的损害。

一、自我管理存在的问题

目前我国高校大学生自我管理能力有待提高，一些学生得过且过，缺乏规划和行动力，与班级和寝室同学间关系不佳，在目标管理、学习管理、时间管理、行动管理、情绪管理、资金管理等自我管理方面能力薄弱，存在一系列问题，主要表现在以下几个方面。

（一）自我学习管理被动

大学之前的学习主要以升学为目的，学校和家长参与度较高，强调对学生学习的监督和控制，采取一些强制性的、约束性的措施，致使部分学生丧失了学习的自觉性和能动性，没有养成良好的自主学习习惯，甚至产生逆反，对学习失去兴趣。进入大学后没有老师和父母严格的监督和管教，面对陌生而又宽松自由的大学生活，很多学生没有了学习的目标和方向，缺少学习的动力。

（二）自我生活管理缺失

从出生到进入大学前，一些学生已经养成了完全依赖父母和老师的生活习惯，独立自主生活能力差，不知道自己应该怎样管理好自己的生活，造成个别学生进入大学后无法适应大学生活，物品摆放、财务管理一团糟，寝室卫生脏乱差。个别学生无法融洽地与室友和同学相处，人际关系差，矛盾、冲突时时出现，个人情感问题突出，甚至由此导致他们出现严重的心理问题，严重影响大学生活。

（三）自我职业规划意识淡薄

目前我国中小学职业规划教育处于探索阶段，学生职业规划理论知识学习和教育活动较少，家长过多地承担学习之外的一切生活和社会方面工作，社会对培养学生职业意识影响力也在下降。进入大学后，因对职业生涯规划缺乏足够的认知，不考虑也不知道自己应该怎么做，对自己的学业和职业前景很茫然。

（四）自我时间管理低效

大学生有大量的自由支配时间，摆脱了以往由老师和家长安排为主的时间管理模式，一些学生开始变得有些茫然不知所措。部分学生由于不知道自己应该在自由支配的时间里做些什么，因而将大量的课余时间用于上网、聊天、玩游戏、谈情说爱、影视娱乐及聚餐等方面。在学业和工作上的时间安排不均衡，在时间的分配上也不懂得权衡轻重缓急，在最应该奋斗拼搏的年纪浪费大好时光。

（五）自我行为管理消极

由于国家经济实力的大幅增强，人民的生活水平日益提高，加之近年来一些社会不良现象的存在，对大学生价值观产生一定程度的消极影响。部分学生缺少艰苦朴素、热爱劳动、尊老爱幼等传统美德，独立思考解决问题的能力也逐渐弱化。消极的自我行为管理，是个人价值观扭曲的表现，价值观已经成为企业招聘的重要条件。因此，大学生要不断提高自身思想道德水平，提升自我行为管理能力。

二、自我管理的方法和工具

自我管理主要包含目标管理、时间管理、行动管理、情绪管理等类别的管理。下面列举几种主要的自我管理的方法和工具，供大家学习和借鉴。

（一）时间管理方法和工具

时间管理是指将日常职责按优先次序进行排列，确定时间表并执行，以达到个体水平的满意度。有效的时间管理，不是让你变成机器人，而是让你更有效地安排时间，减轻工作和学习压力。也不会让你有更多的时间，而是让你能更好地利用时间，享受自觉支配时间的自由感。

1. 时间的自我澄清

时间等于生命，做好时间管理就是增加生命的宽度，生命是有限的，宽度是无限的，为更好地利用时间需进行时间的自我澄清，掌握自身还存在哪些浪费时间的事情。一般来说人们的时间主要浪费在找东西、懒惰、拖延、时断时续、单干、突发事件、空想、主次不分、消极、莽撞、事必躬亲、没有主见等方面。而当前大学生浪费时间主要分为两类：一是显性的时间浪费，如漫无边际上网、逛街和聊天，这种时间的浪费创造的价值有限；二是隐性的时间浪费，如不专心听课，边看书边听音乐，看似正在专心从事手头的工作，实际上并非如此。还有随意考证，参加社团过多，提升能力范围过广等，也属于隐性浪费时间。因此，加强自我时间管理前，我们先要搞清楚自己的时间都用在哪里了，进行时间的自我澄清可以通过时间自我澄清测表统计时间的去向，具体见表7-1。

表7-1　时间自我澄清测表

序号	项目
1	一周内平均每天睡觉约（　　　）小时
2	一周内平均每天上课约（　　　）小时
3	一周内平均每天运动约（　　　）小时
4	一周内平均每天自学约（　　　）小时
5	一周内平均每天娱乐约（　　　）小时
6	一周内平均每天兼职约（　　　）小时
7	一周内平均每天参加活动和听讲座约（　　　）小时
8	一周内平均每天用餐约（　　　）小时
9	一周内平均每天上网约（　　　）小时
10	一周内平均每天收拾寝室及个人卫生约（　　　）小时

将以上各项统计的时间，按照从多到少顺序，进行重新排序，对排序结果进行分析，检验自身时间利用率。再与身边的同学分别进行比较，从时间角度分析你是否做到有效利用，如果存在时间浪费的问题，要找出原因，进行自我整改，从而提升时间利用率，做时间的主人。

2. 时间管理原则

管理时间要遵循以下原则：第一，坚持"小气"原则，对于时间必须做到分秒必争，利用一点一滴时间进行学习和工作，绝不浪费；第二，确定时间表，将所有事务列出来，严格按照时间表去做；第三，坚持脱困原则，碰到困境调整好自己心情再去做，从阻碍实现目标的事情中摆脱出来，不钻牛角尖；第四，限期原则，对重要的事情规定完成的时间，做到如期完成，绝不拖沓；第五，缓冲原则，将时间按照重要程度进行优先排序，先做既重要又紧急的事情；第六，确立自己的目标，建立目标表格，实现目标可视化，不断自我提醒，自我监督，也可邀请他人监督，运用目标指向性提升自身时间利用率；第七，明确价值观，确立家庭、工作还有金钱哪一个对你最重要，从而确定自我职业发展方向。

3.时间管理方法及工具

时间管理方法及工具主要有以下三种。

（1）用"四象限原理"规划时间。

目前比较流行的时间管理方法"四象限原理"法指出，所有的工作不是同等紧急、同等重要的，可以按事情的紧急程度和重要程度对工作进行分类。

依据工作的重要性和紧急情况两个维度交叉分为四类（即四个象限），第一类：紧急又重要的工作（位于第Ⅰ象限）；第二类：重要但不紧急的工作（位于第Ⅱ象限）；第三类：紧急但不重要的工作（位于第Ⅲ象限）；第四类：不紧急也不重要的工作（位于第Ⅳ象限），具体如图7-1所示。

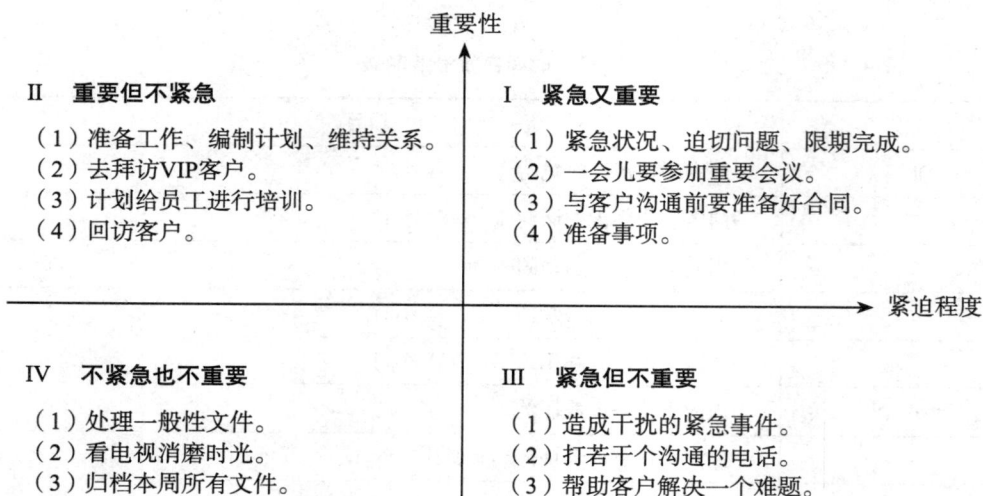

重要性

Ⅱ　重要但不紧急

（1）准备工作、编制计划、维持关系。
（2）去拜访VIP客户。
（3）计划给员工进行培训。
（4）回访客户。

Ⅰ　紧急又重要

（1）紧急状况、迫切问题、限期完成。
（2）一会儿要参加重要会议。
（3）与客户沟通前要准备好合同。
（4）准备事项。

紧迫程度

Ⅳ　不紧急也不重要

（1）处理一般性文件。
（2）看电视消磨时光。
（3）归档本周所有文件。

Ⅲ　紧急但不重要

（1）造成干扰的紧急事件。
（2）打若干个沟通的电话。
（3）帮助客户解决一个难题。

图7-1　时间管理的四象限法

人的精力与时间都是有限的，能否高效地分配、使用好自己的精力与时间，是普通人与成功人士的分水岭。普通人一般把主要的时间与精力放在紧急但不重要的第三象限；成功人士的主要时间与精力则在重要但不紧急的第二象限，如图7-2所示。

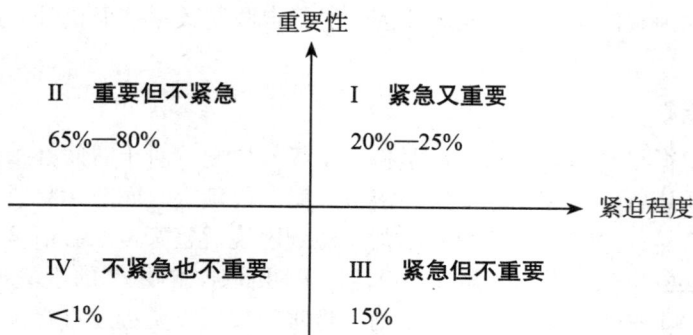

重要性

Ⅱ　重要但不紧急

65%—80%

Ⅰ　紧急又重要

20%—25%

紧迫程度

Ⅳ　不紧急也不重要

<1%

Ⅲ　紧急但不重要

15%

图7-2　成功的时间分配管理

（2）用"ABC控制法"使用时间。

"ABC控制法"也是当前比较流行的时间管理工具，它是根据事务在工作中的重要性和紧迫程度，按照最重要的、较重要的和次重要的三种情况，分成A、B、C三类，从而有区别地管理时间的一种分析方法，具体如图7-3所示。

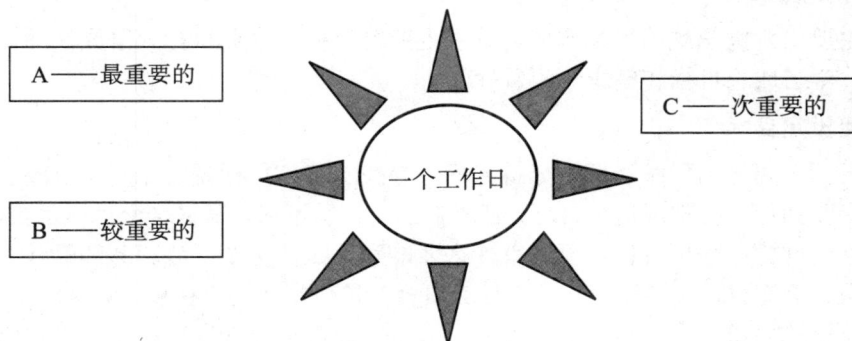

图7-3　ABC控制法

成功人士对每天工作的划分见表7-2所示。

表7-2　职业成功人士对每天工作的划分表

类型	简述	具体描述
A类	规划与发展	A类工作重要且紧迫，每天1~3件，占总工作量的15%~20%，所费时间占总工作时间的60%~80%。分类时，可根据时间列为A-1、A-2等
B类	持续性项目	B类工作较重要，每天5件，占总工作量的30%~40%，所费时间占总工作时间的20%~40%
C类	日常性事务	C类工作为日常性次重要的事务，占总工作量的40%~50%，所费时间占总工作时间的15%

（3）用"80/20法则"分配时间。

"80/20法则"用于时间管理，就是20%的工作占整个工作80%的价值，而其他80%的工作占整个工作20%的价值。我们要集中80%的精力做20%的工作，投入其他20%精力做另外80%的工作，先做20%重要性是80%的工作，如图7-4所示。

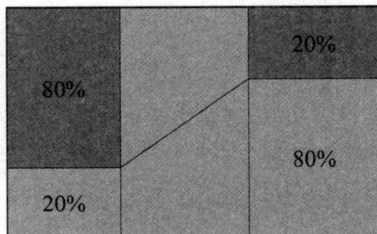

图7-4　80/20法则

（二）目标管理方法和工具

目标管理是以目标为导向、以人为中心、以成果为标准，从而使组织和个人取得最佳业绩的现代管理方法，目标管理亦称"成果管理"。职业生涯发展领域有一个目标管理术语，称为"前后年效应"，指的是前年做的选择，决定了你当下在做的事情，而你当下做的事情，要到后年才会看到效应。因此，掌握目标管理对个人职业发展具有重要意义，做好目标管理应遵循以下几个要点。

1. 目标构成领域

目标主要由六大领域的目标构成，分别为财富目标、事业目标、家庭生活目标、人际关系目标、学习成长目标和健康休闲目标。

2. 如何设定目标

设定目标主要分为酝酿目标、分析目标、寻找支持、目标视觉化四个阶段。酝酿目标主要是思考我为什么要实现这个目标，把思考的目标写下来，确定这个目标是否可以衡量，及其期待度或欲望；分析目标主要从有什么才能和天赋、主要优势和劣势是什么、曾有过的成功记录、所处的时代和环境对我有什么机会、我与什么人物往来、具有的知识和技能、能否满足目标的要求、要学习什么和提升什么等方面进行详细探究；寻找支持就是确认达成目标需要的知识和技能，确认对实现目标有帮助的人和团队，制定实现目标的措施与找出解决障碍的方法；目标视觉化就是制订实现目标的计划，这个计划最好能分解到每年、每月、每周甚至每天。

3. 设立目标的原则

设立目标有以下五个原则。

（1）明确具体。所谓明确具体就是要用具体的语言清楚地说明要达成的目标，目标设置要有项目支撑、衡量标准、达成措施、完成期限以及资源要求，使自己能够很清晰地看到每月、每周甚至每天要做哪些事情及完成情况。

（2）量化衡量。所谓量化衡量就是指目标应该是明确的，不是模糊的，应该有一组明确的数据，作为衡量达成目标的数据。

（3）能够实现。所谓能够实现就是指目标是可以实现和达到的，制定目标要具有挑战性，必须要通过努力拼搏才能实现，当然这种挑战要以可实现为前提。

（4）长短关联。所谓长短关联是指制定目标要由上而下、由外而内、由大到小紧密相连，工作目标还要与公司、部门工作目标相关联。

（5）完成时限。所谓完成时限是指制定目标时，应确定完成目标的时间规定，只有这样，你才能在期限之内，全力以赴去完成目标。

4. 目标分解与矫正

大的目标等于各小目标的总和，一些大目标看似难以实现，但把它分割成无数个小目标，实现起来就不再困难。每年实现一个小目标，日积月累，你就会收获成功的人生。分解目标可分为

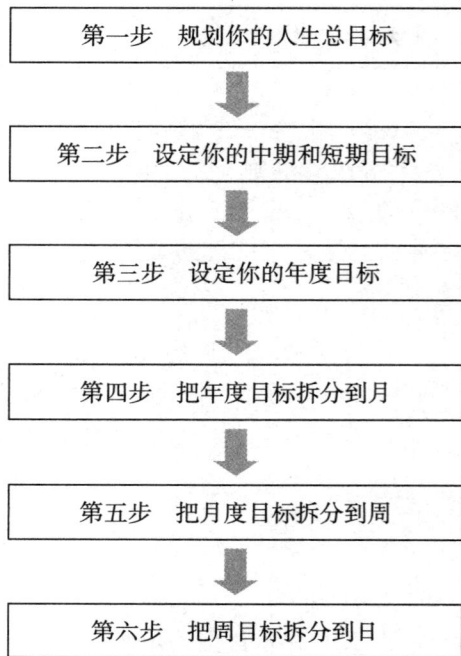

第一步　规划你的人生总目标

↓

第二步　设定你的中期和短期目标

↓

第三步　设定你的年度目标

↓

第四步　把年度目标拆分到月

↓

第五步　把月度目标拆分到周

↓

第六步　把周目标拆分到日

图7-5　目标分解法

六个步骤，具体如图7-5所示。

目标需要不断矫正。在向目标前进的路上，会发生走岔路的情况，因此想规避风险，少走弯路，就要不断矫正目标，同时进行总结。

5.目标管理基本要求

目标管理有以下六个方面的基本要求。

（1）专注目标。失败者有无数目标而成功者只有一个目标，实现目标需要你始终专注地去执行。

（2）重在执行。目标设定后，就要严格执行，很小的目标都要坚持完成，否则你的目标管理就会出现执行差的问题。

（3）确定角色。确定了你的人生角色，便确定了你的目标，你该做什么事、该负什么责任，只有明确了这些，你才能掌控你的人生发展全局。

（4）目标要高。目标越高，才能发展越快，制定目标以结果为导向，你的目标定得越高，对你的挑战性越强，你就会为实现它更加努力地学习、奋斗。

（5）以终为始。制定目标，从总目标反推回来，把目标分解开来，变成一个个在不同阶段容易实现的小目标。

（6）看清起点。制定目标时，要看清自身的起点，即你在制定目标时具有的优势和劣势，你还需要学习哪些知识、提升哪些职业能力、需要掌握哪些工作方法才能达到你的目标。

6.常见目标管理工具

常见的目标管理工具有三种。

（1）"SMART"法确定目标。

"SMART"法强调的是制定目标的五个具体原则：可确定的、可衡量的、可接受的、现实可行的和有时间限制的。一般来说，一个恰当的目标应该符合这五个原则。"SMART"法的名称就是由对应的五个英文单词的首字母大写组合而来的，具体如图7-6所示。

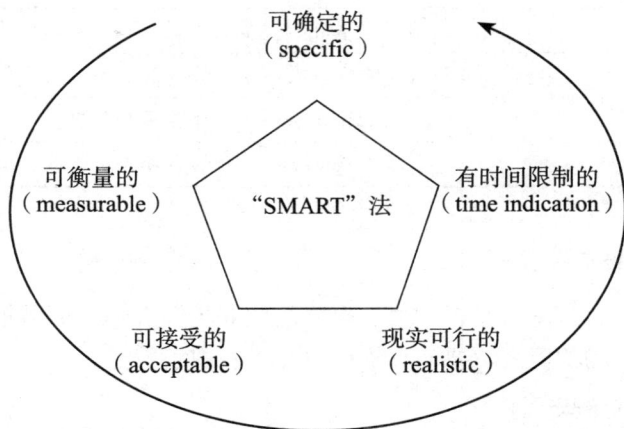

图7-6　制定目标的SMART法

（2）"目标多权树法"分解目标。

目标多权树法是专业的目标分解工具，目标的确立往往能保障计划的有效实施，甚至是成功的关键。实现目标的过程是由现在到将来，由小目标到大目标，一步一步前进的，从最终目标出发，一级一级分解为可实现的小目标，这就是目标多杈树，具体如图7-7所示。

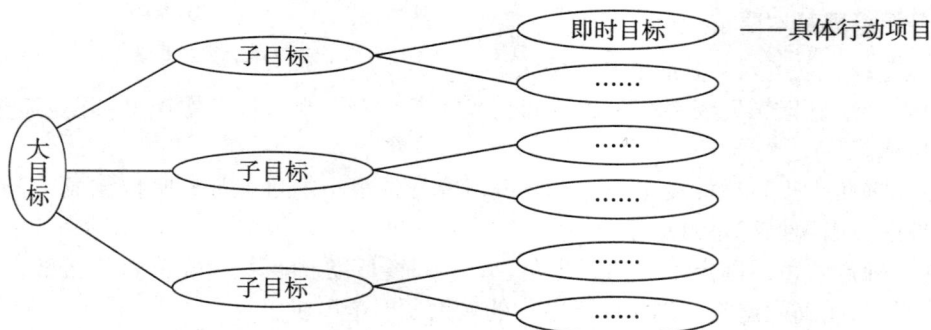

图7-7 目标多杈树法

（3）"6W3H"法分析细化目标。

"6W3H"法是用6个以W和3个以H开头的英语单词进行设问，发现问题，寻找新思路，提出新决策的方法，具体如表7-3。

表7-3 "6W3H"法分析细化目标列表

分类	设问
6W	why（明确了解工作进行的目的及理由）
	what（确定要做哪些事项）
	who（明确责任者及协助者，谁来做）
	when（什么时候完成）
	where（在什么地方完成）
	which（确定工作的优先顺序，找出解决问题的重点对策）
3H	how to（明确各项行动如何进行及进行的顺序步骤）
	how many（工作数量是多少）
	how much（预算费用是多少）

（三）行动管理方法及工具

行动力对个人而言，它就是自制力。再好的职业生涯规划，如果不去执行，永远是空中楼阁，我们要做行动的巨人，要认真执行职业生涯规划。

1. 激发行动力的步骤

激发行动力常用的步骤：第一步，思考我要得到什么样的结果；第二步，想象达不到目标有什么样的痛苦；第三步，再思考不行动有什么坏处；第四步，想象假如马上行动，有什么好处；第五步，制定期限，马上行动，行动前定下目标达成时限；第六步，将行动计划告诉你的家人、朋友和老师等，看你的行动计划是否合理可行，先行检验一下，同时也得到大家的监督。

2.选择良好的行动环境

提升行动力（即执行力）的方法有很多，可以选择和行动力强的人一起行动；也可以建立行动小组，开展集体行动，设立集体目标，相互监督，相互帮助，用集体行动力培养自身的行动力；还可以选择适合养成行动力的场所。

3.行动管理核心要素

行动管理的核心要素有以下四点。

（1）行动重在开始。万事开头难，只有你突破一切障碍，真正开始行动了，这样才有成功的可能。

（2）行动重在坚持。科学研究告诉人们，坚持一个行动，关键在前3天；如果能坚持21天以上，就能形成一个好习惯；如果能坚持90天以上，就会形成稳定的习惯；如果能坚持365天以上，想改变都很困难。

（3）行动重在执行。行动日志是养成好习惯最好的执行工具，其把心态、目标、时间、学习、行动五个管理的内容，浓缩简化成365天的执行工具，只需认真填写，天天行动，就一定能养成好的行动习惯。

（4）行动重在态度。在行动过程中要保证完成目标和任务，绝对不找借口，时刻保持乐观和自信的态度。

4.行动管理的常见方法

行动管理具体的方法有很多，这里介绍一种叫做微习惯自我行动管理方法。微习惯是一种值得借鉴的简单易行的方法，该方法由斯蒂芬·盖斯提出，他为了改掉懒散的习惯，从每天只做一点点开始，形成无负担习惯养成法。他一天只做一个俯卧撑，读一页书，写50个字的文章，两年后他拥有了梦想中的体格，读的书是过去的10倍，写的文章是过去的4倍。微习惯策略比他用过的一切习惯策略都有效，是一种简单到不可能失败的自我管理法则，非常值得大家借鉴。

微习惯自我管理步骤：第一步，选择适合自己的微习惯和计划；第二步，挖掘每个微习惯的内在价值；第三步，明确习惯依据，将其纳入日程；第四步，建立回报机制，以奖励提升成就感；第五步，记录与追踪完成情况；第六步，微量开始超额完成；第七步，完成计划安排，摆脱高期待值；第八步，留意习惯养成标志。这种方法比较温和，适合大多数人，易于坚持，还有一些更激烈的其他方法，见效快但难度大。

（四）情绪管理方法及工具

情绪管理是指一个人在情绪方面的管理能力，他对个人的职业发展影响深远，我们常说的情商就属于情绪管理的范畴。现代社会情商与智商同等重要，在个人职业发展过程中，情商甚至高于智商。因此，我们要学会管理情绪，做自己情绪的主人，从而推动个人职业生涯向更高更好的方向发展。

1.情绪自我觉察

做好情绪的自我觉察，首先要愿意观察自己的情绪，不要抗拒做这样的行动，不要以为这是在浪费时间，了解自己的情绪实际上是个人重要的领导能力之一；其次是要愿意诚实地面对自己的情绪，每个人都可以有情绪，接受这样的事实才能了解内心真正的感觉，更合理地去处理正在发生的状况；最后是给自己应有的情绪空间，给自己停下来观察自己情绪的时间和空间，这样才不至于在冲动下做出不适当的决定。认识自我情绪有具体的四种方法：一是记录法。你可以抽出 1 到 2 天或者一个星期的时间，有意识地留意并且记录自己的情绪变化过程。可以是情绪类型、时间地点、环境、人物、过程、原因、影响的项目等方面的信息，为自己列一个情绪记录表，连续记录自己的情绪状况。经过一段时间记录后，回过头来再看记录，你就会对自身情绪变化有新的发现。二是反思法。你可以利用你的情绪记录表反思自己的情绪，也可以在一段情绪过后反思自己的情绪反应是否得当，为什么会有这样的情绪？这种情绪的原因是什么？有什么消极的负面影响？今后应该如何消除类似情绪的发生？如何控制类似不良情绪的蔓延？三是交谈法。通过与你的家人、上司、下属及朋友等进行诚恳的交谈，征求他们对你情绪管理的看法和建议，借助别人的眼光来认识自己的情绪状况。四是测试法。借助专业的情绪测试软件工具，或是咨询专业人士，获取有关自我情绪认知。

2. 情绪管理的方法

个人情绪管理能力直接影响人际交往能力，对于情绪必须学会调节，为自己创造良好的学习、生活和工作外部情绪氛围。当负面情绪汇集到一定程度，会对生活、工作形成巨大压力，甚至影响自身身心健康。下面几种方法能够有效解决自身负面情绪，提升个人情绪管理能力。

（1）学会选择情绪。

选择情绪不是逃避负面的情绪，而是改变认识角度，在带来负面情绪的事情上，找到能够带来正向情绪的一面，依靠正向情绪促进人们用积极向上的健康情绪解决该事情。譬如说本来今天早上出门时间较晚，上班已经快迟到，偏偏一路上又遇到红灯，越急心情越不好，如果这时改变一下情绪，觉得难得有此机会利用红灯时欣赏路旁街景，心情立刻变得较好，也让自身修养得到了提升。

（2）学会宣泄情绪。

一般可以通过冷却或转移注意力、哭喊、倾诉及剧烈运动等方式宣泄负面情绪，从而转向正面情绪。在面对愤怒的时候，不要压抑，但也不要冲动行事，遇事如果立刻发泄怒气，将会使愤怒的情绪延长，倒不如先冷却一段时间，使心情平静下来后，再采取较为建设性的方法解决问题。

（3）学会使用理情治疗法。

理情治疗法强调理念、信念会主宰一个人的情绪，一旦产生不好或不合理的信念，情绪会产生较大的波动。因此经常保持良好或善意的理念，情绪也会较为稳定。如失恋时，心情非常沮丧、伤心，认为"对方离开我，因为我一无是处，令人嫌弃"，如果太过沉浸于这种思想中必定伤心失望到极点，甚至无法自拔，这时也许改变一下想法，认为是双方不合适，而不是自己条件差，则心情会有所好转，并能重新振作起来。

（4）学会自我调节。

情绪的自我调节主要有自我放松、自我安慰、自我暗示和自我鼓励等方法。自我放松是指通过肌体的主动放松来增强人们对自我情绪控制能力的有效方法，如减轻肌肉紧张、减慢呼吸的节奏、心率减慢等，都能使焦虑等不良情绪得到缓解，也可通过听音乐放松；自我安慰是指个体遭受挫折后，为了维护自尊，减少焦虑，找出种种理由为自己辩解，增加自己行为的合理性和可接受性，以起到减轻心理压力，获得自我的作用；自我暗示是通过语言、形象、想象等方式对自身施加影响的心理过程，它作为一种心理机制伴随着人的心理活动，对人的心理和行为都有着奇妙的影响；自我鼓励是改变自我情绪，增加自信心的另一种方法，自己可以找一句座右铭或对自己说一些自我肯定的话来激励自己。

3. 压力评估及减压

（1）压力测试评估。

不良情绪主要来源于压力，目前比较常用的压力水平测试工具为霍尔姆斯和拉赫的"社会再适应评定量表"，也称"应激评定量表"，量表由 43 个可能促成疾病的、有压力的生活事件组成。使用者逐一对照量表中的生活事件，如果在最近 12 个月中发生过该事件，做上记号，如果在最近 12 个月中未发生过该事件，不做记号。对照完后，将所有做过记号的事件的生活变化单位数字相加，得数为总分。当总分超过 300 分时，使用者面临生病的风险；当总分为 150 ～ 299 分时，使用者面临生病的中等风险；当总分低于 150 分时，使用者面临的生病风险微不足道。

（2）减压方法。

学会运用"3R 原则"减压法，3R 即放松（relaxation）、退缩（reduchion）、重整（reorientation），是国际上流行的有效减压方法。这种方法的核心就是尽量避免遭遇压力源，尽力放松自己的情绪，适时调整自己的目标或期望值，对已存在的正面压力、自发压力或过度的压力要力求寻找一个平衡点。其实质就是要么改变你的处境，要么改变你对处境的反应，要么改变你对处境的看待方式。

（五）其他管理

在自我管理中还有财务管理、健康管理、沟通管理等多种管理，作为大学生还会涉及学业管理，每一种类的自我管理对个人的职业发展都具有非常重要的作用，每一类自我管理能力的提升，都有助于个人更好地实现职业发展。

审视

个人职业生涯规划重在行动，设计好目标和行动方案后要确保被执行，加强自我管理能够较好地执行职业生涯规划，对个人职业发展至关重要。

问题探索

自我管理能力直接决定职业发展结果，良好的自我管理能力是成功的关键，探索行之有效的自我管理办法尤为重要。

拓展思考

现实生活中缺乏自我管理能力的人不少，看似简单的事情，坚持却是那么不容易。成功的人一定是自律的、不会轻言放弃的。请好好思索并总结个人有效的自我管理方法。

第八章 生涯职场适应理论与实务

思维导图

生涯职场适应理论与实务

第一节 组织文化认知与融入
- 什么是组织文化
- 组织文化的作用
- 员工的社会化
- 组织文化的融入
- 大学生职场适应难的原因与应对策略

第二节 职场发展障碍与突破
- 常见的阻碍职场发展的10个障碍
- 大学生职业生涯发展阻碍的原因分析
- 突破职业障碍的集中具体方法

第三节 职场礼仪修为与应用
- 以就业为导向的职场礼仪探究
- 针对大学生的求职礼仪指导
- 求职与职场礼仪教育
- 礼仪教育对大学生的意义

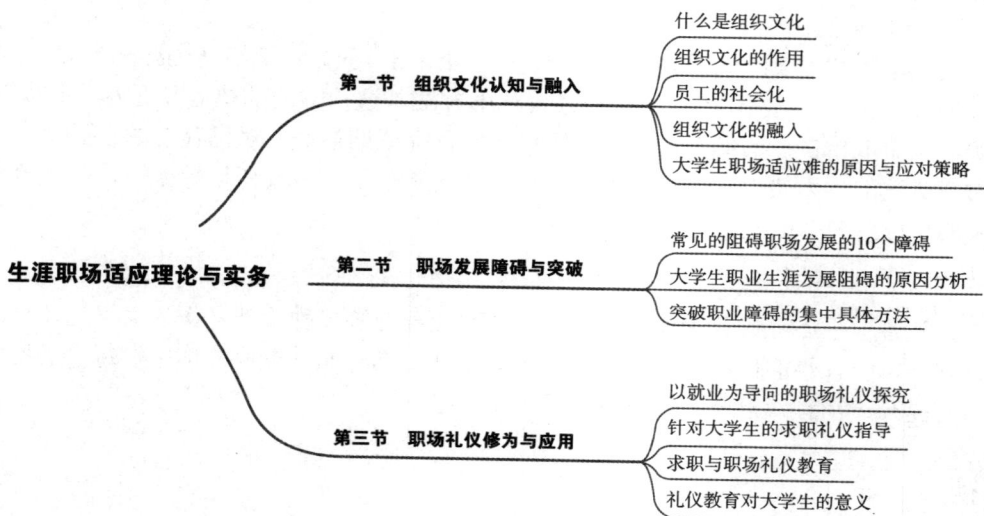

▶ 第一节　组织文化认知与融入

学习目标

（1）了解组织文化的概念。

（2）学会融入组织文化。

（3）了解大学生职场适应难的原因与应对策略。

案例分析

小A的故事

作为刚毕业的大学生，你是否能快速融入新环境、适应单位的工作节奏？来看看下面的测试吧。

小A毕业以后进入一家知名企业。因为所在部门工作比较繁忙，上班第一天，经理说没时间带他，让他自己先学习。但是小A不知道怎么开始学习，上班都已经两天了，他只能把时间用来看书。小A感到周围的同事似乎都忽略了他的存在，这让他很郁闷。如果你是小A，你会如何面对这样的困境？

A．主动和周围同事搞好关系。

B．上网查看一些公司的信息。

C．主动找些事情来做。

答案解析

A．主动和周围同事搞好关系。到了一个新环境，主动与周围同事处理好关系是必须的，但需要注意的是在和同事的沟通中，要保持谦逊的态度，应多听、多想；不要因为想快速融入环境，而陷入不必要的"小团体"。企业需要你集中精力来工作，而不是分心去处理一些私人事务。

B．上网查看一些公司的信息。这个做法是正确的，作为一个刚从学校毕业的职场新人，进入企业后，你首先要了解的是所服务的企业的企业文化是什么。通过了解这些信息，你会在以后的工作中更清楚自己在公司扮演一个怎样的角色，公司对你的基本要求是什么，这对今后开展工作能起到很好的帮助作用。

C．主动找些事情来做。这看上去好像是对的，但其中暗藏着一定的风险。一个人到一家新的企业就职，一般都需要3个月左右的时间去了解、适应。给你的小建议是在这3个月里，首先要多了解一些公司的信息；其次学会和同事协作；最后需要努力做好分内的工作，遇到不懂的地方，要学会请教他人，学会在工作中不断学习和积累。

一、什么是组织文化

组织文化是凝聚、规范、引导和激励员工为实现组织共同目标而奋斗的精神力量，在现代组织中居于重要的地位，它不但是组织的核心竞争力的精神构成，而且还是现代组织可持续发展的重要因素。因此，对于刚刚走出大学校园的毕业生来说，正确、全面认识组织文化的基本概念和基础理论就显得十分重要。

（一）组织的概念

要了解何为组织文化，首先要了解组织的概念。

在管理学中，组织的概念指管理者一旦做出计划，设定了目标，就必须着手设计并发展出一套能够成功实现计划并达成目标的结构。作为名词，组织就是建立组织结构的一系列程序，具体表现为部门的设置、工作描述、工作流程设计等。

（二）组织文化的定义

广义的组织文化是指企业在建设和发展中形成的物质文明和精神文明的总和。包括组织管理中的硬件和软件，外显文化和内隐文化。

狭义的组织文化是指组织在长期的生存和发展中所形成的为组织所特有的，且为组织多数成员共同遵循的最高目标价值标准、基本信念和行为规范等的总和，以及其在组织中的反映。

具体来说，组织文化是指组织全体成员共同接受的价值观念、行为准则、团队意识、思维方式、工作作风、心理预期及团体归属感等群体意识的总称。

二、组织文化的作用

对于毕业生来说，无论是职业生涯初期的规划设想、求职应聘，还是后续的岗位适应、长远发展，组织文化对毕业生具有不可低估的重要影响。组织文化具有以下几个方面的作用。

（一）组织文化的激励功能

组织文化的激励作用是指组织文化通过各组成要素来激发员工的动机与潜能，它属于精神激励的范畴。

（二）组织文化的凝聚功能

组织文化是一种"软性"的协调力和粘合剂，可以形成巨大的向心力和凝聚力。组织文化以大量微妙的方式来沟通组织内部人们的思想，使组织成员在统一的思想和价值观指导下，产生作为组织成员的"身份感"和"使命感"，产生对组织目标、道德规范、行为准则、经营观念等的"认同感"。

（三）组织文化的导向功能

组织文化作为员工的共同价值观念一旦形成，就会产生一种思维定式，必然对员工具有强烈的感召力，这种感召力将员工逐步引导到组织的目标上来。这种功能往往在组织文化形成的初期就已经存在，并将长期引导员工始终不渝地为实现组织的目标而努力。

（四）组织文化的规范功能

在一个特定的组织文化氛围中，组织文化可以起到有效的规范作用。组织文化的规范功能主要体现在如下三个方面：①组织文化能够规范、统一组织的外部形象；②组织文化能够规范公司的组织制度，让员工行为规范化；③组织文化可以让组织的全体员工产生一致的精神信仰，把个人和组织的发展目标进行有效地结合。

（五）组织文化的协调功能

组织文化的协调功能是指组织文化可以强化成员之间的合作、信任和团结，培养亲近感、信任感和归属感，从而促进组织内部各个部门、个体与个体、个体与群体、群体与组织、员工与组织等之间的有机配合。

三、员工的社会化

员工社会化是指新进员工在组织中发现他们的角色并适应这个新环境的过程，是新员工获得与工作角色相关的技能、组织文化及行为规范的学习过程，也是自我认知、态度、情感转变的过程，还是降低员工流失率、提高员工忠诚度的有效途径。社会化是指"个人有效融入组织的过程"，这个过程将员工从组织的外部转变为组织的内部。

一般说来，员工社会化的内容主要有以下几个方面。

（一）培养职业能力

组织在社会结构中是一个独特的社会化场所。青年期是人的一生中社会化的关键时期，这一时期组织担负着职业文化灌输的责任。通过入职的培训和教育，老员工的言传身教，新员工能够从语言、情感、角色、技能、经验与规范等各个方面潜移默化地感受职业文化影响。

（二）教导文化规范

人创造文化，文化也改造人。员工不仅是组织文化创造的主体，也是组织文化的载体，是组织文化的承载者和实践者。组织文化的实质就是以人为主体的人本文化。

（三）形成文化认同

组织文化能够在"润物细无声"中达到对受体思维模式的重组，可以使个体潜移默化地接受一种观念。卓越的组织文化在无形中规定员工应有崇高的理想和诉求，并引导其主动适应健康的、先进的、有发展前途的社会需求，使个人和组织的目标得以共同实现。要充分发挥组织文化对员工柔性管理的作用，实现个人和组织的"双赢"。

（四）感受内部影响

有形的信息传播是组织重要的社会化手段。公司的内刊、杂志、书籍、网络等媒介能向员工提供组织的各种规范和要求，让员工很快学到各种知识与规范。无形影响指在组织内，人们通过一系列频繁的相互作用形成的价值观念、习惯、心理。对员工而言，工作是生活的主要内容，一生中大部分时间是在工作场所中度过的，不同的工作场所以无形的方式影响着人们的社会化。

四、组织文化的融入

当一个新员工进入组织，实现从实习到独立完成任务时，并不意味着他已经被接纳为组织的一员。别人可能不认为你是"我们中的一员"，或者你可能在自己的心中并没有真正接受这个群体。

（一）做一个有责任心、敢担当的员工

企业需要的优秀员工，不一定是他有多高的学历、多丰富的经验、多精湛的技术，而是具有强烈的责任心。对于任何企业，责任心都是一个优秀员工所必需的重要素质。

1. 责任心就是"眼里见小"

"眼里见小"就是要做事不计小，重视每一个具体细节。初入职场的年轻人，不管在哪个领域，从事什么样的工作，都会经历一段做小事的时期。在那段时间里，年轻人被安排在不受重视的部门，被派去做一些琐碎的小事，时常遭受无端的批评、指责，得不到必要的指导和提携。

2. 责任心就是勇于承担过失

人往往对于承认错误和担负责任怀有恐惧感，因为这往往会与接受惩罚相联系。因此，不负责任的员工在出现问题时，首先考虑的不是自身的原因，而是把问题归结于外界或者他人，总是寻找各种各样的理由和借口来为自己开脱。

（二）做一个有良好团队意识的员工

1. 每个员工都要明确自己在团队中的角色

一个高效的团队，讲究成员相互间的互补性。团队成员一般可分为贡献者、合作者、沟通者及挑战者等不同的类型，每一种类型的成员都有助于团队的成功。在现实工作中准

确地进行角色定位，可以使员工更清醒地认识自己，更有利于发展、培养、锻炼自己的所长，更能充分提高团队的综合实力。

2. 做团队中的"暖心人"

团队成员相互间的激励更容易在心与心之间产生共鸣、达成默契，从而形成团结向上的整体工作氛围。相互间的配合、帮助、激励会使团队更容易攻克难关、通向成功，当别人碰到困难时，我们都要及时给予关心和帮助，做一个"暖心的人"。

3. 做一个会合作的员工

合作是成功最快捷的方法，单靠个人的力量绝不容易取得成功。在团队合作中，要发现个人的缺点与不足。尽管你很优秀，如果你能把可以弥补你缺陷的人纳入你的团队当中，你就如同钻石一样，所有的刻面都会折射出无比炫目的光芒。

（三）做一个乐于奉献的员工

奉献精神就是在工作中不计得失，关键时刻能挺身而出，是一种自愿自觉的情绪和行为表现。作为新员工，刚刚踏入职场，更应注重的是多学习技能，并尽快融入公司。

（四）做一个遵守规则的员工

可以从以下几方面尽快了解相关规则。

1. 仔细观察

作为一名新员工，了解企业规则的最好方法莫过于仔细观察企业中群体行为的表现及习惯。如开会发言的习惯、工作方式的习惯、内部信息沟通的方式等，从这些侧面就可以判断一个企业长久以来形成了什么样的组织文化，是倾向于表现个人主义，还是集体主义；是鼓励新人积极参与竞争，还是以资历为导向。

2. 虚心请教

企业文化的载体实质上是人而不是企业。所以，企业中的老员工往往是企业文化最忠实的支持者，他们的行为准则与思维习惯在某些侧面也可以视为该企业规则的表现。新人可以向这些老员工虚心请教和咨询，向他们了解企业的发展历史、员工的组成情况、组织的喜好。

3. 横向对比

企业的规则既可能是完全由内部生长而成，也可能是由于外部的某些影响引发。新人可以将自己所在企业与同行的企业进行对比，从企业策略、员工行为、发展目标、营销手法等多个方面去比较，从中更清楚地了解自己企业有哪些特有的组织行为方式。

（五）做一个有良好人际关系的员工

要搞好与同事的关系，就要学会从他人的角度来考虑问题，善于作出适当的自我牺牲。要处处替他人着想，切忌以自我为中心。我们在做一项工作时，经常要与人合作，在取得成绩之后，我们也要让大家共同分享功劳，切忌处处表现自己、将大家的成果占为己有，给他人提供机会，帮助其实现目标。

五、大学生职场适应难的原因与应对策略

知识时代企业的竞争变得愈加激烈，员工作为知识的载体是企业成功的关键，鼓励员

工学习是企业人力资源开发的重要议题。企业对于人才的需求与重视程度与日俱增，但新员工的离职率却居高不下，其中新员工与组织的不适应性成为离职的重要原因。组织文化认同指的是新员工进入组织后进行学习，从而发生有关知识、态度、情感等能力或倾向的相对持久的改变，以成为组织的一员。

（一）组织文化不认同：高校毕业生就业难的主体症结

在毕业生就业过程中存在双主体，毕业生是就业的主体，用人单位是招聘的主体，两个主体之间相互认同、相互接受，令人期待的就业与招聘结果才会出现，任何一方甚至任何一方面的不认同，都可能导致相反的结果。就主体观念而言，组织文化不认同已经成为当前我国高校毕业生就业难的症结。

高校毕业生就业过程中的组织文化不认同，其原因是多方面的，经济社会发展方式大转变是宏观因素，毕业生数量急剧增长与毕业生就业制度转轨是直接的客观原因，而高校组织文化教育缺失与毕业生就业观念转变滞后则是主观原因。

（二）组织社会化过程中的学习策略：信息获取策略——"自己先琢磨，不行再问"

所谓"信息获取策略"是指新员工在社会化过程中为了获得与工作角色、行为规范、组织文化等相关的信息而使用的策略。这是新员工使用的主要策略，它包括新员工对文本资料和电子信息的阅读、对物理环境与社会环境的观察、参与企业内外部的正式活动与非正式活动、向同级或上级的提问等。

1. 阅读

阅读是获得与工作任务、工作职责相关的专业信息的最有效的方式，也是获得组织制度规范最直接的方式。阅读策略的使用是以实践需求为导向的。

2. 观察

观察是新员工在社会化过程中获得角色期望、行为规范等参照信息，以及团队氛围、组织价值观等文化信息的主要策略。其中，面试是新员工在此阶段使用该策略的重要契机。新员工在面试过程中，通过观察注意未来工作地方的物理环境，如办公楼的整洁程度、现代化程度等，同时通过对面试官的观察能够间接获得组织对其未来所处岗位的重视程度。公司对预备人才的尊重程度，是未来新员工在职业发展方面能获取多大帮助的一种表现。

进入组织后，新员工观察的内容更加丰富，范围也更加广泛，涉及部门内部人员的工作状态及互动，示范榜样的行为、声调、表情等细枝末节，也包括组织中高级管理人员的行为或者组织中发生的有意义的事件。在组织采用如导师制这类组织导向的社会化策略时，新员工获得了可供其观察学习的示范榜样。但当组织未提供或提供的示范榜样未满足新员工学习需求时，新员工应在团队内部进行广泛的观察并对观察结果进行加工，以确定其重点观察的示范榜样。

3. 参与

参与是新员工获得与工作任务相关的技术信息，以及与组织价值观相关的文化信息的重要策略。参与的活动类型可以分为两类：正式活动，这类活动基本都是由公司或团队进行组织，如会议、培训项目、技术交流会等；非正式活动，如聚餐、桌游等社交活动，这类活动不涉及工作内容，不与工作直接相关。

4. 提问

提问是新员工在社会化过程中，为了解决问题而向组织中的他人寻求帮助的一种策略。提问的内容大多与工作中的实际问题相关，旨在获得有针对性的、与工作任务相关的技术信息，通过他人的回应，获得反馈信息。

阅读、观察、参与、提问是信息获得策略的四个子策略，信息获得策略或许涵盖其他策略，但这四种是信息获得策略中最外显的学习方法，它们的使用离不开内隐的认知方式，也无法与动机调节策略剥离。同时，难以否认的是新员工主动使用信息获得策略实际上隐含了其所处的情境下组织中的他人、团队，或是组织提供给新员工的信息并不充足，或是缺乏针对性。

审视

大学生是宝贵的人力资源，其在就业初期角色转换的成功与否，不仅有利于大学生自身职业生涯的发展，还对于我国社会及经济的发展和稳定也有极大影响。由于我国目前的高等教育体系在"学校"与"职场"的衔接部分并非十分完善，所以高校毕业生如何顺利实现就业角色转换则是一个对于社会、学校、毕业生本人都有着深刻意义的问题。毕业生从高校走向职场，存在职业适应、社会生活适应、心理适应三方面的问题，如收入不满意，职业能力不能充分发挥等。

毕业生的职业角色转换都会有一个社会化过程，在角色预期社会化中形成对职业生活的预期；在角色继续社会化中观察并认清周围环境，包括组织文化、工作方式与风格、人际环境等；再进行角色调适与发展，包括调整预期与心态、对角色重新定位然后调整行为方式；最后形成角色认同或者角色退出。

问题 探索

20 世纪 70 年代末，在第二次世界大战后短短的 30 年，日本发展成为仅次于美国的经济大国，在日本企业给全球性竞争带来的严峻形势面前，美国大量的专家、学者和企业家纷纷到日本考察、研究，探索日本成功的奥秘。经认真研究，他们发现成功的企业管理是日本经济迅速复苏的重要原因之一。日本不但注重"硬"的方面，还特别注重"软"的方面。所谓软的方面，就是日本企业具有一种共同遵循的目标、战略、价值观念、行为方式、道德规范等精神因素，这些精神因素的综合，便构成组织文化。

拓展 思考

通过对本节内容的学习，请你思考如何快速提升自己的生涯适应力？

第二节　职场发展障碍与突破

学习目标

（1）了解大学生职场发展的障碍与突破策略。
（2）学习并灵活运用组织社会化过程中的学习策略。
（3）学会突破职业障碍的具体方法。

案例分析

小蒋的面试故事

小蒋刚迈入社会时，和许多年轻人一样，怀揣着对未来生活的美好憧憬，希望能在社会的舞台上实现抱负，然而现实的世界并不是他所想象的那么简单。虽然小蒋凭借自己出色的条件获得的面试机会不少，但是性格内向的他一到了面试考官面前，就显得有点无所适从，不知如何谈起，原本话就少的小蒋在面试时更是"惜字如金"。

过了大半年，跑了数十家招聘单位，小蒋总是卡在面试关上。于是，他买了大量指导求职者的面试"宝典"，向面试成功者求取面试经验。但一次次的失败，让他越来越沮丧，自信心备受打击，整天郁郁寡欢，时间一长，他甚至害怕再次看到面试通知单。对他而言，面试成为一个难以逾越的"鸿沟"。

求职时掌握面试的表达技巧尤为重要。面试中的表达不仅仅限于语言，还包括服装、商业礼仪、肢体语言等，这些都属于自我展示的范畴。成功面试需要做好充分准备，如对所要从事的行业，应聘的公司、职位进行全面了解，掌握面试中常见问题的回答技巧等。

一、常见的阻碍职场发展的十个障碍

每个人在职业生涯中都会遇见各种障碍，当面临这些障碍时，许多人不懂得如何清除它们，为此而苦恼，阻碍了职业的发展。如何能够在困难面前不被打倒，反而利用每一次危机形成职业发展的转机？以下十项是一些企业主管针对表现不出色的员工归纳出来的职场障碍，你会遇到其中几项呢？

（一）没有创意

有该障碍的人只会做机械性的工作，不停地模仿他人，不追求自我创新、自我突破，认为多做多错，少做少错。

（二）难以合作

有该障碍的人没有丝毫团队精神，不愿与别人配合及分享自己的能力，也无视他人的意见，自顾自地工作。

（三）适应力差

有该障碍的人对环境无法适应，对市场变动经常无所适从或不知所措，只知请教上级，

也不能接受职位调动或轮班等工作的改变。

（四）浪费资源

有该障碍的人成本意识很差，常无限制地任意申报交际费、交通费等，不注重生产效率而造成许多浪费。

（五）不愿沟通

有该障碍的人出现问题时，不愿意直接沟通或不敢表达出来，总是保持沉默，任由事情恶化下去，没有诚意讲出问题，更不愿意通过沟通找出解决方案。

（六）没有礼貌

有该障碍的人不守时，常常迟到早退，服装不整，不尊重他人，做事散漫或刚愎自用，在过分的自我中心下，根本不在乎他人。

（七）欠缺人缘

有该障碍的人易嫉妒他人，并不欣赏别人的成就，更不愿意向他人学习，导致在需要同事帮助的时候，没有人肯伸手援助。

（八）孤陋寡闻

有该障碍的人凡事需要别人的照顾及指引，独立工作能力差，需要十分清晰及仔细的工作指引，否则干不好。对社会问题及行业趋势也从不关心，不肯充实专业知识，很少阅读专业书籍及参加各种活动。

（九）忽视健康

有该障碍的人不注重均衡生活，只知道一天到晚工作，常常闷闷不乐，工作情绪低落，自觉压力太大，并将这种压力传染给同事。

（十）自我设限

有该障碍的人不愿追求成长，不愿突破自己，不肯主动接受新工作的挑战，抱着"打工仔"的心态，认为公司给什么就接受什么，自己只是一个人微言轻的小职员。

二、大学生职业生涯发展阻碍的原因分析

（一）性别差异分析

在传统印象中，人们往往倾向于将男性与职业角色、与权力联系在一起，期待他们成为职业上的最高成就者；与此同时，将女性与家庭角色、与从属的地位联系在一起，期待她们主要扮演家庭养育者的角色，或者在其传统家庭角色延伸的职业领域中工作，如健康护理、幼儿及中小学教师、护士等服务性行业。所以，"性别歧视"是一项女生认为重要却未被男生提及的阻碍因素。

此外，"家庭责任压力"也是女性普遍面临的一项阻碍，国外的许多研究也得出了类似的结论。从世界范围来看，两性在每日的时间分配上存在着一个特点：在有酬工作上，都是男性比女性时间略长，在家务劳动上则是女性所费时间长于男性，把两项劳动相加，女性每日的劳动时间比男性要长。据调查，在职的父亲一周工作 50 个小时，而在职的母亲一周工作近 80 个小时。总之，女性在家庭中的角色负荷相较于男性而言更重。因此，

家庭与事业的平衡是许多女性在职业生涯发展过程中都必须面临的一项角色压力。

（二）职业生涯规划缺失

大学生自身对职业生涯规划的缺失是目前就业难的"瓶颈"。造成大学生职业生涯规划缺失的原因是多方面的，有个人和家庭因素，也有深刻的社会历史和学校教育原因。首先，这是我国社会长期对职业生涯规划教育忽视造成的。应该怎样选择职业，毕业后怎样发展，从家庭、学校到社会都很少关心这些问题，导致他们中的部分人在读了十几年书后终于要面对职业选择时常常手足无措，有些人存在逃避就业的情况，甚至宁愿失业也不愿意去就业。其次，我国的教育体系在教育内容和衔接上不足导致大学生择业的迷茫。如职业教育不被认可，这种传统思想的沿袭导致学生在整个求学阶段中很少接触到职业世界的鲜活信息，为大学生的职业选择困惑埋下了伏笔。最后，高校没有把就业指导和职业生涯辅导摆在重要位置。研究发现，高校就业指导中心往往只针对应届毕业生开展就业指导的相关工作。此外，高校就业指导人员在数量上和素质上都远远不能满足大学生职业生涯规划的需求。职业生涯规划是一项连续而又系统的工作，大学生职业生涯规划不能仅仅局限为大四阶段的工作和任务，而应该贯穿整个大学阶段。

（三）就业竞争压力增大

大学毕业生逐年增加，就业市场出现明显供过于求的现象，巨大的竞争压力成为大学生职业生涯阻碍中最突出的因素。大学生普遍认为高校扩招使他们职业选择的机会减少，就业环境比以往更加严峻。

（四）对学校院系和专业的满意度

研究数据表明，良好的心理素质与所就读的学校、院系、专业有着密切的关系。对学校院系满意度高的学生职业方向选择更加有针对性，求职准备也更加充分，同时他们表示从学校得到更多的就业信息。对专业满意度高的学生则表示在求职中表现得更加自信。学校院系不仅仅是传授知识，对学生的关心、帮助及心理素质的培养也日渐重要。

（五）地区差异

东部地区虽然基尼系数低，但人才密集程度远高于西部地区，竞争压力巨大，求职与生活成本不断攀升，带来明显的就业阻碍作用。从数据上看西部地区就业市场受人为因素影响更小，就业成本较低，相对于东部地区就业压力较小，但西部地区的学生普遍表示就业信息渠道不畅通，造成求职准备不充分。

三、突破职业障碍的具体方法

（一）当未能如愿分到想入职的部门时

这种情况实属正常。自我认知和他人评估之间出现偏差这是一方面的原因，在实际工作中还存在实习生在多个部门工作的情况。不过，实习生在初入职场之时，能将自己内心的想法运用适当的方式表达出来且获得心仪部门认同的并不多，究其原因，一是难以摆脱的学生思维导致的；二是没有把握好用人单位对实习生岗位的定位导致的；三是用人单位业务发生变化导致的。这时就需要职场新人建立一个系统思考的视角，而非以自我为中心的视角。

（二）当面临职场中的被动局面时

身在职场，即便工作风格是主动型的，也难免会遭遇误解或打压，这也是为什么现在职场中流行情商和逆商的缘故。遭人误解时较易处理，根据关系的重要程度，不重要的轻度误解不作解释，重要的关系或严重程度的误解要及时澄清，不留隐患。而遭遇打压时，要审视自己的言行是否确有不妥，或能力不足，或态度不端正。还要了解自己所处的环境，判断是否有扭转的可能。

（三）当原则被打破时

每个人的底线和原则都不一样。职场人需要学习如何应对与你的底线和原则不一样的人，更重要的是维护自己的原则和底线。除拥有处理复杂业务的能力外，还要拥有处理与各种价值观人群打交道的能力，这才是真正能让职场人获得发展的基石。所以，在关系建立之初，就要有意识考察对方的为人和能力。

审视

当前，多数大学生都存在较大的竞争压力，表现出极大的不自信与焦虑，这也导致他们在职业选择与发展定位上做出一些妥协。从另一个角度来说，巨大的竞争压力也促进了就业观念的转变。先就业再择业的理念已经普遍被接受，大学生更看重的是将来的职业发展前景而不是眼前的待遇。同时，也使得大学生在就业中更多地表现出自己的特长和个性，激发了他们的学习动力。

问题 探索

每个行业有高峰，也有低谷，像以前的互联网行业，近几年各大互联网公司却大幅裁员，很可能以前能让你在职场中纵横驰骋的技能已经和社会大环境脱节。在这种情况下，就需要大学生好好想想，自己还有没有"第二竞争力"，也就是说有没有在平时抓紧时间学习一个备份职业技能当成自己的职业备胎，如果有的话，迅速找到契合点，在你所从事的行业面临低谷时，仍然可以让你施展才华，突破职业发展的障碍。

拓展 思考

个人发展盾形图

目的：对自己有一个更清晰的认识，从而了解自己在个人发展方面的真正需求。

操作程序：

（1）按图 8-1 完成"个人发展盾形图"。

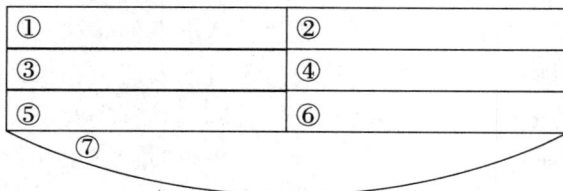

①	②
③	④
⑤	⑥
⑦	

图8-1　盾形图示例

（2）将答案以图画的形式画在相应的格中。

（3）以小组的形式进行讨论。

有关讨论：这个练习是否能帮助你增强对自己的认识？与小组成员讨论的过程中，在哪些方面受到启发？

第一部分：你作为一名领导者的最大优势是什么？

第二部分：你打算从哪些方面着手提高你的领导水平？

第三部分：是什么动力推动你迈向成功的？

第四部分：你打算向哪一位著名的领导人学习？

第五部分：画一幅能够说明你的重要价值的图画。

第六部分：画一幅能够说明你如何对压力作出反应的图画。

第七部分：描绘出你个人的十年发展前景。

▶ 第三节　职场礼仪修为与应用

学习目标

（1）分析当代大学生修习职场礼仪的必要性。

（2）了解以就业为导向的职场礼仪。

（3）学会运用针对大学生的求职礼仪。

案例分析

握手的故事

尼克松在回忆自己首次访华在机场与周恩来见面时说："当我从飞机舷梯上走下来时，决心伸出我的手，向他走去。当我们的手握在一起时，一个时代结束了，另一个时代开始了。"据基辛格回忆，当时尼克松为了突出这个"握手"的镜头，还特意要求包括基辛格在内的所有随行人员都留在专机上，等他和周恩来完成这个"历史性的握手"后，才允许他们走下飞机。

握手是人与人的身体接触，能够给人留下深刻印象。强有力地握手、眼睛直视对方将会搭起积极交流的舞台。握手只是商务礼仪的一种，注重商务礼仪的培养，会让你在职场上如虎添翼。

一、以就业为导向的职场礼仪探究

（一）职场礼仪探究综述

礼，是尊重；仪，是表达。礼仪，顾名思义，既要坚持尊重为本，又要掌握必要的表达方式。因此，礼仪就是尊重别人，不仅局限于口头说说，还要求你善于表达出来。在商务活动中，商务礼仪不仅有助于塑造良好的个人形象和企业形象，还是人际关系的润滑剂和企业利润的无形创造者。

（二）职场商务礼仪分析

1. 职场礼仪之个人形象礼仪分析

个人的仪表和穿着是给面试官留下的第一印象，因此需要格外重视，得当的个人形象礼仪会为求职者增色不少，会使面试官更加耐心地聆听求职者的个人介绍、了解其专业能力和职业素养。发型上，男士应以短平为宜，显得清爽干练，求职者对发型的选择应与脸型相配，自然大方。服饰上，职场可以佩戴配饰，但切忌繁琐且应注重色彩、款式等方面的合理搭配。穿着最能体现职场人士的气质，因此要注意选择搭配，不能过于随意或隆重。男士以西装为主，偶尔也可以搭配夹克、风衣等；女士可以穿衬衫与休闲裤或者简约的裙装。

作为职场新人，对于行为举止的要求总的来说就是规范、大气、端庄，行姿要矩步方行，不能太过拖沓，也切忌跑动。表情管理也是在职场中尤为重要的一点，总的标准无外乎是自然、友善，言行一致。在职场中任何细节都会被察觉，不要刻意地摆出做作的表情，要情由心生。

2. 职场礼仪之沟通礼仪分析

人在职场，沟通是最为重要的一个环节，它是所有工作进行的基础。没有良好的沟通技能，可能误会频出，举步维艰。一般来说，职场人士大多倾向于主动表达。表达与倾听相辅相成，互为作用，善于倾听是主动表达的前提，其重要性不言而喻。无论是项目合作，还是私下聊天，先用心倾听别人的阐述，再做出回应，还可以运用诱发性询问进行深入沟通。在沟通的过程中，提问者还可以重述或重构表意不清的部分来确保得到最准确的信息。

人与人的性格不同，人际交往对象不同，沟通方式也需要变换，用对方可以接受的方式传达自己的意志和看法。若对方性格直爽豪迈，沟通时可以开门见山，直接表明观点态度；如果对方性格内敛腼腆，就需要沟通者循循善诱，以引导为主。表达的内容不变，但表达方式需要因人而异、自由切换。无论使用哪种人际沟通方法，都要做到友善诚恳，少批评少指责，多鼓励多赞美，即使要批评或提出反对意见，也应尽量委婉一些。

3. 职场礼仪之内部交往礼仪

内部交往礼仪可分为两个部分，即员工对上司的礼仪、员工之间的礼仪。把握好这两种礼仪可以避免很多矛盾误会，人际关系也会趋于和谐。

新入职员工在入职初期对工作环境和工作内容不熟悉，出现疏漏或犯错的情况在所难免。面对上级或其他员工的批评和质疑，新职员应端正态度，认真思考别人给予的或对或错的评价，积极进行自我检讨，只有检讨自己是否真的尽全力去完成交付的任务，是否真正投入本职工作中，才能不断提升自己，在教训中不断进步。

4. 职场礼仪之商务宴请礼仪

职场中的商务宴请是不可避免的，能否在宴请中给对方留下良好的印象是决定项目进程是否顺利的重要因素。商务宴请中应注重时间安排、菜品安排以及餐桌礼仪。宴会的开始时间和结束时间，一般都以主人的时间习惯为准，因此时间的具体安排应由主人和客人共同协商确定。菜品安排的重要原则就是应符合客人的口味，需要主人在宴请之前充分了解客人在就餐方面的需求。宴请客人还要注重特色及文化，一些特色的菜品能够让外地人吃出融入当地文化的本地特色。

（三）培养职场商务礼仪的对策

通过分析，笔者发现商务礼仪是可习得、可提升的。为了储备未来商务方向的相关人才，商务礼仪方面的课程教学和专业引导的重要性，随着市场对人才能力的要求不断提高而逐步凸显出来。笔者认为，可从以下几方面通力合作、有针对性地培养学生对职场商务礼仪的认知和处理能力。作为学生，要加强学习意识，注重实践。商务方向相关专业的学生应把握每一次习得知识、参与实践的机会，重视理论和实践的学习内容。课堂之外，学生也可以通过职场类电影或者剧集，将自我认知教育和自我意识强化、渗透到日常生活中。在理论知识基础上积极实践，将学到的职场商务礼仪知识充分运用到实践实习中，做到知行合一。

二、针对大学生的求职礼仪指导

在就业市场竞争日益激烈的今天，在现代社会的工作模式下，团队合作、人际沟通能力逐渐被用人单位所重视。个人的亲和力、合作性等综合素质已成为招聘者考查的重点。掌握求职礼仪技巧，提高求职技能在大学生的求职过程中起着越来越重要的作用，顺应并推进这种趋势已经成为社会的共识。

（一）当前求职礼仪指导中存在的问题

对某校的 800 名学生进行的一次调查统计结果如下。

★您在学校学习过有关求职礼仪的课程吗？您认为在大学教育中有必要对学生加强这方面的训练吗？ 86％的学生表示学习过，所有的学生都认为很有必要。

★您认为求职礼仪在求职过程中是否重要，是可有可无的吗？所有的学生都认为重要。

★您是否确切意识到礼仪在求职过程中的重要性并能自觉运用？ 38％的学生能够意识到并能正确运用；40％的学生意识到其重要性，但不能自觉运用；22％的学生不清楚如何进行礼仪交流。

★您认为毕业生的礼仪与自身素养水平有无密切关系？能否通过训练得到提高？所有学生均认为有密切关系，并且通过训练能够有所提高。

从调查问卷的结果来看，在实际生活中，同学们很少关注自己在交流过程中的礼仪修养，且未在实际生活和求职过程中引起足够的重视。他们对自身形象非常关注，强化各种能力的培养，追求时髦得体的着装，但却没有认识到用符合礼仪要求的方式推销自己更为重要，因而放松了礼仪修养要求。有的学生不能正确运用或是自觉地运用礼仪，虽然认识到了礼仪的重要性或对礼仪知识有一定的甚至较高的认识，但缺乏在实践中的规范训练和持之以恒的培养。

（二）对求职礼仪训练的几点思考

在学生求职技能训练教学中，求职礼仪的训练是指导和培养学生提高礼仪表达能力的重要课程。然而，长期以来，一些院校在进行求职礼仪的教学时，仅对学生在求职过程中应有的礼仪进行简单讲解，对学生的礼仪训练却没有给予足够的重视。笔者认为，尝试运用立体训练法从不同角度对学生进行择业观念与求职行为的全面训练，可以达到满意的效果。

1. 理论与实践一体化训练

求职技能训练是实践性很强的课程，礼仪习惯的养成可分为把握规律、模仿体验、常规依从、管理遵从、意志自控等几个阶段。在整个求职技能的训练教学中，应遵循知行统一的原则，掌握礼仪的规范和要求，并且学会实际操作，身体力行。应自始至终贯穿理性意识培育与感性态势实践一体化，通过教师的理论讲解与分析，提高和强化学生对求职礼仪的理性认识，使其在观念上获得对求职礼仪的理解、认同，强化学生的求职意识，并在实践训练中自觉主动地用这种意识去暗示和开启自己对礼仪知识的运用，从而实现求职技能的提高。

2. 综合运用各种教学方法进行同步训练

"授人以鱼，不如授人以渔。"教师在进行求职礼仪的训练教学时，一方面，可将求职礼仪技巧分解为言谈礼仪、举止礼仪、服饰礼仪、书信礼仪等进行分别训练，让学生在训练中体会和把握各种不同的礼仪技巧；另一方面，又将分解开的每类求职礼仪纳入一个个规定的应聘情境中，运用演示法、情境模拟法、视听法等让学生进行相关的同步训练。比如，让学生通过自我介绍、形象展示，将语言与举止表情相结合，更好地展现自我。

3. 情境体验与行为训练一体化训练

让学生在模拟的情境和真实的情境中，掌握求职礼仪的基本规范和操作方法，实现课程的教学目标。在教学中先让学生接触诸多个例，再引导其观察整理其中的规律。就求职的阶段来说，良好的修养并不仅仅靠面试时的印象，还应包括其他方面，如求职信和简历、心理准备、面试后续礼仪等。这也要在平时的求职礼仪训练中给予充分的重视，而且最好是在设定的情境中进行。

三、求职与职场礼仪教育

大学生就业指导不是一门课程，而是围绕提高大学生就业率这一目标所制定的系统的育人体系。其主要内容涵盖就业环境和就业形势分析、大学生职业生涯规划、自我评价与认知、创业教育、就业信息获取、求职材料制作、求职与职场礼仪教育、择业心理调适、就业途径及派遣说明、就业协议与劳动者权益保护等。求职与职场礼仪作为大学生就业指导体系中的一部分，主要包括求职环节应注意的礼仪及入职后的职场礼仪两部分内容。

（一）求职与职场礼仪教育的意义

礼仪是个体精神文明的重要内容，是道德品质的外在表现，是衡量教育程度的标尺。大学生所表现出的个人精神文明、道德品质、举止修养、为人处世等，无不对就业、工作产生重要影响。用人单位也常将大学生求职与职场礼仪作为考核录用、委以重任的参考指标之一。具体而言，对大学生进行求职与职场礼仪教育具有三方面意义。

1. 提升求职能力的现实意义

这项教育包含具体的面试礼仪与流程，如面试仪容仪表仪态、称谓与问候、握手、名片递接、应答与发问、言谢与道别等礼仪环节。这些内容能帮助没有求职面试经验的大学生提前熟悉求职流程，调整求职心理，改善因茫然未知、手足无措造成的窘况，提高学生现场应变力，使学生在面试紧张氛围下仍举止得体、表达合理、礼节完整。提升求职能力，对提高学生求职成功率具有现实意义。

2. 获取职场规则的长远意义

这项教育还包括职场礼仪，如办公室礼仪、商务接待礼仪、人际交往沟通礼仪等职场规则。学生提前获取这些职场规则，能帮助其在初入职场时树立良好形象、懂得做事做人的道理和方法，从而赢得他人好感、得到他人认可，为今后发展奠定基础。这对于学生职场生涯具有长远意义。

3. 提升个人素养的终生意义

礼仪教育能引导学生对自我修养、举止、处事技能等素质进行自省与反思，从而引起学生重视，主动改善自我。这项教育能阶段性改善个人修养、端正个人举止，加之学生长期注重与坚持，对于提升个人素养、塑造人格、形成魅力等具有终生意义。

（二）求职与职场礼仪教育的现状

1. 教育形式单一

目前，高校多在大学三年级或四年级开设大学生就业指导课程。求职与职场礼仪教育多以讲座、课堂等单一形式进行。讲座、课堂一般仅 1～2 个课时，课时少直接限制了授课形式，以单纯讲授形式为主。

2. 教育成效较差

讲座形式存在课程时间短、内容不全面、比较浅显、听课人数多、难开展实训等诸多问题，学生理解少，无法自如运用，实践效果差，教育效果流于形式。

3. 受重视程度较低

高校对求职与职场礼仪重视程度较低。某些高校仅将求职与职场礼仪开设为一堂讲座，在大学生就业指导课程体系中所占比重较低；某些高校开设求职与职场礼仪类的课程，但均为选修课，普及力度不够，高校对课程本身宣传少，学生了解甚少，知识获得的渠道狭窄。

（三）求职与职场礼仪教育的改进措施

1. 教育形式创新

求职与职场礼仪具有理论与实践教育意义，因此课程形式应将讲授与实训相结合。"体验式学习"这一教育形式较适用于本门课程。"体验式学习"是个体经引导后，开始探索和体验，然后再进行讨论、分析、反思，以"思考—行动"的循环模式进行学习。

教师安排学生对任务进行"思考—行动"的循环练习，将所学理论知识运用于实践中，进行深刻体验式学习。职场礼仪的目的在于形成职场思维，提高入职适应力，职场情景受限于不同工作性质、工作环境、企业文化等外部因素，体验式学习适用程度有限且授课成本较高，甚至需要真实的职场环境，才能让学生真切体验，因而以讲授职场通则等理论知识为主，为顺利入职打好基础即可。

2. 分阶段实施

求职与职场礼仪对于提高个人求职能力、提升个人素养有积极作用，而个人能力和素养的提高，需要长期坚持与巩固，非一蹴而就。因此，求职与职场礼仪教育应分阶段实施。

大学第一年与第二年为第一阶段。大学第一年与第二年是青年学生形成自我认知观、世界观、价值观的关键时期，也是学会独立处理人际问题的开始，在此阶段，应该安排大学生礼仪教育相应课程，传授正确的人际交往礼仪规则、端正举止仪态，形成文明、健康、向上的校园风尚，从而潜移默化地引导学生注重自我素养的修炼。

大学第三年为第二阶段。一般四年制大学的第三年第二学期为开设就业指导课程的集中阶段，学生在此阶段主要为大四的实习与就业打好基础，也会陆续开始进入就业应聘、面试等环节。因此，在这一阶段，应安排学生分理论讲授与体验学习两部分，进行求职礼仪学习。

大学第四年为第三阶段。大多数高校学生在最后一年返校进行毕业设计，借此时机可以开展职场礼仪学习，学生学习兴趣较浓，也能即刻运用到实际工作中。学习内容包含初入职场的注意事项、职场禁忌等，教师容易在学生有实习经历的基础上，引导学生进行思考、总结与运用，比无工作基础的授课更有实际指导意义。

3. 加强宣传

高校应加强大学生求职与职场礼仪的宣传，宣传渠道包含官方网站、广播、校园活动等形式。建议在进行大学生就业指导的集中时段，开展求职与面试礼仪的系列校园活动，如模拟面试、礼仪知识宣传、礼仪知识竞赛等。许多学生在进入职场后发现大学期间缺乏该方面内容的系统学习，入职后适应力差，工作能力弱，逃避人际关系的处理。因此，高校适时开展求职与职场礼仪教育，采用科学有效的教育方式，注重宣传，提高学生参与程度，确保学生以掌握知识为目标参加系列教育活动，保证礼仪教育的现实、长远和终生意义。

四、礼仪教育对大学生的意义

随着我国社会主义市场经济体制的不断完善，企业对员工的要求也更为全面。在就业竞争日益激烈的情况下，大学生需要具备相应的职场礼仪，才能在众多竞争者中脱颖而出，通过礼仪体现出自身的精神状态和综合素质，只有这样才能够在职场中获得更多的尊重和机会。高校的礼仪教育也是学生道德修养提升的重要环节。礼仪作为社会公认的道德规范和准则，能够调节人与人之间的关系和矛盾。在社会活动中以良好的言谈举止显现出自身的精神面貌和道德修养，对大学生就业过程中以良好的个人形象进入职场具有重要作用。

（一）礼仪教育的重要意义和作用

我国具有五千多年的悠久历史，大众文化程度也发展到了较高水平，礼仪作为社会所公认的行为规范和准则，能够在个人与社会发展过程中发挥重要作用。礼仪对个人而言是文化修养与道德修养的外在表现，对国家而言则是社会文明进步的重要标志。强化高校大学生的礼仪修养，不仅能够培养大学生的人文精神，还可以实现高校的重要教学目标，让礼仪成为大学生求职过程中的基本素养，从而保障求职过程顺利进行。

（二）大学生礼仪教育的现实困境

1. 高校重视不足

应试教育导致教学观念较为单一，礼仪教育经常被忽视。高校的礼仪教育在道德发展方面通常具有较多的要求，但在行为实践方面却没有得到重视，能够操作的礼仪也只是加以讲授，缺少实践对行为的训练。这也使得礼仪教育课程过于单一、枯燥和空洞，并不适应以学生为中心的教学发展要求，无法有效调动学生的积极性。与其他课程一样，学生都是进行机械式的学习，无法充分发挥礼仪教育课程的特点，导致校园礼仪教育氛围越来越淡化，无法充分发挥礼仪教育的成效。

2. 欠缺个人修养

高校大学生以智力教育和专业学习为核心，忽视了对文明礼仪的学习。虽然获得了各种能力的提升，但由于对文明礼仪方面的忽视，无法将知识与道德相联系，道德水平不能适应知识水平的提升，人文素养与礼仪规范脱节。

（三）加强高校礼仪教育的途径

1. 强化师资力量

提升高校礼仪教育的教学水平，接受先进的教育理念，强化礼仪教育的师资力量。作为礼仪教育的实施者和引导者，与其他课程的教师相比，礼仪教育教师的人格魅力对学生产生的影响更为强烈。因此，高校应当强化师资力量，让教师以身作则，通过自身的礼仪素养去引导和感染学生，并通过不断地接受先进教育理念，提升教师的礼仪教学水平，加强对礼仪教育内在意识的培养，在课堂上让学生明确认识到礼仪的重要性，建设一支适应现代礼仪教学的师资队伍。

2. 完善礼仪教育实践

高校礼仪教学不仅需要引导学生的礼仪情感，还应当鼓励学生在日常行为中进行礼仪实践，让学生在感情上认可，感受到礼仪的道德功能对行为的调节，将自身的行为控制在符合礼仪道德要求的范围内。教师也应当引导学生处理礼仪的内在要求和外在形式这一矛盾。礼仪教育的覆盖面较为广泛，因此教学过程并不能仅仅局限在课堂，应当联系实际生活，准备具体环境进行教学设计，让学生有效地消化礼仪知识，完善道德素养，实现学生的全面发展。

审视

随着高校素质教育进程的不断推进，教育目标也从单一的开发智力和学习知识，转向加强学生的全面发展，以此适应社会发展的需要，推进社会的整体发展进程。而实现学生的全面发展，需要让学生在社会中能够尊重他人，保持积极上进的心态，从而营造出更为和谐的社会环境。强化高校大学生的礼仪修养，不仅能够培养大学生的人文精神，还可以实现高校的重要教学目标，让礼仪成为大学生求职过程中的基本素养，只有这样才能保障求职过程顺利进行。

问题探索

"人无礼不生，事无礼不成，国家无礼不宁。"求职无礼则就业无门。作为应聘者，需要更多地关注自己的求职礼仪表现，增强应聘的有效性。事实上求职礼仪是每个人在求职的过程中所表现出的由里到外的一种涵养，外表的礼仪是对招聘单位和招聘人员最起码的尊重，而内在的礼仪更是一名当代大学生所必备的修养。

拓展思考

下面是一套关于职场礼仪的测试题，一起来试一试吧！

（1）电话铃声响后，最多不超过（　　）声就应该接听。

A. 一　　　　　　B. 二　　　　　　C. 三　　　　　　D. 四

（2）假定你现在接到上级打来的电话，通话完后由谁先挂电话？（　　）。

A. 自己先挂　　　　　　　　　B. 上级先挂

C. 随意，没固定要求　　　　　D. 以上都不对

（3）以下关于交际礼仪的举止行为，哪一项比较适宜？（　　）。

A. 用脚后跟着地走路

B. 正式场合，女性文员的双腿可交叠翘成二郎腿

C. 男性在任何场合都可以戴着手套握手

D. 穿着短裙的下蹲姿势，应跨前半步后腿虚跪，上身保持挺直，蹲下时慢慢地弯下

（4）女性在商务交往中佩戴首饰时，应该注意要（　　）。

A. 与众不同　　　　　　　　　B. 同质同色

C. 不能佩戴　　　　　　　　　D. 彰显价值

（5）办公室礼仪中打招呼显得尤为重要和突出，在职员对上司的称呼上，应该（　　）。

A. 称其头衔以示尊重，即使上司表示可以用名字、昵称相称呼，也只能局限于公司内部

B. 如果上司表示可以用姓名、昵称相称呼，就可以这样做以显得亲切

C. 可以直呼其名，或者用"喂""你"之类的词

D. 随便怎么称呼都可以

（6）如何恰当地介绍别人是商务人员必备的礼仪技巧，能够正确地掌握先后次序是十分重要的，通常在介绍中，下面哪项不符合正确的礼仪？（　　）。

A. 首先将职位低的人介绍给职位高的人

B. 首先将女性介绍给男性

C. 首先将年长者介绍给年轻者

D. 同龄同性同职位者，首先介绍客方

（7）名片是现代商务活动中必不可少的工具之一，下列做法正确的是（　　）。

A. 为显示自己的身份，应尽可能多地把自己的头衔都印在名片上

B. 为方便对方联系，名片一定要有自己的私人联系方式

C. 在用餐时，要利用好时机多发名片，以加强联系

D. 接过名片时要马上看并读出来，再放到桌角以方便随时看

（8）交谈是一项很有技巧的商务活动形式，交谈得好会对商务活动有较大的促进作用，因此在商务活动中，你应该（　　）。

A. 在交谈中充分发挥你的能力，滔滔不绝

B. 在交谈中多向对方提问，越多越好，越彻底越好，以获得更多的商务信息

C. 在交谈中应表情自然，语气和蔼可亲，要注意内容，注意避讳一些问题

D. 在交谈中手舞足蹈，尽量用肢体语言展示自我

（9）若你正在参加一个商务会议，这时你的笔不小心掉到了桌子下面，你应该（　　）。

A. 不要打扰别人，自己弯身去捡

B. 跟身边的人打声招呼，再弯身去捡

C. 无特别要求可随意处理

D. 不去捡，不要影响会场纪律

（10）当你的同事不在时，你代他接听电话应该（　　　）。

A. 先问清对方是谁

B. 先记录下对方的重要内容，待同事回来后告诉他处理

C. 先问对方有什么事

D. 先告诉对方他找的人暂时不在

答案：

（1）～（5）　　　C B D B A

（6）～（10）　　　A D C B D

第九章 创业理论与实务

思维导图

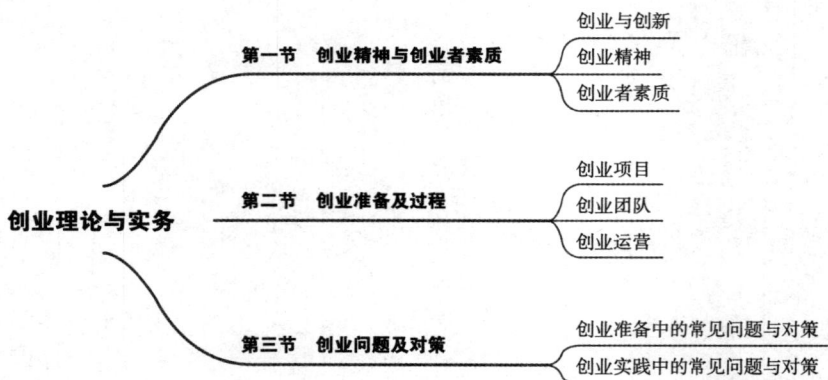

```
                                          ┌ 创业与创新
                      第一节 创业精神与创业者素质 ┼ 创业精神
                                          └ 创业者素质

                                          ┌ 创业项目
创业理论与实务          第二节 创业准备及过程     ┼ 创业团队
                                          └ 创业运营

                                          ┌ 创业准备中的常见问题与对策
                      第三节 创业问题及对策      ┴ 创业实践中的常见问题与对策
```

▶ 第一节 创业精神与创业者素质

学习目标

（1）了解创业的内涵，创新与创业的联系和区别，创业的类型。
（2）熟悉创业精神及创业者的素质。

案例分析

　　两名刚刚毕业的学生，一名在家乡开了个特色餐厅，另一名准备开网店。我分别打电电话给他们，开特色餐厅的同学接通电话后，正在给客户送餐的途中，我问他怎么自己送餐了，他说店里实在忙不过来，问他利润怎么样，他告诉我一个月的净利润上万元，我感叹如何在创业之初就将餐厅经营得有声有色，他笑着说自己并不是毕业才开始创业，而是从大二就开始尝试创业、兼职，经历过失败也获得很多宝贵经验，直到现在与朋友合伙开这家餐厅，并计划试行可打包邮寄的餐食礼包等相关衍生产品。另一名同学与我通电话的时候，她说网店还没有开张，从我们进一步交流中发现，这名同学的创业意向的产生，是因为看到很多网友很轻松的获得高收入，但她从毕业后一直在家思考如何创业，家人一直劝她边求职边创业，而她一直说自己什么都还没准备好，担心贸然行动会失败。

这两名同学在毕业后都进行创业，但有显著的差别，这背后的原因是创业精神的富足与匮乏：一名同学勇于冒险、尝试，在实际创业后甘于吃苦耐劳、亲力亲为，并且有意识、有计划地与合伙人开拓新市场；另一名同学则过于谨慎，并且完全没有创业经历和基础，没有创业的热情和成就感，只是对虚拟未来的不务实期待，对创业的认识还不够深入，简单的想法即使转化成创业实践，可能也不会维持太久。

近年来，毕业去向多样化趋势愈加明显，自主创业需要综合考量的因素也更加复杂，在新时代背景下，应努力引导大学生对创业树立客观认识，做出正确的创业选择，做好相关知识储备。

一、创业与创新

（一）创业的内涵

从狭义的角度进行分析，创业是个体、企业或者组织在寻找并且抓住一切能够获得利益的机会的过程，换言之，创业是指个体、企业或者组织通过商业模式完成实践的过程；从广义的角度进行分析，创业的存在是一种思考、推理以及行动的方式，是一种新的事物被创造的过程，是开展新的业务以及创建新的组织的一个过程，也是思考、推理以及行为的模式。

在创业的实践过程中，人们更重视的是对创业的机会进行发现以及识别和应用，最终收获创业的利益。据此就可以把创业的概念理解为创业者通过对有效的资源进行整合之后，抓住其中的机遇进行新事业的创新的过程。

（二）创新的内涵

创新是以新思维、新发明和新描述为特征的一种概念化过程，起源于拉丁语，其原意有三层含义：更新、创造新的东西及改变。创新是人类特有的认识能力和实践能力，是人类主观能动性的高级表现形式，是推动民族进步和社会发展的不竭动力。根据创新活动中创新对象的不同，创新可分为知识创新和技术创新。

（三）创新与创业的关系

1. 创新与创业的契合

虽然创新与创业是两个不同的概念，但两者之间却存在本质上的契合、内涵上的相互包容和实践过程中的互动发展。第一次提出创新概念的奥地利著名经济学家熊彼特认为："创新是生产要素和生产条件的一种从未有过的新组合，这种新组合能够使原来的成本曲线不断更新，由此会产生超额利润或潜在的超额利润。"创新活动的这些本质内涵，体现着它与创业活动在性质上的一致性和关联性。

创新是创业的基础，而创业推动着创新。从总体上来说，科学技术、思想观念的创新，能够促进人们物质生产和生活方式的变革，引发新的生产生活方式，进而为整个社会持续不断地提供新的消费需求，这是创业活动之所以源源不断的根本原因。此外，创业在本质上是人们的一种创新性实践活动。无论是何种性质类型的创业活动，它们都有一个共同的特征，那就是以创业为主体的一种能动的、开创性的实践活动，是一种高度的自主行为。

在创业实践的过程中，主体的主观能动性将会得到充分地发挥和张扬，正是这种主体的主观能动性充分体现了创业的创新性特征。

2. 创新与创业的相互作用

（1）创新是创业的本质和源泉。

经济学家熊波特曾提出"创业包括创新和未曾尝试过的技术"。创业者只有在创业的过程中具有持续不断的创新思维和创新意识，才可能产生新的富有创意的想法和方案，才可能不断寻求新的模式、新的思路，最终获得创业的成功。

（2）创新的价值在于创业。

从某种程度来讲，创新的价值就在于将潜在的知识、技术和市场机会转变为现实生产力，实现社会财富的增长，从而造福人类社会，而实现这种转化的根本途径就是创业。创业者可能不是创新者或者发明家，但其必须有能发现潜在商机和敢于冒险的精神；创新者也不一定是创业者或企业家，但创新的成果是经由创业者推向市场，使其潜在的价值市场化，只有这样创新成果才能转化为现实生产力，这也侧面体现了创新与创业的相互关联。

（3）创业推动并深化创新。

创业可以推动新发明、新产品或者新服务的不断涌现，创造出新的市场需求，从而进一步推动和深化各方面的创新，最终提高了企业或者整个国家的创新能力，推动了经济的增长。

创新和创业是相辅相成、无法割裂的关系。创新是创业的手段和基础，而创业是创新的载体。创业者只有通过创新，才能使所开拓的事业生存、发展并保持持久的生命力。大学生创业，更需要提升自己的创新意识、创新思维、创新技能及创新品质，只有这样才能在严酷的市场环境下开辟创业之路。可以说创新是创业者实现创业的核心。

创业还需要有创新精神，但是，仅仅具备创新精神是远远不够的，创新只是为创业成功提供了可能性和必要准备，如果脱离了创业实践，缺乏一定的创业能力，创新精神也就成了无源之水，无本之木。创新精神所具有的意义，只有作用于创业实践活动才能有所体现，最终才有可能实现创业的成功。

二、创业精神

（一）创业精神的概念

创业精神是指在创业者的主观世界中，那些具有开创性的思想、观念、个性、意志、作风和品质等。激情、积极性、适应性、领导力和雄心壮志是创业精神的五大要素。

创业精神是创业者通过创新的手段，将资源更有效地利用，为市场创造出新的价值。虽然创业常常是以开创新公司的方式产生，但创业精神不一定只存在于新企业，一些成熟的企业，只要创新活动仍然旺盛，该企业依然具备创业精神。

（二）创业精神的基本特征

创业精神具有高度的综合性、三维整体性、超越历史的先进性、鲜明的时代性等基本特征。

1. 高度的综合性

创业精神是由多种精神特质综合作用而成的。诸如拼搏精神、进取精神、合作精神等都是形成创业精神的特质精神。

2. 三维整体性

无论是创业精神的产生、形成和内化，还是创业精神的外显、展现和外化，都是由哲学层次的创业思想和创业观念、心理学层次的创业个性和创业意志、行为学层次的创业作风和创业品质三个层面所构成的整体，缺少其中任何一个层面，都无法构成创业精神。

3. 超越历史的先进性

创业精神的最终体现就是开创前无古人的事业，创业精神本身必然具有超越历史的先进性，想前人之不敢想、做前人之不敢做之事。

4. 鲜明的时代性

不同时代的人们面对不同的物质生活和精神生活条件，创业精神的物质基础和精神营养也各不相同，创业精神的具体内涵也就不同。创业精神对创业实践有重要意义，它是创业理想产生的原动力，是创业成功的重要保证。

（三）创业精神的培育

对大学生进行创业精神培育有三个主要内容，分别是创业意向和创业理想、环境分析和机会识别意识，以及持续创新的战略性思维。

1. 创业意向和创业理想

（1）创业意向。

创业意向指的是人们在开展创业行为时表现出来的趋向性变化，具体为创业心理倾向、创业需求以及创业内部趋向力等。简单来说，它可以将大学生对创业的看法以及行为都表现出来。

①创业心理倾向。创业心理倾向就是培养人们对创业的兴趣，这是创业行为产生的首要原因，也是原始动力，是创业精神培育的切入点。在培养大学生对创业产生兴趣时，要重点强化实现自我价值及创业活动对他们的作用。

②创业需求。创业需求是指人们对生存现状不满，进而产生改变现状的要求和愿望。

③创业内部趋向力。创业动机是一个内部推动因素，它可以促使单人或团体进行创业活动，是一种内部驱动力量，可以将创业当事人主动去创业的激情调动起来。从大学生角度来说，创业动机是多元化的，不仅在经济活动和就业问题的处理中需要它，在更高的级别，包括人生价值的达成和给社会谋福祉等方面也需要它。

（2）创业理想。

创业理想是人们在进行创业活动时持续存在的努力方向、价值观点和理想追寻，也是人们对于创业这个行为和创业阶段的基本看法。引导大学生建立远大的创业理想对他们具有积极的作用，可以让他们对自己的人生价值有一个更加深入的了解，掌握国家和民族的任务，从而勇敢地进行创业活动。

2. 环境分析和机会识别意识

对创业活动进行环境分析和机会识别是创业的前提，其能够使创业者在创业活动前期，充分预见创业能否成功。大学生自控能力差，不能快速适应环境的现象普遍存在。只有适应所处环境，合理利用周围资源，才能准确分析创业所处的环境，才可以牢牢抓住创业的机会。

有学者将"机会"解释为"营造出对新产品、新服务或新业务需求的一组有利环境"。创业机会也是一种经营机会，对创业人员有积极作用，对他们的吸引能力比较强，可使创业人员获得经济效益。创业机会的来源也比较多，通常包括科技水平的发展程度、国家的法律法规、社会和行业的变化等。创业机会是从变化中产生的，因此，创业人员要清晰地发现这些变化并辨别出机会。

3.持续创新的战略性思维

对公司经营控制和发展水平起核心作用的就是持续创新的战略性思维，该思维包括两个方面，即创业主体创新思想和坚持不放弃的思想。

创业的目的不仅仅是创建公司，还要给其他人及整个社会创造效益，并且让自己的才能得到充分展现。在企业稳步发展的过程中，创业主体要提升战略性的思考水平，对企业所处的环节进行研究分析，持续不断地进行创造性改变，在对企业进行协调管理时，采用创新思想，只有这样企业才能持续发展。

纵观组成创业精神的几个因素，不难发现，创业的兴趣表现了创业主体的价值观，而创业理想则是创业主体希望达到的目的。对创业活动进行环境分析和机会识别是创业可行的前提，能够使创业者在创业活动前期，充分预见创业能否成功。持续创新的战略性思维是决定企业管理与发展水平的关键。

三、创业者素质

创业者应具有创业意识、创业知识、创业能力及创业品质等方面的素质。

（一）创业意识

创业意识是创业知识、创业能力和创业品质的前提，是指个体根据自身和社会的发展需要引发的创业动机或愿望，是人们创业需求、创业动机、创业兴趣、创业愿望、创业世界观、创业人生观和创业价值观等复杂因素的统一体，创业意识是否强烈关系到创业的成败。

创业需求是指引起或者维持创业行为，以达到预定目的或希望的心理学现象；创业动机是指创业者想通过创业获得什么，是个体发动和维持创业行为的心理倾向；创业兴趣是指人们趋向创业活动的心理倾向，以个体精神需要和对某事物的认识、情感为基础，是个体从事创业行为的内在精神动力；创业愿望是指创业者或未创业者基于现实情况而产生的一种想创业的欲望；创业世界观是创业者在创业过程中逐渐形成的一种对创业的基本看法和判断；创业人生观是创业者对创业的人生目的和意义的根本看法；创业价值观是创业者因从事创业而得到尊重，并为社会作贡献的一种价值观。创业者的人生观和价值观是创业者创业目的的深层来源。

（二）创业知识

创业知识是创业的基础，是以专业知识为基础的自然知识、社会知识和思维知识的科学合理的知识结构。英国哲学家培根曾说"知识就是力量"，这里说的知识就是全面的、系统的、科学的知识，只有这样的创业知识才能提高创业成功的概率。片面的、碎片化的、结构不合理的知识不足以成为指导创业成功的力量。本章研究的创业知识将从专业技术知识和企业经营管理知识两方面对大学生的创业知识进行分析。

（三）创业能力

创业能力是创业的核心，是一个人在创业实践活动中的自我生存、自我发展的能力，是个体在创业过程中将所学的知识运用到实践中，从而解决实际问题的能力。创业能力素质是指个体在创业过程中所需要的除专业素质以外的各种综合能力，其中主要包括学习能力、决策能力、创新能力和人际交往能力。

学习能力主要是指终身学习的能力，创业者要不断扩充自己的知识范畴，强化自身的知识深度，在学习中思考提升；决策能力是创业企业领导者的魄力展现，在对企业的发展方向、业务结构及人员调配等重大事项定夺中，领导者都能做出果断而及时的决策；创新能力不仅是初创型企业赖以生存的重要因素，更是企业长久发展的动力来源；人际交往能力不仅指企业之间，企业与政府、机构、市场之间的关系维护，还指创业者与团队成员之间、企业员工之间的关系维护，其能为企业发展提供更为坚实的基础。

（四）创业品质

创业品质是创业成功的保证，是指个体在创业实践中将对创业活动的坚定信念和执着精神，演化为其内在的相对稳定的价值观念，并凝聚为其内在的个性特征和道德品质。创业品质既包含对个体创业实践活动的心理和行为起调节作用的个性心理品质，也包括个体所彰显的以创业精神为核心内容的创业道德品质。

当个体创业者的社会知识结构得到丰富、创业技能得到提升、创业意识有所提高时，其创业素质也会得到发展。美国百森商学院的杰弗里·蒂蒙斯认为，真正意义上的创业教育应当着眼于为未来的几代人设定"创业遗传密码"，以造就最具革命性的创业一代作为其基本价值取向。这里所提的"遗传密码"，就是指以创业精神为内在表现的创业品质的传承，它也是评价创业素质教育成功与否的关键。

审视

我国已经进入新时代，新时代是大众创新、万众创业的时代。大学生作为时代新人，应该具备创新和创业意识。未来，不论你是想要拥有自己的企业，还是用你的智慧提升你所在企业的发展效率，解决企业面临的问题，这都将为自己的职业发展打下良好的基础。

问题探索

在相同的环境中为什么有的人业绩突出，能够得到企业的认可和领导的赏识，有的人却工作平平？

拓展思考

作为将来的创业者，应该如何提升自己的素质？

▶ 第二节 创业准备及过程

学习目标

（1）了解创业项目选择的原则。
（2）了解如何组建创业团队，从而指导大学生做好创业准备。
（3）熟悉创业运营，掌握创业的过程。

案例分析

辽宁工程技术大学有一个校区坐落在兴城市，是一个县级市，教育资源相对落后。曾经有几名大学生在兴城市共同开办了一个教育培训班，利用课余时间给中学生进行课后辅导，他们分工明确，有的人负责招生、有的人负责接待和课程安排、有的人负责授课。在运行过程中，他们的授课场地搬迁了多次，原因是参加辅导的学生越来越多，原来的场地不能满足人数增加的需求。通过开办培训班，他们不仅锻炼了能力，同时也获得了可观的收入。每年都会有一些大学生投身到开办教育机构的队伍中，但是能经营得当或开设分部的少之又少，或者只是徒有门面，连招生都困难，甚至也有刚装修好场地就直接贴上转让标志，等等。

开办教育机构的"追随者"们，为什么在同样的环境中出现差异化较为明显的结局？究其原因，与市场环境和国家政策的大背景有直接的关系，但是创业者在创业前的准备程度与经营管理质量，都是影响创业实效的关键因素。部分从事教育类创业的大学生是从不同机构的兼职做起，他们在不影响学业的前提下，挤出课余时间，了解教育市场的规律，学习教育机构的经营管理经验，感悟创业者的酸甜苦辣，积累一定资本后，他们有迈入教育市场的"发言权"，也有承担创业失败的韧劲。但也有部分大学生创业者，只是基于稍好的家庭物质基础，在没有充足的经验与决心时，单纯的想分一杯教育市场的"红利羹"，最后只能落得两手空空的下场。

如何在明确创业意向后进行创业准备与筹划工作，如何在面对激烈的市场竞争中站稳脚跟，需要从理论知识层面储备创业准备及相关过程的必要因素，在扎实的理论指导下进行创业实践，最大限度规避创业风险。

一、创业项目

（一）创业项目的来源

1. 问题的发现与解决

创业的根本目的是满足顾客需求，寻找创业机会的一个重要途径是善于去发现和体会他人的需求。比如，当智能手机盛行的时候，人们发现手机电池续航能力差，于是，企业针对这一问题，通过探索，研发了移动充电设备，这就是如今风靡的"充电宝"。

2. 变革

行业和市场结构有时从表面上看非常稳定，感觉可持续很多年不变，但实际上，行业和市场结构只是相对稳定，随着经济的发展和社会文化的变迁，行业和市场结构会随之发生变化，而且速度很快。一旦发生这种情况，行业中的每个成员都不得不有所反应，沿用以前的做事方式注定会失败，而且可能会导致一个公司的消亡。然而，行业和市场结构的变化同样也是一个重要的创业机遇。

3. 创造与发明

创造与发明能提供新产品、新服务，能更好地满足顾客需求，同时也带来了创业机会。如随着计算机的诞生，计算机维修、软件开发、计算机操作培训、信息服务、网上开店等创业机会随之而来，即使你不发明新的产品，你也可以销售和推广新产品，这同样也可以给你带来商机。

4. 竞争

如果你能弥补竞争对手的缺陷和不足，这也将成为你的创业机会。看看你周围的企业，你能比他们更快、更可靠、更便宜地提供产品或服务吗？你能做得更好吗？若能，你也许就找到了机会。

5. 新知识、新技术的产生

新知识、新技术的产生会带来众多创业机会。例如，随着健康知识的普及和技术的进步，围绕"水"就带来了许多创业机会；随着石墨烯技术的产生和发展，将对电池行业本身以及周边产业带来众多的机会。

（二）创业项目的选择

正确选择合适的创业项目是创业成功的基础。因此，创业者必须秉持严谨的态度，结合自身的优势和资金实力对行业进行细致分析。但是，很多创业者对于如何正确地选择创业项目和进入时机都不太了解，从而导致创业失败。那么到底如何选择创业项目？选择创业项目有哪些原则呢？

1. 因时而动：选择具有前景的行业

创业者想要开创自己的一番事业必须先知道国家目前正在扶持、鼓励哪些行业发展，哪些行业是允许创业的，哪些是限制的。创业者选择国家政策扶持、鼓励的行业，对企业日后的发展将起到不可估量的作用。同时，对于当地政府出台的优惠政策和银行贷款利率，创业者也需要核查清楚，确保资金充裕。

正确选择创业项目要因时而动，创业者要关注两个时间段的市场行情：一个是当前的，看当前的市场需求、市场空白和市场上畅销的产品，创业者在选择当前畅销的产品项目时，要注意冷静分析，弄清畅销的真正原因；另一个是今后的，看行业今后长远的发展前景，比如该行业是否符合国家产业政策，是否适应人们的消费发展趋势。

2. 以市场为导向：了解市场需求

一方面，创业者要了解消费者对产品（服务）需求的强烈程度。消费者有性别、年龄、文化层次、职业等因素的差异，我们可依据这些因素对消费者进行细分，从而把他们细分成一个个消费群体，每一个消费群体就是一个细分市场，也就是我们应该集中精力服务的对象。所以，创业者在选择创业项目时一定要知道自己服务的对象群体到底是哪些人，他（她）们对产品（服务）需求的强烈程度如何。需求越强，项目越容易做；需求越弱，项目越难做。

另一方面，创业者要不断问自己该项目面临的直接竞争对手是谁，间接竞争对手是谁，竞争的程度如何，是恶性竞争还是良性竞争。如果是恶性竞争，该产品有没有有价值的新特色来应对这种竞争，或者有没有竞争不太激烈的其他项目可做。所以，从竞争的角度来看，我们不应该把眼光始终盯在竞争十分激烈的项目上，应该去寻找一些有特色的新产品来做，或者寻找一些竞争不太激烈的新项目来做。必须指出的是，有些项目很有特色，但是客户不一定认可，所以，创业者必须选择既有特色又有市场的项目或产品，这样更能提高创业的成功率。

3. 因人而异：利用自身优势与长处

兴趣是创业的基础，项目能让创业者兴奋是创业成功的必要条件。著名创客"米饭爷爷"，几十年专注煮饭，正是因为兴趣让他沉浸其中，乐此不疲。很多创客、极客在切入项目和发展企业时选择自己兴趣所在的领域，他们在工作时往往是享受且不知疲倦的。前些年，有人问史玉柱为什么投资巨人网络这样一个游戏公司，他很实在地回答说："我就很喜欢玩游戏，每天在办公室玩，被下属看到后感觉不好意思，不如干脆投资一个游戏算了。"因兴趣而萌生的创业往往会走得更远，并且容易取得较大的成就。

兴趣、爱好决定了人的价值观。一个人在遇到困难、挫折时，选择坚持或放弃往往取决于他对该项目的态度和认识，即价值观。因此，选择项目时要不断问自己：我的兴趣爱好是什么？我认为哪些事是有价值的？该项目是否满足我内在的心理需求？是否与我的价值观相匹配？

4. 量力而行：从小事做起、从小利做起

创业是一种风险投资，每位创业者都必须遵从量力而行的原则。创业者若拿自己的血汗钱或借钱来创业，就应该尽量规避风险较大的创业项目，把为数不多的资金投资到风险较少、规模较小的创业项目当中，积少成多，滚动发展。

同时，创业者在选择创业项目时还要考虑产品成本、价格与利润，比如，要考虑该项目提供的产品或服务的成本是多少、售价是多少、毛利是多少、毛利率是多少等问题，创业者对毛利率低于20%的项目要慎重考虑，有时候仅毛利率一个因素就可以否定一个项目。

此外，资源条件也是影响创业项目选择的重要因素。创业者在选择项目时还要充分考虑自己掌控的资源条件能否满足项目本身的内在需求，避免在资源不足的情况下追求过大的项目。

5. 伺机而动：把握好进场的时机

行业处在发展初期，往往意味着先机仍在但没有被人重视，竞争较弱，此时进场较容易成功。行业已经成熟或衰退，往往意味着先机已经失去，此时或者市场被几大竞争对手牢牢抢占，或者该行业处于衰退期，不论在哪种情况下，进场都为时已晚。

进场时机的把握是项目能否做成功的关键因素，因此，创业者选择创业项目时可以考虑一些刚刚兴起的行业，如当下最"热"的人工智能产业。

二、创业团队

（一）团队组建

1.团队组建四要素

创业团队是由两个或两个以上的创业人员组建而成，他们有着相同的创业观念和价值理念，可以一起分担创业风险、共享利益。他们为了使创业目标达成而自主组建为正式团队或者非正式团队，即利益共同体。完整的创业团队需要具备关键的四项要素。

（1）目标。之所以成立创业团队就是因为都有一个共同的目标，那就是追求创业成功、实现梦想、提升人生价值。这是整个团队奋斗的方向和凝聚力的来源。

（2）人员。每个人都是团队不可缺少的一分子，要无私地贡献出自己的知识、技术、能力、资源等，要齐心协力、互助互补，打造出团队的集体战斗力。

（3）角色分配。根据团队成员的性格、特点、技能、股份等不同，来合理分配每人在团队中的岗位与职责，以便各司其职、各担其责、人尽其才。

（4）创业计划。根据创业目标，需要制订详细而可行的创业计划，首先要明确企业战略、产品策略、营销策略、筹资方案等；其次要制订出分阶段、分步骤的实施计划；最后根据市场反馈随时调整策略和计划。

2.团队组建原则

（1）饱满持久的创业激情。在创业过程中充满了难以预计的风险、挫折、失误、失败，没有人能轻易成功。没有饱满持久的创业激情，往往可能会在成功前放弃。

（2）相互了解和相互信任。在创业过程中能力很重要，人品更重要，这都需要在创业开始前就尽可能全面地相互了解。无端的猜疑会令团队瞬间瓦解，相互信任是创业成功的前提和保障。

（3）强大的凝聚力。创业团队应是利益共同体，团队利益高于个人利益，彼此同甘共苦，一起公平合理地分享创业成果，这就是强大凝聚力的作用和根源。

（4）能力与资源的充分互补。没有人会拥有创业所需的全部技能、经验、关系、资金等要素，成员之间能力与资源的充分互补，有利于相互合作，弥补创业团队的短板。

（5）股权分配合理。股权一般不宜平均分配，应与创造的价值与贡献相匹配，做到权利与义务相平衡即可，但需要合理、透明、公平。

（6）利益分配公平有弹性。在机制上留有弹性，能随时根据成员贡献与回报的情况，做出公平的利益调整。

（二）团队培养

1.团队培养的概念

团队培养是现代管理科学中的一个重要概念，它是一个团队实现效益最大化的行为，也是建立成员之间相互信任、相互理解的过程。优秀的团队应该有一个合理的团队规模和结构，有相互信任和合作的团队精神及团队文化。因此，团队培养是以实现团队的共同利益及利益最大化为目标，据此构建团队结构、制度培养、核心领导、团队文化等所进行的团队优化及行为。

2. 团队培养的内容

团队培养一般应从制定团队目标、培育团队精神、组建核心层、做好团队激励和培训团队精英等方面来进行。

（1）制定团队目标。

团队要有明确的发展方向和共同的理想追求，这就是团队目标。明确的发展方向激励着全体成员共同努力，共同的理想追求鼓舞着全体成员真诚合作。制定团队目标时要依据目标制定的原则来进行，还要结合团队当前的一些具体的情况，也要放眼未来，做好长远规划。

（2）培育团队精神。

团队成员有士气、有协作意识、有很强的凝聚力，为实现共同利益和团队目标而有团结合作的期望，这就是团队精神。团队成员要通力协作、密切配合。团队领导要率先垂范，做好标杆，树立起团队精神的榜样。可以开展专门的团队精神学习教育，同时在日常的工作中，要处处体现出这种精神，把团队精神的理念植入每个成员的脑海中。

（3）组建核心层。

培养出团队的核心成员是团队培养工作的重点内容。团队的领导要管理好团队的核心成员，成立团队核心层，建立相关的智囊团或执行团，发挥其应有的作用，使目标计划有序推进，从而有效提升团队的工作业绩。

（4）做好团队激励。

团队的士气能够对团队的发展产生重要影响，团队领导的激励工作至关重要。团队领导能有效地激励团队的士气，很多工作就会事半功倍。团队成员的需要得到了满足，工作得到了肯定，可以促进成员工作的积极性，发挥个人能力，主动工作，从而促使团队目标的实现。

（5）培训团队精英。

在团队培养中培训精英是一项重要工作。通过提升团队成员的个人能力，提高成员个人素质，带动整体团队素质提升，促进团队绩效长期保持稳定，这就有赖于打造一个高素质的团队精英。培训团队精英主要从建立学习型组织和搭建发展平台这两个方面来开展培训工作。

一是建立学习型组织。从团队的领导自身做起，带头学习，并制定相关的学习制度，营造出良好的学习氛围，同时要创新学习的方式，通过交流、研讨等形式，增加成员的学习兴趣，提高学习的针对性，使全体成员学有提升、学有所成。二是搭建好发展平台。良好的工作环境与可施展才华的平台是培养和产生团队精英的基础，团队领导要尽可能搭好这一平台，打牢这一基础，为企业发展做好人才储备。

3. 团队培养的要求

团队培养要想有成效，需满足四个方面的要求。

（1）要明确团队的工作目标和使命。

团队目标是指引团队成员共同努力的基础，美国心理学教授马斯洛曾指出，一个优秀的团队必然有一个高度统一的团队目标和价值理念。每个人由于个人教育经历、人生阅历和奋斗目标的不同，他们对团队工作也会产生不同的认识。因此，要不断提高团队的凝聚力和战斗力，思想观念必须统一，要为团队成员打造一个共同的价值导向。团队目标是综合了所有团队成员的内心追求和价值观，是团队正常运转的非制度化约束力量，能够为所有团队成员提供情感激励，切实激发他们的工作积极性。另外，为了更好地突出团队目标的激励作用，在制定团队目标时，要遵循目标清晰原则、激励性原则、可操作性原则、共识原则，以及发展潜力原则。

（2）建立健全有效的管理制度和激励机制。

完善的管理制度、高效的激励策略是提升团队战斗力的主要方法和手段。优秀的团队内部必然有一套科学合理的管理制度，这是每个团队成员共同遵守的行为准则。

（3）加强培训。

团队要不断提升整体战斗力，适应新的挑战和竞争形势，必须要加强团队内部的培训工作。现代社会，知识是提升竞争力的主要途径和手段，只有掌握更多更先进的科技知识，才能够在激烈的竞争中生存下来。对于企业来说，企业培训是不断提高员工整体科技知识储备的重要途径，任何企业都要重视培训的作用。要在团队内部培育浓厚的学习氛围，促使员工始终保持良好的学习心态。企业要增加员工培训预算，不断提高员工培训的支出，为员工创造良好的培训环境。要通过各种培训形式和方式，为员工提供各种学习新知识、新技能的机会，要组织各种各样的技能比赛活动，激励员工不断改进个人工作技能，为企业的发展贡献自己的聪明才智。同时，要加强对员工的思想教育工作，不断强化他们的职业道德观念，培育良好的职业操守，提高他们对企业的归属感和忠诚度，通过人文培养来为企业挽留高素质人才。

（4）提高团队领导的领导力。

领导力是指管理层在日常管理活动中，通过采用科学合理的管理方法，不断提高团队的战斗力，培育浓厚的团队文化，使团队成员不断加强内部合作，提升团队凝聚力。杰出的团队领导人能够同时扮演多种角色，他既是裁判员也是教练员，能够为团队的发展提供各种指导性建议，保持团队旺盛的战斗力，充分发掘每位团队成员的工作潜力，切实提高整个团队的工作绩效。众所周知，优秀的团队背后必然有一个优秀的团队领导队伍，能够带领团队所向披靡，克服各种困难。团队领导不仅要学会用人育人，还要学会统筹全局，合理配置人力资源，让好钢用在刀刃上。此外，团队领导还要不断提升个人素质，充分发挥个人人格魅力对团队成员的感化作用，不断提高自身领导才能，带领团队取得更加突出的成就。

三、创业运营

（一）设计企业组织架构

1. 组织架构的概念

组织架构指的是在企业各职能部门之间通过某种联系或者规律组合成具有某种层次的结构，从而有利于提升企业资源利用效率，有利于提升企业经营管理水平。

2. 组织架构的形式

（1）职能制结构。

职能制结构是各级行政单位除负责人外，还相应建立了一些职能组织（如图9-1）。这种结构要求行政机关将相应的管理职责和权力移交给相关职能组织，每个职能组织都有权在自己的业务范围内向下属行政单位下达命令。因此，下级行政主管除了接受上级行政主管的指挥外，还必须接受上级职能组织的领导。

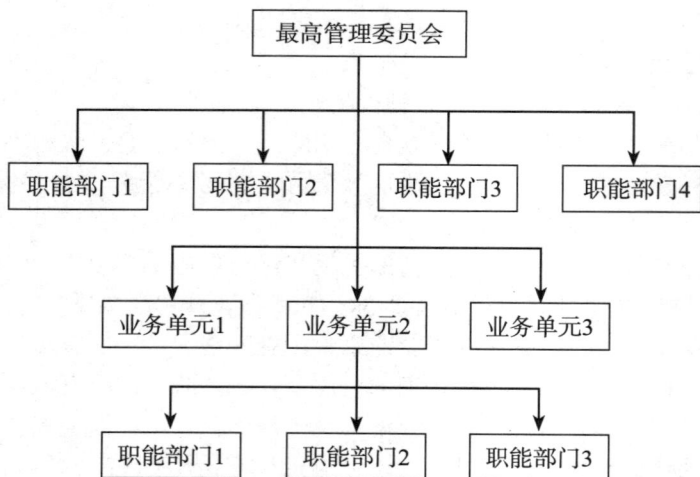

图9-1　职能制结构示意图

（2）控股结构。

控股结构指的是由多个子公司组成的集团公司，集团公司管理层协同管理各个子公司，每个公司职能业务有所不同（如图9-2）。在控股结构组织架构中，集团公司与所属的子公司都属于单独的公司个体，能够行使各自独立的公司管理活动与业务经营活动，这是与线性功能结构最大的不同所在。同时集团公司在各子公司占有一定的股份，能够对子公司下达一定的命令和通知，能够有效调动各公司自身积极性，使各子公司之间进行独立运作与协同合作，从而实现利润最大化。

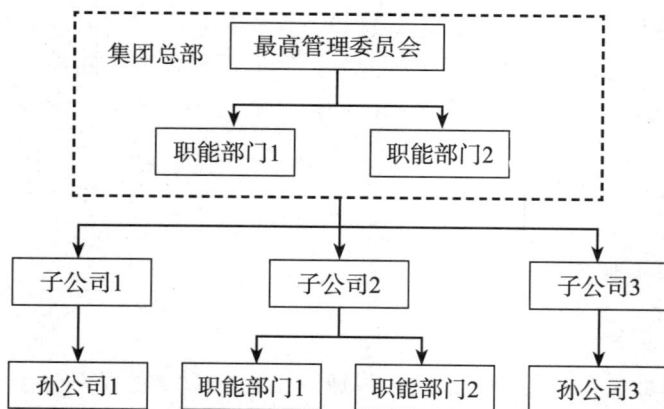

图9-2　控股结构示意图

（3）事业部制结构。

事业部制结构是指相对独立的业务单位，其包括研发、采购、营销，以及与特定业务相关的其他活动，具体取决于产品、市场或用户等因素（如图9-3）。每个业务单位位于集团总部和业务部门之间，由集团总部直接管理。在事业部制结构中，各事业部无法执行独立的经营管理活动与业务，因此事业部制结构主要以公司高层领导为主。

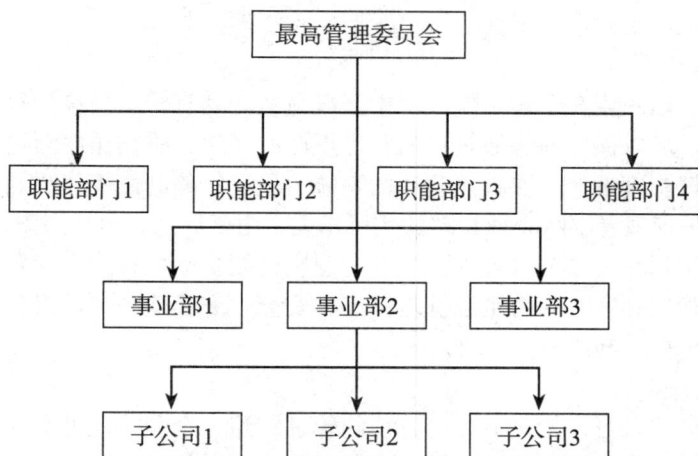

图9-3　事业部制结构示意图

（4）矩阵型结构。

矩阵型结构是由垂直和水平测量组成的企业结构，是类似于矩阵的垂直分布形式，公司根据各自产品、业务、区域的不同将企业组织划分为不同的区块，同时区块之间相互联系、相互制约，形成矩阵式的交叉形式。这种矩阵型结构十分复杂，然而在大型公司内部，这种复杂完善的企业组织结构能够大幅度提升企业经营管理的效率和质量水平。

（二）设计企业管理制度

1. 企业管理制度分类

所谓企业管理制度是指企业为了规范自身建设、加强企业成本控制、维护工作秩序、提高工作效率、增加企业利润、增强企业品牌影响力，通过一定的程序所制定出的管理企业的依据和准则。

企业管理制度大体上可以分为规章制度和责任制度。规章制度偏重于工作的内容和范围及工作的程序和方式，如管理细则、行政管理制度、生产经营管理制度；责任制度侧重于规范责任、职权和利益的界限及其关系。一套科学完整的企业管理制度可以保证企业的正常运转及职工的合法利益不受侵害。

2. 企业管理制度设计方法

（1）借鉴学习。

新建企业在借鉴学习其他企业先进的管理制度时，要巧学活用，绝不能采用生搬硬套的拿来主义。我们要围绕企业自身的实际，学习同行业先进企业的管理新理念，管理者要大胆地解放思想，追求管理创新，彻底摒弃陈旧的管理观念，用所学到的科学管理理念、方法来统一企业员工的认识，使全体员工的思想观念、工作作风合乎企业自身发展的要求，从而主动参与管理、配合支持管理。

（2）不断总结。

任何事物的先进与落后都是相对的。作为管理者，应当清晰地认识到，其他企业在管理中最好的方法，用在本企业中并不一定是最好的。因此，新建企业在生产经营管理初期，就应当结合自身实际和需要，在管理工作实践中，不怕困难，不怕挫折，认真审视自己管理工作中的不足和问题，并不断总结、完善、修正，提升管理工作水平，以建立健全真正意义上的科学的现代企业管理制度。

（3）循序渐进。

新建企业的管理制度在管理工作过程中一般是从无到有、从简单到复杂、从困难到容易的顺序进行的，所以循序渐进原则也是管理规律的反映。贯彻循序渐进的管理原则，要求做到：一是管理制度设计者要按照管理的系统工程进行编制，不能想当然地让制度缺失或出现空档；二是管理者要从企业管理的实际出发，由低向高、由简到繁，通过日积月累，逐步提高管理制度的针对性和时效性；三是管理制度要贯彻执行到企业各项工作的每一个环节中，如行政管理制度、人力资源管理制度、安全生产管理制度、财务制度等，做到现代企业管理中责、权、利的有效结合。

（4）特色管理。

正确评估并审视自身，走企业自身特色的管理道路。企业管理没有绝对的模式，但有相同的框架。要形成自我特色的企业管理制度，一是要对制度进行有效宣传，得到员工的普遍认同，才不至于成为空中楼阁，才有可能得到贯彻和执行；二是对制度执行过程中不断出现的问题和困难，应当有一个正确的认识和评估，既不附和、也不盲从，既不骄傲自大、也不悲观消极，以科学、客观、公正的态度对待它；三是对制度进行适时修改和完善，旧的管理观念一旦进入管理者的潜意识，就容易根深蒂固，一时无法清理干净。所以，因地制宜地修改和完善制度是一个正常的必要的过程，需要管理者有足够的勇气去自我调整或自我否定。

（5）性能针对。

现代企业管理制度强调针对性和实效性，注重责、权、利明晰。因此，作为新建企业管理制度一旦形成将面临的最大困难是执行力问题。

（三）注册企业

1. 材料准备

注册企业所需的材料包括：公司法定代表人签署的《公司设立登记申请书》，全体股东签署的公司章程，法人股东资格证明或者自然人股东身份证及其复印件，董事、监事和经理的任职文件及身份证复印件，指定代表或委托代理人证明，代理人身份证及其复印件，住所使用证明（若是自己房产，需要房产证复印件，自己的身份证复印件；若是租房，需要房东签字的房产证复印件，房东的身份证复印件，双方签字盖章的租赁合同和租金发票；若是租的某个公司名下的写字楼，需要该公司加盖公章的房产证复印件，该公司营业执照复印件，双方签字盖章的租赁合同，还有租金发票）。

2. 注册流程

公司注册是开始创业的第一步。一般来说，公司注册的流程包括：企业核名→提交材料→领取执照→刻章，这样就可以完成公司注册，进行开业了。但是，公司想要正式开始经营，还需要办理以下事项：银行开户→税务报到→申请税控和发票→社保开户。

（1）企业核名。

时间：1～3个工作日。

操作：确定公司类型、名字、注册资本、股东及出资比例之后，可以到工商局现场或线上提交核名申请。

结果：核名通过，若未通过则需重新核名。

（2）提交材料。

时间：5～15个工作日。

操作：核名通过后，确认地址信息、高管信息、经营范围，在线提交预申请。在线预审通过之后，按照预约时间去工商局递交申请材料。

结果：收到准予设立登记通知书。

（3）领取执照。

时间：预约当天。

操作：携带准予设立登记通知书、办理人身份证原件，到工商局领取营业执照正、副本。

结果：领取营业执照。

（4）刻章。

时间：1～2个工作日。

操作：凭营业执照，到公安局指定刻章点办理公司公章、财务章、合同章、法人代表章、发票章。至此，公司注册完成。

审视

创业是一个系统工程，既需要有激情，又需要冷静的思考、全盘的谋划等。一个人的力量是有限的，但团队的力量是巨大的，因此建设好团队、调动团队的潜力、发挥团队的力量是至关重要的。

问题探索

是不是只要有兴趣就能创业？创业能不能仅凭个人兴趣？你可能因为兴趣有了一个好的想法，基于此所做的研究判断让你觉得这个想法可以进行，但要将其变成一个可实施的项目，需要基于市场潜力做出商业判断。在将设想真正转化为商业化产品的过程中，需要大量复杂甚至可能进行巨大耗资的研究工作，如在新的时代背景下有哪些创业项目选择是区别于以往的，选择的创业项目发展前景怎样等。

拓展思考

如果你有一个很好的创业项目，有可能获得成功，那么你认为身边的哪些人可以加入你的创业团队，为什么？

▶ 第三节　创业问题及对策

学习目标

（1）熟悉市场调查、商业模式及撰写创业计划书，了解创业实践中的常见问题与对策。

（2）了解创业实践中的资金的筹集和相关法律法规知识。

案例分析

1999年11月，小陈自筹50万元资金，成立了一家网络公司。公司创立伊始，小陈凭借着在工作时的人脉资源，很快获得了300万元的股权投资。但双方很快因经营观念分歧终止了合作，小陈拿回全部股份，并获得了30万元的宝贵资金。2001年7月，小陈就以30万元买到了某国著名网络游戏的中国运营权，但公司已无资金再支付运营游戏所需的服务器、宽带、销售渠道等相关软硬件设施的开销。自信的小陈拿着与某国公司签订的代理合同，拜访了当时国内两大著名服务器提供商，小陈以出众的口才说服了对方，得到了免费试用两家公司服务器两个月的权限。解决了硬件问题，小陈拿着手中的两份免费试用合同，又找到了为游戏提供两个月的免费宽带支持。关于销售渠道，小陈没有这方面的经验，经过多番考察，一家全球连锁的大型网络游戏公司走进了小陈的视野，经商讨两家公司签订合作合同。万事俱备，游戏一上市，便供不应求。小陈后来回忆说："游戏、设备、销售都不是本公司的，我们只不过是将各方资源整合到一起，形成一种应用，然后卖给玩家。"

市场欢迎大学生创业者，相关部门也出台了很多优惠政策，但是当面对多样性的市场变化、感受创业未知风险、遭遇经营管理问题等挑战时，大学生创业者往往会缺乏足够的稳定性与执行力，没有理性思考当前问题，遇到问题没有应对措施，没有将创业初期的精神贯彻到底。结合经典案例，采用多样化的分析方式，引导大学生熟知创业各个阶段所遇到的问题、风险，以及可借鉴的应对思路、方案，激励大学生创业者在应对差异化创业问题和挑战时能够积极思考、找出对策。

一、创业准备中的常见问题与对策

（一）做好市场调查

1. 市场调查的作用

市场调查有助于创业者把握准确的信息，对创业项目进行可行性分析；了解行业咨询，做出科学的市场定位；通过科学决策，制订相应的营销计划。

（1）市场调查帮助创业者把握准确信息，对创业项目的可行性进行分析。

通过市场调查，创业者对拟提供产品或服务的市场潜在需求量大小、消费者分布集中度、产品或服务吸引目标市场的原因、市场的竞争程度等信息会有一个大致了解，据此可以分析项目的可行性；通过对所需资源丰裕程度以及获取难易性的调查，可以对项目运作的可能性做出判断；通过市场调查还可以对市场未来的发展趋势及消费者的消费习惯的可能变化进行预测，以对项目的持续性展开分析，并可以根据调查信息对创业计划做出适当调整，使创业团队更好驾驭创业项目。

（2）了解行业咨询，做出科学的市场定位。

通过对行业信息的调查，创业者可以对行业的生命周期阶段、行业机会大小、行业的竞争状况、行业的进入和退出壁垒等进行分析判断；结合对消费者需求的了解，创业者可以更加明确对应的细分市场，尽可能做出科学的市场定位，包括产品或服务的最终选择（产品定位）、拟占领的区域市场（区域定位）、拟服务的特定人群（客户定位）以及产品的定价策略（价格定位）等。

（3）进行科学决策，制订相应的营销计划。

根据通过市场调查了解到的消费者消费或购买习惯、容易接受的沟通方式、愿意支付的购买价格等信息，创业者可以制订切实可行的营销计划，从最终确定的消费者群体的喜好出发，按照其可以接受的时间和价格，选择其方便的购买方式进行恰当的促销，并通过积极的沟通对客户关系进行管理，与消费者之间建立一种稳固的、密切的、长期共赢的客户－公司关系。

2. 市场调查的内容

为了实现市场调查的上述目标，创业者需要在市场调查时对创业环境、竞争对手、消费者需求状况等信息展开调查。

（1）环境调查。

环境调查包括宏观环境调查和行业环境调查两个方面。宏观环境调查可以通过 PEST 调查展开，即要对创业项目面临的政治法律环境、经济环境、社会环境和科技环境进行调查。

P 即 politics，政治要素，是指组织经营活动具有实际与潜在影响的政治力量和有关的法律法规等因素。政府管制、专利数量、政府采购规模和政策、税法的修改、专利法的修改、劳动保护法的修改、公司法的修改、财政与货币政策等都会对创业企业未来的经营状况有很重要的影响。

E 即 economics，经济要素，是指一个国家的经济制度、经济结构、产业布局、资源状况、经济发展水平以及未来的经济走势等。构成经济环境的关键战略要素包括 GDP 计划的增长率、利率水平的波动、财政货币政策的变化趋势、通货膨胀率高低、失业率水平、居民可支配收入水平、能源供给成本、市场机制和市场需求等，这些因素不仅是企业经营环境的重要组成部分，而且会直接影响企业未来的经营成本和销售收入，进而影响创业项目的可行性。

S 即 society，社会要素，是指组织所在社会中成员的民族特征、文化传统、价值观念、宗教信仰、教育水平以及风俗习惯等因素。构成社会环境的要素包括人口规模、年龄结构、种族结构、收入分布、消费结构和水平、人口流动性等。其中人口规模直接影响着一个国家或地区市场的容量，年龄结构则决定消费品的种类及推广方式。很多传统行业之所以在中国也能够实现高速增长，获得风险投资青睐的原因就是中国众多人口形成的广大的消费市场。

T 即 technology，技术要素。技术要素不仅仅包括那些引起革命性变化的发明，还包括与企业生产有关的新技术、新工艺、新材料的出现和发展趋势及应用前景。基于移动互联网技术的广泛应用，物联网、微创业、网上银行和保险等企业开始大量出现，既满足了人们的日常生活，也给创业者带来了很多机遇。

行业环境调查常用的工具是战略家迈克尔·波特（Michael E.Porter）于 20 世纪 80 年代提出的五力模型，即新竞争对手的入侵、替代品的威胁、买方议价能力、卖方议价能力以及现存竞争者之间的竞争等因素，它们是决定企业盈利能力首要的和根本的因素，可以用来分析企业所在行业的竞争特征和产业的吸引力。这五种作用力综合起来会影响价格、成本和投资收益等因素，从而决定了某产业中的企业获取超出资本成本的平均投资收益率的能力。例如，卖方议价的能力会影响原材料成本和其他投入成本；竞争的强度影响价格以及竞争成本；新竞争者入侵的威胁会限制价格，并要求为防御入侵而进行投资。

（2）竞争对手调查。

对竞争对手的信息进行例行的、细致的、公开的收集是非常重要的基础工作。竞争信息的主要来源包括年度报告、竞争产品的文献资料、内部报纸和杂志。这些通常是非常有用的，因为它们记载了许多详细信息，如重大任命、员工背景、业务单位描述、理念和宗旨的陈述、新产品和服务，以及重大战略行动等。

获取竞争对手信息的途经有很多，重点介绍以下几种。竞争对手的历史：这对了解竞争对手文化、现有战略地位的基本原理以及内部系统和政策的详细信息是有用的；广告：从竞争对手的广告中可以了解其对媒体的选择、花费水平和特定战略的时间安排；行业出版物：这对了解财务和战略公告、产品数据等诸如此类的信息是有用的；公司官员的论文和演讲：这对获得内部程序细节、组织的高级管理理念和战略意图是有用的；销售人员的报告：虽然这些经常带有偏见性，但地区经理的信息报告提供了有关竞争对手、消费者、价格、产品、服务、质量、配送等方面的第一手资料；顾客：来自顾客的报告可通过内部索要获得，也可从外部市场调研专家处获得；供应商：来自供应商的报告对于评价诸如竞争对手投资计划、行动水平和效率等是非常有用的；专家意见：许多公司通过外部咨询来评价和改变它们的战略，对这些外部专家的了解是有用的，因为他们在解决问题时通常采用一种特定的模式；证券经纪人报告：这些通常能从竞争对手简报中获得有用的操作性的细节；雇用的高级顾问：可以雇用从竞争对手那里退休的管理人员作为自己的咨询人员，他们在特定工作领域能起到有效的决定性作用。

（3）消费者需求调查。

经营是"消费者需求洞察"，销售是"消费者心理探寻及满足"，消费者需求的调查和分析是企业经营成败的关键和核心。

消费者需求是消费者为满足个人和家庭生活的需要，购买产品和服务的欲望和要求。创业之前，创业团队应该对消费者需求的特征，以及影响消费者消费的关键因等进行调查。

3. 市场调查的步骤

（1）调查准备阶段。

调查准备阶段应明确调查的主题，以及通过调查想了解的主要问题。创业者会面临这样或那样的问题，一项调研的目标不能漫无边际。相反，只有将每次调研所要解决的问题限定在一个确切的范围内，才便于有效制订计划并实施调研。

（2）正式调查阶段。

正式调查阶段有两项工作，一是制订市场调查计划，二是组织实施计划。

制订市场调查计划。市场调查计划应确定所需要的信息种类，明确信息来源，选择市场调查方法，确定抽样计划和调查工具。

组织实施计划。该环节包括根据调查任务和规模建立调查组织或外请专业调查公司，训练调查人员，准备调查工具，实地展开调查等。

（3）调查结果的处理。

这一阶段包括分析调查资料和撰写市场调查报告两个环节。

分析调查资料。在分析调查资料的过程中应检查资料是否齐全；对资料进行编辑加工，去粗取精，找出误差，剔除前后矛盾；对资料进行分类、制图、列表，以便归档、查找、使用；运用统计模型和其他数学模型对数据进行处理，以充分发掘从现有数据中可推出的结果，在看似无关的信息之间建立起内在联系。

撰写市场调查报告。调查报告应包括以下内容：引言（说明市场调查的目的、对象、范围、方法、时间、地点等）、摘要（简明概括整个研究的结论和建议，这也许是决策者有时间阅读的唯一部分）、正文（详细说明市场调查目标、调查过程、结论和建议）、附件（包括样本分配、数据图表、问卷附件、访问记录、参考资料目录等）。

（二）选择合适的商业模式

1. 商业模式的主要设计步骤

商业模式就是围绕一系列问题建立的一个价值创造系统，其设计应该按照以下步骤。

（1）确定业务范围并寻求产品在市场中的最佳定位。

对企业业务范围的定位是成功进行价值定位的最重要一步，首先得清楚"业务是什么"。通过定义业务范围，企业可以界定自己的客户、竞争者和合作伙伴这些利益相关者及应该拥有的资源和能力等。

（2）分析和把握顾客需求以及偏好来锁定目标客户。

企业锁定目标客户意味着企业必须考虑服务于哪个地理区域和如何对客户进行细分。对客户进行细分通常可以根据人口统计、地理、心理和行为等因素进行划分。人口统计的细分主要描述人口一般性特征，如年龄、性别、收入、职业、教育、宗教、种族或国籍等；地理这一细分变量主要包括地理位置、气候等；按心理变量进行的客户细分是将客户按其生活方式、性格、态度而细分成不同的群体；按行为细分指的是将客户按其对产品的理解、态度、使用或反映来细分成不同的群体。在客户细分的过程中，分析和把握客户需求是最重要、最关键的。

（3）构建企业独特的业务系统，提高对手模仿的难度。

业务系统反映的是企业与其内外部各种利益相关者之间的交易关系，因此业务系统的构建需要确定企业与其利益相关者各自应该占据、从事价值网中的哪些业务活动。

企业与不同利益相关者之间的关系是由纯粹的市场关系及完全的所有权关系构成的频谱组成，包括简单的市场关系、一定时间和约束下的契约关系（如租赁、特许、参股、控股、合资和全资拥有等）。构建业务系统时所需要做的就是针对不同的利益相关者，确定关系的种类以及相应的交易内容和方法。

一个高效的业务系统需要根据企业的定位识别相关的活动，并将其整合为一个系统，然后再根据企业的资源能力分配利益相关者的角色，最终确定与企业相关的价值链活动的关系和结构。围绕企业定位所建立起来的内外部各方相互合作的业务系统将形成一个价值网络，该价值网络明确了客户、供货商和其他合作伙伴在影响企业通过商业模式而获得价值的过程中所扮演的角色。

业务系统是商业模式的核心元素，商业模式的差异往往通过业务系统之间的差异体现出来，因此打造独特的业务系统非常关键。一般来说，成功的业务系统应该包括以下几个步骤：①找到正确的定位，这是业务系统成功的先决条件；②分析自己的优势，看看自己需要什么资源和能力；③构建一个利益相关者的网络，并与第二步相统一，就形成了业务系统；④以业务系统为中心，构建整个商业模式的运营机制。

（4）发掘企业的关键资源能力以形成核心竞争优势。

关键资源能力是让商业模式运转所需要的相对重要的资源和能力，包括金融资源、实物资源、人力资源、无形资源、客户关系、公司网络、组织能力和知识能力等。换言之，关键资源能力是企业商业模式运行的逻辑，是其运营能力有别于竞争对手并得以持续发展的支撑力量，其有助于形成和打造企业的核心竞争力。

商业模式中关键资源能力的确定方法有两种：一是根据商业模式的其他要素的要求来确定；二是以关键资源能力为核心构建整个商业模式。常见的做法包括以下两种：一是以企业内的单个能力要素为中心，寻找、构造能与该能力要素相结合的其他利益相关者；二是对企业内部价值链上的能力要素进行有效整合，以创造更具有竞争力的价值链。

（5）构建独特的盈利模式。

盈利模式指企业利润的来源及方式。企业价值的实现和成长的潜力一定程度上取决于其盈利模式，这也是有些人将商业模式等同于盈利模式的原因。盈利模式关乎企业价值的实现，简单来说就是企业赚钱的渠道或者方法。企业的业务系统可以比较宽泛，但是其盈利模式可以比较单一。

客户怎样支付、支付多少，所创造的价值应当在企业、客户、供应商、合作伙伴之间如何分配，是企业收入结构所要回答的问题。如吉列发明的剃须刀盈利模式，企业可以既生产剃须刀又生产刀片，通常情况是企业通过生产剃须刀来获得主要盈利，但吉列的盈利方式是通过销售刀片而不是剃须刀；再如 IBM 早期的复印机业务是通过租赁而不是销售的方式获利；电视台是通过广告费用而不是向观众收费来盈利。

（6）提高企业价值以获得资本市场的号召力。

企业的投资价值是企业预期可以产生的自由现金流的贴现值。企业价值是商业模式的落脚点，评判商业模式优劣的最终标准就是企业价值的高低，对于上市公司而言直接表现为股票价值。

企业的投资价值由其成长空间、成长能力、成长效率和成长速度决定。好的商业模式可以做到事半功倍，即投入产出效率高、效果好，包括投资少、运营成本低、收入的持续成长能力强。投资价值实现的效率可以用企业价值除以资产规模，或企业价值除以净资产规模来评价；投资价值实现的速度可以用企业价值递增速度和达到更大规模的层次所花费的时间来评价。

2. 商业模式设计的过程与评价

（1）过程：由顶层设计到递阶协调。

①商业模式的顶层设计。商业模式最为基本的是由四类要素及其联系构成的：一是价值体现，包括核心价值、非核心价值以及衍生价值；二是价值创造方式；三是价值传递方式；四是企业的盈利方式。这四类要素就是商业模式的顶层要素，故商业模式的顶层设计就是要设计这四类要素及其联系。其中，价值体现，即创业者希望通过自己未来的商业活动为目标客户提供什么样的价值；价值创造方式，即创业者准备以怎样的方式方法和途径开发、生产出自己拟给目标客户提供的价值；价值传递方式，即创业者准备以怎样的方式方法和途径将所开发的价值提供给目标客户；企业的盈利方式，即创业者在给目标客户创造并传递价值的同时，拟以怎样的方式方法和途径来使自己获得利润。明确了这四者及其联系，创业者才可能顺次细化商业模式的次一级要素及其联系。

②商业模式四大要素的具体化。通常，价值体现可以具体化为创业者拟为客户提供的功能，以至最终的产品或服务。功能更多是指产品的效用，拟向用户提供的功能即效用明确后，才可构想具体的产品或服务。基于拟为客户创造的价值，新创企业需要开发和生产价值的方式方法和途径，这通常要结合具体产品或服务的具体特点来开发。例如，如果具

体产品为计算机软件产品，那就要从软件开发的相关规律来思考具体的价值创造方式；如果具体产品为计算机硬件产品，那就要从硬件开发的相关规律来思考具体的价值创造方式。至于价值传递方式，更多是指产品营销的方式方法和途径，具体包括产品推广、销售、客户服务等方面的相关手段、措施及渠道等。而企业的盈利方式，也需要结合价值创造方式、价值传递方式、企业与客户的交易关系、可能的市场竞争方式及态势（如市场结构）来具体设计。

③商业模式设计的具体流程（详见表9-1）。

表9-1　商业模式设计的具体流程

顶层设计	具体化设计	组织化设计
价值体现设计	产品或服务的核心、非核心及衍生价值	企业内部组织；外部伙伴关系；客户关系界面；企业利润屏障
价值创造方式设计	产品或服务研发、生产的方式方法和途径	
价值传递方式设计	产品或服务营销的方式方法和途径	
企业盈利方式设计	基于企业与客户交易关系及市场竞争的企业盈利方法及途径	
四类要素联系设计	产品或服务的研发、产销、交易、竞争关系的协调	

（2）评价：有效性的评价准则。

商业模式设计是否理想，通常需要从三个角度进行评价。实施这一评价的目的在于确保实施相应的商业模式后能真正达到期望的效果。

①客户价值实现的程度。创业者所设计的商业模式是否合理，要审视该模式对于创业团队所构想的"价值体现"的实现程度，即该商业模式能够在多大程度上实现创业团队原本拟为客户创造并传递的价值。而要回答这个问题，一是需要评价该商业模式可能为客户创造并传递的价值是不是原本拟创造的价值。例如，创业者原本打算为客户创造"节能"的价值，但通过所设计的商业模式，是不是真的就能帮助客户节能。二是需要评价该商业模式实现拟定价值的程度。如前假设，如果所设计的商业模式能够为客户提供"节能"的价值，则还需要进一步评价该商业模式能够为客户"节能"程度的大小。

②客户价值实现的可靠性。多数商业活动都存在风险，这就有了特定商业活动实现其价值的可靠性问题。相应地，创业者借助所设计的商业模式为客户提供价值，也存在可靠性问题。由此，创业者在设计特定商业模式之后，也需要评价其能够为客户提供特定价值的可靠性，即评价该商业模式能够在多大程度上为客户可靠地提供拟定的价值。显然，只有那些能够可靠地为客户创造拟定价值的商业模式，才是可取的。这里不难看到，商业模式的可靠性评价，相当程度上也就是商业模式的风险评价。相应地，既需要搞清特定商业模式的系统风险和非系统风险，还需要搞清各种具体风险程度的大小。只有搞清了各种可能的风险，才能称之为对特定商业模式的可靠性进行了较为充分的评价。

③客户价值实现的效率。如果特定商业模式能够可靠地为客户提供拟定的价值，还需要进一步关注该商业模式为客户创造与传递价值的效率。在商业模式的顶层设计的要素中，价值创造方式和价值传递方式二者共同决定客户价值的实现效率，故创业者评价客户价值的实现效率，一是需要评价特定商业模式为客户创造价值的效率；二是需要评价特定商业模式为客户传递价值的效率。最终效率的形成，则是价值创造和价值传递两个效率的"乘

积"，而不是两个效率的"相加"。换言之，只有特定商业模式的价值创造效率和价值传递效率都很高时，创业者才可能以较高的效率为客户提供价值；反之，如果其中任何一个的效率较低，都可能降低创业者为客户提供价值的效率。

（三）撰写创业计划书

1. 创业计划书撰写原则

在撰写创业计划书时应遵循目标明确、优势突出，内容真实、体现诚意，要素齐全、内容充实，语言平实、通俗易懂，结构严谨、风格统一，有理有据、循序渐进，详略得当、篇幅适当等原则。适合的篇幅一般为 20 ～ 35 页，包括附录在内。

（1）创业计划书的基本结构。一份完整的创业计划书应该包括封面、目录、执行概要、正文及附录五大部分。

①封面。封面上应明确创业项目的名称，体现企业的经营范围，同时以醒目的字体标示出创业计划书的标题，例如《××创业计划书》。

封面上还应有企业名称、地址、电子邮件地址、电话号码、日期、主创业者的联系方式及企业网址（如果企业已经建立了自己的网站），这些信息放在封面页的上半部分；如果企业已有徽标或商标，将其置于封面页正中间；封面页的下部应有一句话，提醒读者对计划书的内容保密。需要注意的是，封面上最重要的一项内容是计划书撰写者的联系方式，创业者应该让读者很容易联系到你。

②目录。目录是正文的索引。这里需要按照章节顺序逐一排列每章大标题、每节小标题以及章节对应的页码。目录可以自动生成，显示到二级或三级小标题为宜。

③执行概要。执行概要也叫执行概览，是创业计划书第一页的内容，是整个创业计划书的概述，能让忙碌的投资者快速对创业计划书有一个简短和全面的了解，向投资者提供他想要知道的新企业独特性质的所有信息。

执行概要是创业计划书中最重要的部分，如果它未能激发投资者的兴趣，则投资者可能就不会继续浏览创业计划书的其他内容。执行概要并非创业计划书的引言或前言，恰恰相反，它是篇幅为一两页、对整个创业计划高度精练的概括，是整份计划书的精华和亮点，也是整份计划书的灵魂。因此，执行概要应该包括创业计划书的所有内容，是对所有内容的提炼。

④正文。正文是创业计划书的主要内容，包括主体和结论两大部分。一般来说，创业计划书的内部使用者包括创业者团队以及雇员。创业团队需要明确创业的目标及实现路径，雇员需要了解创业目标以及在实现目标过程中所需要做的工作和可能的收获。因此，创业计划书中要阐明创业的目标及实现目标的详细计划和措施，包括企业拟从事的产品和服务、创意的合理之处、计划的顾客和市场、创意方案的开发路径——如何研发、生产和销售等，同时，要对竞争者状况进行一定分析，使团队成员及未来的雇员了解企业可能的前景，对创业企业的发展进行预测，从而做出恰当选择。

外部使用者包括投资者及其他利益相关者。投资者主要关注企业拟筹集的资金数额、筹集资金的目的和种类、准备采用的筹资方式、筹资的时间、筹资的回报等；潜在的商业合作伙伴和顾客等其他利益相关者会关注企业的盈利状况、资产负债状况、持续经营能力等，以此作为其商业信用政策的制定依据，以及选择产品或服务的理由。

结论是对整个创业计划书内容的总结式概括，要和执行概要首尾呼应，体现文本的完整性。

⑤附录。附录是对主体部分的补充。受篇幅限制，不宜在主体部分过多描述的、或不能在一个层面详细展示的、或需要提供参考资料或数据的内容，一般放在附录部分，以供参考。例如专利证书或专利授权证书、相关的调研问卷、荣誉证书、营业执照等。

（2）创业计划书的具体内容。其主要包括下列三个方面的内容。

①产品或服务。风险投资者首先关心的问题是企业会提供什么产品或服务，以及这些产品或服务的价值如何满足目标群体的需求。因此，进行必要的产品或服务说明是创业计划书必不可少的内容。这部分内容一般包括：产品或服务介绍、产品或服务的竞争力分析、产品或服务的研究和开发过程，以及产品或服务的市场前景预测。对于产品的介绍要尽可能通俗易懂，而且要详细解释产品或服务的竞争力，通过与竞争对手进行比较来说明产品或服务的优点和额外价值。

②产业分析。产业分析主要描述新创企业所涉及的产业发展趋势及前景、产业结构、产业规模等。只有明晰了企业所处的大环境，才能瞄准产业内的目标市场，以便制定有的放矢的竞争战略。

③市场分析。市场分析是创业计划书最为重要的部分，因为创业计划书的其他部分都要依靠该部分的信息展开，完整的市场分析包括以下几个内容：市场概况、趋势及潜力预测；竞争者分析；市场细分以及目标市场分析等内容。通过市场调查研究而分析出来的销售预测量，将直接影响生产规模、营销计划、财务计划中的权益资本量。在进行市场分析时，要尽可能确保分析过程及内容的客观真实性，可以通过各种渠道如行业协会、政府机构公开的信息等来进行分析，也可以向专家请教，必要时也可以自行组织市场调查以获取数据资料。

二、创业实践中的常见问题与对策

（一）创业资金的来源

1. 创业融资的重要性

对创业者来说，融资的重要性主要表现在以下三个方面。

（1）资金是企业的血液。资金不仅是企业生产经营过程的起点，更是企业生存发展的基础。资金链的断裂是企业致命的威胁。

（2）合理融资有利于降低创业风险。创业企业使用的资金，是从各种渠道借来的资金，都具有一定的资金成本。因此，合理选择融资渠道和融资方式，有利于降低资金成本，将创业企业的财务风险控制在一定范围之内。

（3）科学的融资决策有利于企业可持续发展，为创业企业植入"健康的基因"，保证创业企业可持续发展。

2. 创业融资渠道

创业融资主要有以下五类渠道。

（1）私人资本融资。

私人资本包括创业者个人积蓄、亲友资金、天使投资等。对于新创企业来说，除了个人积蓄之外，身边亲朋好友的资金是最常见的资金来源。亲朋好友由于与创业者个人的关系而愿意向创业企业投入资金，因此，亲友资金是创业者经常采用的融资渠道之一。创业者要在向亲友融资之前，仔细考虑这一行为对亲友关系的影响，尤其是创业失败后的影响。要将日后可能产生的有利和不利方面告诉亲友，尤其是创业风险，以便将来出现问题时对亲友的不利影响降到最低。

天使投资（angel investor）是指个人出资协助具有专门技术或独特概念而缺少自有资金的创业家进行创业，并承担创业中的高风险和享受创业成功后的高收益，或者是指自由投资者或非正式风险投资机构对原创项目或小型初创企业进行的前期投资，它是一种非组织化的创业投资形式。

（2）机构融资。

机构融资的途径有银行贷款、非银行金融机构贷款、交易信贷和租赁、从其他企业融资等。

比较适合创业者的银行贷款形式主要有抵押贷款和担保贷款两种。缺乏经营经验，也缺乏信用积累的创业者，很难获得银行的信用贷款。

根据法律规定，非银行金融机构包括经中国银行监督管理委员会批准设立的信托公司、企业集团财务公司、金融租赁公司、汽车金融公司、货币经纪公司、境外非银行金融机构驻华代表处、农村和城市信用合作社、典当行、保险公司、小额贷款公司等机构。创业者可以从这些非银行金融机构取得借款，筹集生产经营所需资金。

交易信贷指企业在正常的经营活动和商品交易中由于延期付款或预收货款所形成的企业间常见的信贷关系。企业在筹办期以及生产经营过程中，可以通过商业信用的方式筹集部分资金。如企业在购置设备、原材料或商品过程中，可以通过延期付款的方式，在一定期间内免费使用供应商提供的部分资金；在销售商品或服务时采用预收账款的方式，免费使用客户的资金等。

创业者也可以通过融资租赁的方式筹集购置设备等长期性资产所急需的资金。融资租赁是指实质上转移与资产所有权有关的全部或绝大部分风险和报酬的租赁。资产的所有权最终可以转移，也可以不转移。融资租赁是集融资与融物、贸易与技术更新于一体的新型金融业务。

（3）风险投资。

创业者可以通过给投资人发邮件、参加行业会议、请朋友帮忙介绍，以及借助融资顾问的帮助等方式获得风险投资。

想获得风险投资最简单的方法就是给投资人发邮件，一般的风险投资都有自己的网站，上面公布有自己的邮箱，创业者可以将自己的创业想法或者商业计划书发到公开的邮箱中，期待能够得到投资者的关注，并最终获得投资。采用这种方式的成本最低，但效率也最低。虽然风险投资者会关注投到邮箱的邮件，但是那些递交给投资机构的商业计划书，成功融资的只有1%。

相关行业的会议或者创业训练营上会有很多投资人。创业者可以利用茶歇或者休息的时间尽可能接触较多的风险投资者，或者接触自己感兴趣的投资者。这种方式的优点是在短时间内能够见到很多的投资者，但由于时间短，不一定有机会认识或结识他们。另外，这种场合对创业者的说服能力要求较高。

如果有朋友做过融资的，或者已经得到风险投资的，可以请他们帮忙介绍，这种方式较前两者成功的概率稍大，毕竟接受过风险投资并且取得经营成功的人的介绍本身就是一种名片，投资者可以借由介绍人的介绍对创业者或创业项目有一定了解，通过对介绍人的了解对创业者予以初步的肯定。但是，这种方式接触的面可能较窄，朋友认识的投资者可能并不是我们需要的类型，而真正适合的人未必是朋友认识的人。

通过投行或融资中介的帮助寻找风险投资的成功率较高，一是它们对中国活跃的投资人很了解，能够帮助创业者和投资者进行沟通；二是信誉高的投行本身就为创业者的项目成功性增加了砝码；三是投行会运用自己的经验帮助创业者挑选更合适的投资人。但是采用这种方式的成本也较高。

（4）政府扶持基金。

创业者可以利用政府扶持政策，从政府方面获得融资支持。随着我国经济实力的增强，政府对创业的支持力度，无论从产业的覆盖面还是从政府对创业者的支持额度都有了很大进展，由政府提供的扶持基金也在逐步增加。如专门针对科技型企业的科技型中小企业技术创新基金，专门为中小企业"走出去"准备的中小企业国际市场开拓资金，还有众多的地方性优惠政策等。创业者应善于利用相关政策的扶持，以达到事半功倍的效果。

（5）知识产权融资。

知识产权融资也是创业者值得关注的融资方式，在国内外已有诸多成功案例。可以采用知识产权作价入股、知识产权抵押贷款、知识产权信托、知识产权资产证券化等方式进行知识产权融资。

（二）需要了解的法律法规知识

一个社会的法律法规为其公民能做什么或不能做什么建立了一个框架。这个法律框架同样在一定程度上允许或禁止创业者所做的某些决策和采取的部分行动。创业者需要认识到这些问题，以免由于早期的法律和伦理失误而给新企业带来沉重代价，甚至使其夭折。创业者不会有意触犯法律，但他们往往高估所掌握的与创建和经营新企业相关的法律知识，或者缺乏伦理意识。

在企业的创建阶段，创业者面临的法律问题包括：确定企业的形式，设立适当的税收记录，协调租赁和融资问题，起草合同，以及申请专利、商标或版权的保护。在每一个创建活动中，都有特定的法律和规定决定创业者能做什么和不能做什么。一名创业者必须熟悉相关法律法规。当新企业创建起来并开始运营后，仍然有与经营相关的法律问题。例如，人力资源或劳动法规可能会影响员工的雇佣、报酬以及工作评定的确定；安全法规可能会影响产品的设计和包装、工作场所和机器设备的设计和使用。

与创业有关的法律主要包括：与知识产权有关的法律法规如《中华人民共和国专利法》《中华人民共和国商标法》《中华人民共和国著作权法》等，与劳动法有关的法律法规如《中华人民共和国劳动法》等。

1. 与知识产权有关的法律法规知识

知识产权是人们对自己通过智力活动创造的成果所依法享有的权利，有专利、商标、版权等，是企业无形但有重要价值的资产，可通过许可经营或出售换取收入。对创业者来说，为了有效保护自己的知识产权，也为了避免无意中违法侵犯他人的知识产权，了解知识产权内容及相关法律是非常重要的。

2. 与劳动法有关的法律法规知识

劳动法是调整劳动关系以及与劳动关系密切联系的社会关系的法律规范的总称。新创建企业要雇佣员工，就需要熟悉劳动法，以正确处理劳动关系，避免劳资纠纷，同时要依法合理雇佣员工。

此外还可能涉及安全、环境保护等方面的法律法规。尽管有一些法律法规可能在企业达到一定规模时才涉及，但企业都追求生存、发展、盈利，这就意味着创业者很快就会面临这样的法律问题，因此创业者必须熟知这些法律知识，利人利己。

审视

创业需要面对和解决很多问题，这也是创业的魅力所在。无论是在创业准备过程中，还是在创业实践过程中，创业者往往要面对一些困难、承担一些压力。面对困难和压力，是选择放弃还是选择坚持？

问题探索

有的人在创业初期注册了公司，在一段时间之后，宣布创业失败，公司就名存实亡了。但是，公司的注册人没有及时注销公司，导致其还要承担一些法律责任。你知道创立公司和公司运行都涉及哪些法律吗？

拓展思考

在创业准备和创业实践中可能遇到哪些问题？

参考文献

[1] 邓小平. 邓小平文选（第3卷）[M]. 北京：人民出版社，1993：116.

[2] 杨红英. 大学生职业生涯规划[M]. 昆明：云南大学出版社，2015.

[3] 金树人. 生涯咨询与辅导[M]. 北京：高等教育出版社，2007.

[4] 钟谷兰，杨开. 大学生职业生涯发展与规划[M]. 上海：华东师范大学出版社，2016.

[5] 孙平，唐艺军，刘士伟，等. 从同一起跑线扬帆远航：大学生学涯与职业规划设计导论[M]. 沈阳：东北大学出版社，2013.

[6] 辽宁省教育厅. 大学生职业生涯规划[M]. 大连：大连理工大学出版社，2010.

[7] 郭念锋. 国家职业资格培训教程心理咨询师（基础知识）[M]. 北京：民族出版社，2005.

[8] 埃德加·施恩. 职业锚：发现你的真正价值[M]. 北森测评网，译. 北京：中国财政经济出版社，2004.

[9] 马库斯·白金汉，唐纳德·克利夫顿. 盖洛普优势识别系列[M]. 方晓光，译. 北京：中国青年出版社，2002.

[10] 汤姆·拉思. 盖洛普优势识别器2.0[M]. 北京：中国青年出版社，2012.

[11] 沈致隆. 多元智能理论的产生、发展和前景初探[J]. 江苏教育研究，2009（9）：17-26.

[12] 吴武典. 多元智能量表（CMIDAS）的个案解析与应用[C]. 全国教育与心理统计与测量学术年会暨第八届海峡两岸心理与教育测验学术研讨会论文摘要集，2008：83-84.

[13] 任翔，刘少楠. 多元智能测评量表研究综述[J]. 软件导刊（教育技术），2014（12）：54-56.

[14] 刘明东. 多元智能的多元测评研究[D]. 上海：上海师范大学，2004.

[15] 洪向阳. 10天谋定好前途：职业规划实操手册[M]. 上海：上海大学出版社，2014.

[16] 刘晓艳，熊立新. 大学生职业生涯与发展规划[M]. 西安：西安交通大学出版社，2016.

[17] 辽宁省教育厅. 高职高专生职业发展与就业创业概论[M]. 大连：大连理工大学出版社，2009.

[18] 史梅，孙洪涛，伊芃芃. 赢在起点：大学生职业生涯规划与职业素质拓展[M]. 北京：高等教育出版社，2010.

[19] 尹忠恺，孙平，季贵斌，等. 大学生职业发展与就业创业指导[M]. 沈阳：东北大学出版社，2015.

[20] 仲理峰. 心理资本对员工的工作绩效、组织承诺及组织公民行为的影响[J]. 心理学报，2007，39（2）：328-334.

[21] 顾雪英. 当代大学生职业生涯规划[M]. 北京：高等教育出版社，2010.

[22] 罗伯特·里尔登. 职业生涯发展与规划[M]. 北京：中国人民大学出版社，2010.

[23] 吴芝仪. 我的生涯手册[M]. 北京：经济日报出版社，2008.

[24] 王健. 大学生生涯规划理论与实务[M]. 辽宁：东北大学出版社，2020.

[25] 刘永中，金才兵．英汉人力资源管理核心词汇手册[M]．广州：广东经济出版社，2005.

[26] 扬宜音，张曙光．社会心理学[M].北京市：首都经济贸易大学出版社，2008.

[27] 曲振国.大学生就业指导与职业规划[M].北京：清华大学出版社，2008.

[28] 汪玲，郭德俊.元认知的本质与要素[J].心理学报，2000，32（4）：458-463.

[29] 梁宁建.当代认知心理学[M].上海：上海教育出版社，2003：310-317.

[30] 邢宝君，梁冰.印迹[M].辽宁：辽宁人民出版社，2019.

[31] 胡金焱.创新创业教育：理念、制度与平台[J].中国高教研究，2018（7）：7-11.

[32] 仇荃.职场新人如何适应环境[J].成才与就业，2017（11）：23-24.

[33] 钟秋明，郭园兰.组织文化研究：大学生就业的必修课[J].大学教育科学，2013（6）：116-119.

[34] 博鸣.初入职场需克服三大障碍[J].当代电力文化，2013（10）：144.

[35] 唐安妮，费晓霞.突破职业屏障[J].中国大学生就业，2021（23）：28-29.

[36] 李明芮，汪子颖.以就业为导向的职业礼仪探究[J].内江科技，2020（9）：76-78.

[37] 李时椿，常建坤.创新与创业管理[M].南京：南京大学出版社，2017.

[38] 靳诺，刘伟.中国大学生创业报告[M].北京：中国人民大学出版社，2018.

[39] 李家华.创业基础（第2版）[M].北京：清华大学出版社，2015.

[40] 赵公民.创业基础理论与实务[M].北京：人民邮电出版社，2018.